古代歷史文化研究輯刊

十 編

王明蓀 主編

第33冊

章學誠的歷史哲學與文本詮釋思想

周建剛 著

國家圖書館出版品預行編目資料

章學誠的歷史哲學與文本詮釋思想／周建剛 著 — 初版 — 新
北市：花木蘭文化出版社，2013〔民 102〕
目 4+194 面；19×26 公分
（古代歷史文化研究輯刊 十編；第 33 冊）
ISBN：978-986-322-362-7（精裝）
1.（清）章學誠 2. 學術思想 3. 歷史哲學
618   102014466

ISBN-978-986-322-362-7

古代歷史文化研究輯刊
十 編 第三三冊   ISBN：978-986-322-362-7

章學誠的歷史哲學與文本詮釋思想

作 者 周建剛
主 編 王明蓀
總 編 輯 杜潔祥
出 版 花木蘭文化出版社
發 行 所 花木蘭文化出版社
發 行 人 高小娟
聯絡地址 235 新北市中和區中安街七二號十三樓
電話：02-2923-1455／傳真：02-2923-1452
網 址 http://www.huamulan.tw 信箱 sut81518@gmail.com
印 刷 普羅文化出版廣告事業
初 版 2013 年 9 月
定 價 十編 35 冊（精裝）新台幣 62,000 元

章學誠的歷史哲學與文本詮釋思想

周建剛　著

作者簡介

周建剛，1971 年生，江蘇蘇州人。2008 年畢業於蘇州大學哲學系，獲哲學博士學位，專業為中國哲學。目前供職於湖南省社會科學院哲學研究所，任中國哲學史研究室主任，副研究員。出版專著《周敦頤研究著作述要》（湖南大學出版社，2009 年出版）；主持國家社科基金項目 1 項、湖南省社科基金項目 2 項；在《哲學研究》、《江西社會科學》、《船山學刊》等刊物發表中國哲學史研究論文 10 餘篇。

提　要

　　章學誠的「歷史哲學思想」論述了「道」在歷史進程中的逐步展開，歷史變動的最終原因為「理勢」。從「理勢」的觀點來看，古今本為一體，歷史學的知識不僅是「藏往」而且是「知來」，因此對歷史的理解和認識貴在「心知其意」。「史義論」是章學誠歷史認識方法的核心。最後章學誠探討了各種「史體」的演變，主張以一種靈活變動的方式書寫歷史。

　　章學誠的「文本詮釋思想」是由其歷史哲學衍生出來的。章學誠主張在歷史書寫中要透露出作者主體的「別識心裁」。章學誠的「文本詮釋思想」就建立在「別識心裁」的基礎上。在現代哲學解釋學的視野下，章學誠的「文本詮釋思想」體現了「存在論」的特徵。

　　章學誠的「考據學批判」則從「衡論戴震」和「六經皆史」兩個角度出發，對清代考據學方法和原則進行批判。章學誠指出戴震的學術能「見古人之大體，進窺天地之純」，但「心術未醇」，對考據學的方法過分誇大。「六經皆史」則批判了清代考據學「經學明道」的思想原則，開闢了以史釋經、史學明道的學術路向。

　　從清中期思想史的變動趨勢來看，章學誠雖然是考據學的批評者，但其思想方法則是清代考據學理論的「會通」和「綜合」。在這一意義上，章學誠實為清中期思想史承前啟後的人物。

目

次

第一章　序論──章學誠的思想結構

　　章學誠在清代思想史上是一個十分特殊的人物，一方面清代學術的主要成就在於經學，而章學誠的學術領域則是史學；另一方面清代學術主流的方法在於考辨字義和事實，以求還原經典的原始面貌，這一方法論的特徵是「客觀實證主義」；而章學誠則注重「發揮」而輕視「徵實」，力求從文本的語文脈絡中解讀其思想意義，在方法論上強調主觀的「性靈」和文本的「言外之意」。凡此種種都與清代學術思想的主流有著相當大的距離，因此在清代相當長的一段時期內，章學誠的思想並未受到人們的重視。近代以來的學者研究清代思想史，多將章學誠與戴震相提並論，但此皆屬於事後之論，章學誠與戴震等考據學者的聲名顯晦在當時是不可同日而語的，這一點即使章學誠本人也有著清醒的意識，他在致摯友邵晉涵的信中說：「僕之所學，自一二知己外，一時通人，未有齒僕於人數者，僕未嘗不低徊自喜，深信物貴之知希也。」〔註1〕但章學誠同時對自己的學術思想有著高度的自信，認為是自關門徑而「言人所未發」，「吾之所為，則舉世所不為者也。如古文辭，近雖為之者鮮，前人尚有為者，至於史學義例，校讎心法，則皆前人從未言及，亦未有可以標著之名。」〔註2〕「史學義例」和「校讎心法」概括起來就是所謂「文史校讎」，這是章學誠獨特的研究領域，《文史通義》和《校讎通義》就是章學誠在這兩方面研究的具體成果，其中《校讎通義》明著述源流，《文史通義》明史學義例，最終則是要在「源流清」、「義例明」的基礎上達到「明道」的目標，因此這兩部著作也就構成了章學誠思想的完整體系。

〔註1〕　章學誠：《答邵二雲書》，倉修良編注：《文史通義新編新注》，684頁，杭州：
　　　　浙江古籍出版社，2005年。
〔註2〕　章學誠：《家書二》，《文史通義新編新注》，817頁。

余英時曾在史料考辨的基礎上，對章學誠的思想全貌作過這樣一個描述：「章學誠是以『文史校讎之學』——也就是由釐清古今著作的源流，進而探文史的義例，最後則由文史以明『道』，來對抗當時經學家所提倡的透過對六經進行文字訓詁以明『道』之學。其目標則是要奪六經之『道』以歸之於史。」〔註3〕這一論斷大致是可信的，「文史校讎」在章學誠的整個思想結構中居於奠基性的地位，其性質就如同經學家戴震的「經學訓詁」一樣，經學家相信「道在六經」，「明道」的方法則是通過語言文字的方法「由訓詁以通義理」，戴震明確地指出：「經之至者道也。所以明道者其詞也。所以成詞者未有能外小學文字者也。」〔註4〕章學誠也同樣提出：「蓋學問之事，非以為名，經經史緯，出入百家，途轍不同，同期於明道也。」〔註5〕由「文史」以明道是章學誠的學術理想，隨著其「文史」之學日有進境，這一思想也愈加清晰。在晚年的「六經皆史」說中，他指出「經」的原始面貌就是「三代之史」，從而將「經」也納入了史學的範圍進行考察。而在學術方法上，章學誠也與當時的經學家有著很大的不同，他提倡「專家之學」、「別識心裁」，主張以主觀的「性情」與客觀的「功力」相配合，以達到「成一家之言」的「著述」標準。在這一前提下，他對清代考據學的方法論進行了尖銳的批評。總體而言，章學誠認為清代考據學的成就只是「功力」而非「學問」，如以考據學所奉為「典範」的顧炎武而論，「即顧氏所為《日知》，義本子夏氏教，然存為功力，而不可以為著作。」〔註6〕對於同時代的學者如汪中和孫星衍，章學誠也作了類似的批評，他認為孫星衍的《問字堂集》是「博」有餘而「約」不足：「尊著浩瀚如海，鄙人望洋而驚，然一蠡之測，覺海波似少歸宿，敢望示我以尾閭也。」〔註7〕在「博」與「約」的關係上，章學誠認為清儒的學術方法本之於南宋王應麟的「纂輯比類」，因而「誤執求知之功力以為學問」；而他本人則推崇鄭樵的「別識心裁」，鄭氏《通志》雖然在名物事實上多有舛誤，但「卓識名理，獨見別裁，古人不能任其先聲，後代不能出其規範；雖事實無殊舊錄，而辨名正物，諸子之意寓於史裁，終為不朽之業矣。」〔註8〕

〔註3〕 余英時：《論戴震與章學誠》，160頁，北京：三聯書店，2000年。
〔註4〕 戴震：《古經解鈞沈序》，《戴震文集》，146頁，北京：中華書局，1980年。
〔註5〕 章學誠：《與朱滄湄中翰論學書》，《文史通義新編新注》，708頁。
〔註6〕 章學誠：《與林秀才》，《文史通義新編新注》，741頁。
〔註7〕 章學誠：《與孫淵如觀察論學十規》，《文史通義新編新注》，399頁。
〔註8〕 章學誠：《釋通》，《文史通義新編新注》，240頁。

清儒的考據雖然範圍廣博，用功深細，但卻沒有在學術活動中體現出主體心靈的創造性作用，因而始終停留在「器」的層面上而不能上昇至「道」，「由訓詁以通義理」也就成了一句空泛的門面話，這也是清代學術缺乏思想性內容的根本原因。章學誠的「文史」之學不僅要通過史學「明道」，同時也寓有對考據學進行「補偏救弊」之意，在晚年的《上辛楣宮詹書》中，他論述《文史通義》的著述宗旨，將這一層意思流露無遺：「惟世俗風尚，必有所偏。達人顯貴之所主持，聰明才雋之所奔赴，其中流弊必不在小。載筆之士不思救挽，無爲貴著述矣。苟欲有所救挽，則必逆於時趨。」〔註9〕《文史通義》就是這樣一部「逆時」之作，在衡文論史的外貌下蘊含著批判性的思想鋒芒。

研究章學誠的思想結構，歷史哲學無疑是其中的主要內容，但章學誠的思想並不僅限於歷史哲學，而是以此爲基座建立起對於一切學術的批判性原則，這一「批判性原則」的主要內容就是章學誠的「文本詮釋思想」。清末民初的學者張爾田在爲《章氏遺書》作《序》時就清楚地指出了這一點：「先生（指章學誠）當舉世溺於訓詁音韻名物制度之時，已慮恒幹之將亡。獨昌言六藝皆史之誼，又推其說施之於一切立言之書，而條其義例，比於子政，辯章舊聞，一人而已。」〔註10〕在「六經皆史」的視野下，章學誠將一切著述都納入了「史學」的範圍，他在與孫星衍的信中稱：「愚之所見，以爲盈天地間，凡涉著作之林，皆是史學，六經特聖人取此六種之史以垂訓耳。」〔註11〕「史學」這一概念在章學誠的心目中有著特殊的含義，「史學」不僅是史料的排比纂輯，而主要是在材料的剪裁熔合中體現作者主體的「別識心裁」，這是從孔子「筆削」《春秋》以來中國史學一脈相承的精神傳統，由此章學誠認爲「史義」是史學的靈魂，在唐代以後「史學中絕」的情況下，史著已成爲「纂輯」而非「著述」，惟有鄭樵的《通志》稍微透露了一點「史義」的意味，「自遷、固而後，史家既無別識心裁，所求者徒在其事其文。惟鄭樵稍有志乎求義，而綴學之徒，囂然起而爭之。」〔註12〕清代考據學者對鄭樵的「考據疏略」吹毛求疵、大加抨擊，章學誠則從「史義」和「別識心裁」的角度對鄭樵推崇備至，這實際上反映了兩種不同的學術取向。不僅如此，章學誠還認

〔註9〕 章學誠：《上辛楣宮詹書》，《文史通義新編新注》，657頁。
〔註10〕 張爾田：《章氏遺書序》，《章學誠遺書》序2頁，北京：文物出版社，1985年。
〔註11〕 章學誠：《報孫淵如書》，《文史通義新編新注》，721頁。
〔註12〕 章學誠：《申鄭》，《文史通義新編新注》，250頁。

爲,「史義」是史學的靈魂,有了「史義」史學才能成爲「一家之學」,反之只是「纂輯之業」。而對「史義」的體會則不能拘泥於語言文字之間,而必須能於文本的語文脈絡中解讀其「言外之意」,「古人史學,口授心傳,而無成書,……正以專門名家,書不盡言,言不盡意,必須口耳轉授,非筆墨所能罄,馬遷所謂藏名山而傳之,必於其人者也。」〔註13〕

　　「史義」說是章學誠歷史哲學思想的中心內容,在這一思想前提下,章學誠區分了歷史研究領域的「纂類」和「著述」,並指出成功的史學著作必須不爲「類例」這一固定的知識框架所限制,而能夠以一種靈活變動的寫作方式透露出作者的用心之所在,這就必須從「紀傳體」這一體裁恢復到《尙書》的「圓神」傳統。但章學誠的用意不僅在於爲史學「申明義例」,更重要的是,他要以這一思想爲基礎,爲古今著作之林「商榷利病,討論得失」,也就是說,要建立一種學術活動中的「通則」。最早認識章學誠思想價值的日本學者內藤湖南曾說:「一般的學者視這個人(章學誠)爲史學家,但我認爲,正如其書名(《文史通義》)所示,是以關於文史的原則的研究爲主;就文史而言,涉及到了關於人體的全部著述。唐書的藝文志是在廣泛的文學批評的意義上使用文史類的。所謂《文史通義》的含義,用現在的語言來說,也可稱作著述批評的原理。」〔註14〕在現代學術的視野下,章學誠的思想本質就更爲清楚,如山口久和認爲:「(至少)就章學誠而言,他的思想並不局限於世上盛傳的『六經皆史』說(歷史相對主義)。相反,他的思想精髓中隱藏著可以把他者理解的方法論、文本論、語言哲學、存在論等人文科學的整體納入理論射程之內的可能性。」〔註15〕而在筆者看來,章學誠試圖通過其歷史哲學思想所建立的這一學術批評的「通則」其實就是他的「文本詮釋思想」,這一「文本詮釋思想」與其「史義論」一脈相通,散見於《文史通義》中的大量篇幅以及他的書信言論,並主要體現在他對清代考據學學術方法的批評中。

　　章學誠在「史義」的前提下區分史著中的「纂類」和「著述」,他同樣以此方法區分一般學術活動中的「功力」和「學問」,正如「纂類」不是「著述」

〔註13〕章學誠:《史考釋例》,《文史通義新編新注》,443 頁。
〔註14〕【日】內藤湖南:《支那史學史》,轉引自【日】島田虔次《六經皆史說》,見
　　　　劉俊文主編、許洋主等譯:《日本學者研究中國史論著選譯》第七卷思想宗教,
　　　　200 頁,北京:中華書局,1993 年。
〔註15〕【日】山口久和:《章學誠的知識論》中譯本自序,見山口久和著、王標譯《章
　　　　學誠的知識論》中譯本自序第 2 頁,上海:上海古籍出版社,2006 年。

一樣，「功力」也不是「學問」，而僅是學術活動的預備階段，而只有當「功力」得到質量的深化，學者在思想探索過程中領會到超越於語言文字之上的微妙含義，「功力」才會化爲「學問」。章學誠這樣闡述說：

> 學問文章，古人本一事，後乃分爲二途。近人則不解文章，但言學問，而所謂學問者，乃是功力，非學問也。功力之與學問，實相似而不同。記誦名數，搜剔遺逸，排纂門類，考訂異同，途轍多端，實皆學者求知所用之功力爾。即於數者之中，能得其所以然，因而上闖古人精微，下啓後人津逮，其中隱微，可獨喻而難爲他人言者，乃學問也。〔註16〕

清代考據學者侈言「學問」，但在章學誠看來，考據學者的「排比纂輯」，說到底只是「功力」而已，還說不上是「學問」，眞正的「學問」中必然蘊含著學者主體的感受，對於文本發生了超越語言文字的理解，「學術文章，有神妙之境焉。末學膚受，泥迹以求之；其眞知者，以謂中有神妙，可以意會而不可以言傳也。」〔註17〕清代考據學以「六經」爲詮釋對象，其詮釋方法正是章學誠的所謂「言傳」，即主張從文本的語言文字中直接讀出其「意義」；〔註18〕而章學誠的文本詮釋方法則重在「意會」，在中國的傳統文本詮釋理論中本有「書不盡言，言不盡意」這一說，〔註19〕章學誠的詮釋學思想即著重強調了這一點，主張要從文本的語文脈絡中讀出其「言外之意」。而要做到這一點，則必須在客觀的「功力」之上加上主觀的「性情」。用今天的語言來解釋的話，章學誠實際上認爲，對於歷史人文現象的認識，其途徑不僅在於考據學者所崇尚的「客觀的瞭解」，而更重要的是「心靈的體會」，也就是司馬遷在《史記》中曾經說過的「好學深思，心知其意」，這不僅是史學領域中「歷史認識」的途徑，同時也是一切人文學術的認識方法。

從章學誠思想的整體面貌來看，「歷史哲學」和「文本詮釋思想」是其中的主要環節，最後則歸結爲對考據學的批判。在對考據學的批判過程中，戴

〔註16〕章學誠：《又與正甫論文》，《文史通義新編新注》，807頁。

〔註17〕章學誠：《辨似》，《文史通義新編新注》，158頁。

〔註18〕章太炎曾將清代考據學的方法論特徵總結爲六點：「審名實，一也；重左證，二也；戒妄牽，三也；守凡例，四也；斷情感，五也；汰華辭，六也。六者不具，而能成經師者，天下無有。」見《太炎文錄初編·說林》，《章太炎全集》（四），119頁，上海，上海人民出版社，1985年。

〔註19〕參見姜廣輝：《傳統的詮釋與詮釋學的傳統——儒家經學思潮的演變軌迹與詮釋學導向》，《中國哲學》第22輯《經學今詮初編》。

震首當其衝成爲他心目中的首要論敵。他首先指出戴震學術的長處並不在於「訓詁」，而恰恰是能夠不拘泥於訓詁，在繁密的考據中「見古人之大體，進窺天地之純」，在考據學家中，戴震屬於「學有心得」、有自身思想建樹的一類人，這實際上與章學誠的學術原則和方法是相符的，因此他自許在乾嘉學者中對戴震「知之最深」。但戴震對考據學的方法過於誇張，引起了章學誠的不滿。同時戴震過於貶低宋學，加深了「漢宋學」之間的門戶之見，而章學誠則從思想史的角度指出戴震的學術實爲程、朱之後學，戴震對宋學的偏見是爲「心術不醇」和「飲水忘源」。章學誠對戴震的批判主要是針對考據學的方法，章學誠認爲考據學的方法實有不可偏廢之處，但將其無限誇大，視爲學問的全體，則是一種盲目的做法，戴震本身的學術成就已經完全可以看到「考據」這一理論武器的長短利弊，但卻出於其「心術」而「隱約其辭」，考據學在戴震身後的段玉裁、王引之等人那裏完全走上了「小學化」的道路，這與戴震的影響是分不開的。〔註20〕而另一方面，章學誠也對考據學的根本觀念「經學明道」提出了質疑。考據學者堅信「道在六經」，其學問功力所施之範圍全在經學，「尊經賤史」的觀念深入人心。章學誠考辨學術源流，提出「六經皆史」這一著名理論，旨在說明「經」爲「三代之史」，從源流上而言，「史」爲「經」之源；從「道」與「器」的關係上來看，六經一旦離開了它所處的歷史環境，即已成爲「器」而非「道」，考據學者所謂「經以明道」的觀念是沒有依據的。章學誠主張「以史釋經」，重新建立對「六經」的新解釋，這實際上是以「史學明道」的主張取代了「經以明道」，這一「批判性」的主張可謂擊中了考據學的思想命脈，如余英時所謂：「於是奪六經之道以歸於史。」〔註21〕

下面概述一下本篇論文各章的大致內容：

第一章《序言》是對本篇論文思想內容的大致概述，其中指出了章學誠

〔註20〕戴震的文本詮釋方法本不止於單純的訓解字義，而同時也注重從「知人論世」的角度「以意逆志」、「以志通詞」，並由此闡發文本的思想涵義。但戴震後學對其文本詮釋思想的理解則專注在語言文字一面，而缺失了對詮釋對象「心志」的理解，從而走入了考據的死胡同。臺灣學者龔鵬程曾對此有論述說：「戴震是『先考字義，次通文義，志在聞道』，其後學卻只考文字，不務聞道明道，形成段玉裁所說的『尋其枝葉，略其本根』之純技藝的『小學』。」見龔著：《語文意義的詮釋》，載楊晉龍主編《清代揚州學術》上，39頁，臺北：中央研究院中國文哲研究所，2005年。

〔註21〕余英時：《論戴震與章學誠》，178頁。

的的學術思想以「文史校讎」爲基礎，與清代考據學的「經學訓詁」分庭抗禮。其思想結構可分爲「歷史哲學」、「文本詮釋思想」和「考據學批判」三個部分，「歷史哲學」是章學誠的思想基礎，由「歷史哲學」而衍生出「文本詮釋思想」，最後則歸結爲「考據學批判」，這三個部分環環相扣，構成了章學誠思想的整體。

第二章《章學誠研究史的回顧和評述》則回溯了自清末至當代章學誠思想研究狀況的變遷和發展，具體以內藤湖南、胡適、錢穆、余英時、倪德衛、山口久和、朱敬武等七人的著作爲中心，進行了回顧和評述。隨著章學誠研究的日漸深入，章學誠在思想史上的形象也愈加清晰。總體來說，研究者大都傾向認爲，章學誠不僅是史學家和文獻學家，而且是自成體系的思想家，在與清代考據學者（尤其是戴震）的對比研究中，章學誠在清代思想史上的意義得到了深度的體現。

第三章《章學誠「文史校讎學」的基本概念》：「文史校讎」是章學誠的學問基礎，其意義就如同戴震的「經學訓詁」一樣。「文史校讎」的主要內容是章學誠的史學和文獻學思想，本章擷取章學誠「文史校讎學」的幾個中心概念以見其大概。其中「校讎心法」是關於章學誠的「校讎學」思想；「史義文心」則論述章學誠「文史理論」；「史德文德」是關於「文史之學」的主體修養；「圓神方智」則是關於章學誠的「歷史編撰理論」。

第四章《章學誠的歷史哲學思想》：歷史哲學是章學誠思想的主要內容之一。章學誠的學術宗旨是以「文史之學」而「明道」，歷史哲學就是其所明之「道」。章學誠的歷史哲學具體分爲三個層面，即「理勢論」、「史義論」和「史體論」，分別論述的主題是「歷史是什麼」、「如何認識歷史」以及「如何表述歷史」。其中「史義論」是章學誠歷史哲學的中心環節，對「史義」的認識則超乎語言文字而歸結爲「心靈的自我認識」，這對章學誠的「文本詮釋思想」產生了巨大影響。就章學誠的歷史哲學思想本身而言，它體現了中國傳統史學發展至成熟階段的「自主意識」，同時在型態上接近柯林武德的「批評的歷史哲學」。

第五章《章學誠的文本詮釋思想》：章學誠通過歷史哲學的探究，認爲史家的方法貴在「別識心裁」而不在「排比纂輯」，他同時認爲這一方法論的原則應該在一切學術活動中都得到體現，由此建立了他的「文本詮釋思想」。與清代考據學比較，章學誠的文本詮釋思想在語言觀、知識的構成、詮釋的方

法上都存在著很大的不同。在語言觀上，章學誠重視語言的語境和象徵意義，主張「言不盡意」，反對考據學者在「言」與「意」之間建立線性的聯繫；在知識的構成上，章學誠也反對考據學者所推崇的「純粹客觀知識」的概念，而認爲「文史」知識的構成有其主觀性的傾向，主要體現了作者的整體性人格，因而理解和詮釋「文史」知識貴在「探作者之心志」；在詮釋方法上，章學誠進一步主張，除了「歷史理解」（事實的認定）和「心理理解」（心知其意）之外，詮釋者本身的「存在感受」也是文本詮釋中的一項重要因素，這就是學者的「天性」和「至情」。用現代哲學解釋學的概念來理解的話，章學誠的「文本詮釋思想」有一種「存在論」的特徵。

第六章《章學誠的考據學批判》：本章主要集中論述章學誠對清代考據學的批判，分爲「衡論戴震」和「解構經學」兩個部分。戴震是考據學的代表人物，也是章學誠的主要批判對象。章學誠推崇戴震在義理學上的成就，但不滿其對考據方法的過分誇大；同時章學誠認爲戴震「心術未醇」，對程朱義理過於貶低，對考據學的發展起到了不良的影響。在「解構經學」的部分，章學誠以「六經皆史」爲理論武器，從「經與史」、「道與器」兩個方面對「經學」這一知識型態發起了批判，指出「史爲經之源」、「六經是器而非道」，在釐清經史源流的基礎上提出「以史釋經」，從而「奪經學之義理以歸之史學」。

第七章《章學誠與清代思想史的諸問題》：從清代思想史的角度來看，清中期是一個分水嶺。清中期思想史的議題由前期的「漢宋之爭」轉向後期的「今古文經學之爭」，同時乾嘉考據學也在檢討自身得失的基礎上醞釀著內部的轉向。由此「漢宋之爭」、「今古文經學之爭」、「乾嘉考據學的自我反省和內部轉向」就構成了清代思想史上的三個主要問題，這三個問題凸顯出來的「時代語境」是清代思想由「事」向「義」的轉變，即由單純的考據事實轉向思想意義的追詢。從這個角度來看，章學誠雖然對考據學進行了激烈的批判，但並非站在考據學的對立面，而是貼近時代的脈絡，生動地反映了清中期思想史的變遷趨勢。

第二章　章學誠研究史的回顧和評述

第一節　清末民初的章學誠思想傳播及其著作、注本情況

在近年來有關清代思想史的研究中，章學誠的思想正在受到越來越多的關注。如余英時在上世紀七十年代出版的學術名著《論戴震與章學誠》中開宗明義說道：「戴震（1724～1777）和章學誠（1738～1801）是清代中葉學術思想史上的兩個高峰，這在今天已經成為定論了。」〔註1〕余英時的論斷代表了近代以來一大批學者的看法，這是因為近代以來的學者已經普遍習慣於以「思想」或「義理」作為衡量學術成就的標準，而章學誠的思想則以其高度的原創性在乾嘉學者中獨樹一幟，這是其受到近現代學者普遍歡迎的主要原因。章學誠的「身後之名」與其生前的寂寞形成了鮮明的對照，在章學誠生前直到清末的一百多年時間裏，其思想和學術並未受到知識界過多的關注，在清代出版的有關章學誠的傳記資料，僅有《文獻徵存錄》「邵晉涵傳」末附錄數語，於事實多有錯亂；〔註2〕《兩浙輶軒錄補遺》中存有一則其友王宗炎的學術評語，稱其「尤長於攻難駁詰之文，班、范而下，皆遭指摘。自謂卑論仲任，俯視子元，未免過詡，平心而論，夾漈之伯仲也。」〔註3〕總體來說，亦未對其學術成就作出過高的評價。清末譚獻的《文林郎國子監典籍會稽實

〔註1〕余英時：《論戴震與章學誠》，第3頁。
〔註2〕余英時：《章實齋與童二樹》，見余著《論戴震與章學誠》，283～289頁。
〔註3〕阮元：《兩浙輶軒錄補遺》，見《章學誠遺書》，621頁。

齋章公傳》是一篇較爲翔實的章學誠傳記。譚獻撰此文時，國內的政治環境和學術環境都已經發生了很大的變化，在清末內憂外患的刺激下，學術界的「復古」空氣已逐步消褪，而以今文經學爲代表的「求變」思想正在逐漸興起。在這一思潮的籠罩下，章學誠的歷史哲學思想受到前所未有的重視。有學者認爲，章學誠思想的傳播與晚清的今古文經學乃至變法維新理論均有內在關係：

> 章氏學是通過杭州的學人傳播的，錢林在《文獻徵存錄》中提到了章學誠，龔自珍曾向他問過佛，龔是章學誠的第一個同調，譚獻傳龔學，自然也要表彰章氏學。章氏學是對清學正統派的考證學與非正統派的常州今文學的重新綜合。到清末，杭州詁經精舍成了章氏學的大本營，譚獻與潘恕有關章學誠的文字可以作證。這是宋恕、章太炎表彰章學的淵源，宋恕 1897 年在上海就向孫寶瑄推薦過章學誠的著作，夏曾佑也是這個圈子裏的新一代學人，章氏學是他當時立言的前提。可見，章氏學是清末變法的理論依據。〔註4〕

晚清的維新與革命在思想和學理上以今、古文經學爲理論依據，而這兩大派對章學誠的思想都有吸收和融通，因此章學誠的思想學術在清末一變而爲「顯學」。余英時對此敘述說：

> 早期今文學派的龔自珍從「經世」的觀點宣揚「六經皆史」的深層涵義，晚清古文學派的章炳麟則用「六經皆史」的命題來摧破廖平、康有爲關於孔子「託古改制」的觀點。所以到了《國粹學報》時期（1905～1911），《文史通義》與《校讎通義》兩書早已膾炙人口。〔註5〕

晚清到民國初年，章學誠的思想和學術傳播甚廣，如龔自珍、譚獻、宋恕、夏曾佑、章太炎等人都不同程度地接受過他的影響。在這一時期，對章學誠學術思想接受最爲全面、理解最爲深入的是張爾田和孫德謙。張爾田曾參與纂修《清史稿》，孫德謙則主要從事諸子學研究，他們的學術宗旨都是導源於章學誠的「六經皆史」和「官師合一」說。張爾田的《史微》一書開宗明義

〔註 4〕陶德民撰、楊際開譯：《內藤湖南的進步史觀的形成——對章學誠〈文史通義〉的共鳴》，《杭州師範學院學報》，2008 年第 1 期。

〔註 5〕余英時：《『通古今之變，成一家之言』——〈章學誠的生平與思想〉中譯本代序》，見倪德衛著、楊立華譯：《章學誠的生平與思想》序 iv 頁，臺北：唐山出版社，2003 年。

就說：「六藝皆史也，百家道術，六藝之支與流裔也。」〔註6〕這一言論，明顯是自章學誠而來。他在《史微》的《凡例》中自敘其苦學經歷云：

> 往與吾友孫君益荃同譚道廣平，即苦阮氏、王氏所彙刊《經解》瑣屑餖飣，無當宏恉，嗣得章實齋先生《通義》，服膺之，始於周秦學術之流別稍有所窺見，久之，讀《太史公書》，讀班孟堅書，無不迎刃而解，豁然貫通，一時之所創寢，殆若有天牖焉。〔註7〕

張東蓀爲《史微》所作的《重定內篇目錄敘》中說張爾田「少覺聞先生譚復堂緒論，……於古師東莞居巢，近則章實齋。……成《史微》數十萬言，自謂演浙東遺緒」〔註8〕，可見張爾田最早可能是從譚獻那裏得知章學誠其人其學，進而探驪得珠，盡得章學宗旨，遂以繼承浙東史學自命。張爾田在《史微·凡例》提到與他「譚道廣平」的「孫君益荃」，即孫德謙。孫德謙長於諸子學和目錄學，其爲學宗旨也得之於章學誠，所著書有《漢書藝文志舉例》、《劉向校讎學纂微》、《太史公書義法》等，王國維稱其「得法於會稽章實齋先生」。

這一時期雖未出現有關章學誠研究的重要論著，但章學誠的遺文佚稿逐步得到搜集整理。章學誠的著作最早由其子章華紱在道光十二年到十三年間刻印《文史通義》、《校讎通義》共九卷於大梁，世稱「大梁本」。清末民初的著名藏書家吳興嘉業堂主人劉承幹由沈曾植處得到蕭山王宗炎編次的章學誠遺稿三十卷，又增入《和州志》、《永清縣志》等爲「別編」十八卷，又加「補遺」、「附錄」各一卷，彙集爲五十卷的《章氏遺書》，於 1920 年刊刻行世，世稱「遺書本」或「嘉業堂本」。1985 年，中國文物出版社影印「嘉業堂本」《章氏遺書》，並增補「佚篇」約五萬餘言標點排印於書後，定名爲《章學誠遺書》出版。

此外，還需要談一下章學誠著作的注本。據張京華《文史通義注·整理弁言》稱，「《文史通義》先後有章錫琛的選注本，所選共三十篇，民國十五年由商務印書館出版，列在《學生國學叢書》及《新中學文庫》中。稍後則有石印坊本，有文瑞樓《詳注文史通義》、文瑞樓《新體注釋文史通義》（無錫宛南詳注）、鴻章書局《注釋文史通義》、眞美書社《詳注文史通義》（杭縣

〔註6〕張爾田：《史微·原史》，第 1 頁，上海：上海書店，2005 年。
〔註7〕張爾田：《史微·凡例》，第 1 頁。
〔註8〕張爾田：《史微·重定目錄內篇敘》。

許德厚舜屏注）等幾種（均含《校讎通義》），年代均為民國十八年前後。其注釋均簡略，僅便初學而已。」〔註9〕目前所存有學術價值的章學誠著作注本主要有葉長青的《文史通義注》和葉瑛的《文史通義校注》兩種。葉長青的《文史通義注》出版於 1935 年，列入「無錫國學專修學校叢書」。葉瑛的《文史通義校注》則始於 1929 年，完成於 1948 年，但直至 1983 年才由中華書局首次出版。兩種注本中，一般認為葉瑛本後出，吸收了葉長青本的「勝義」，同時有校有注，較為詳密，優於葉長青本的「有注無校」。但也有否定意見，如張京華的《文史通義注·整理弁言》即認為葉瑛本實際襲自葉長青本，有攘竊之嫌。

第二節　內藤湖南和胡適的兩種《章實齋年譜》

清末學者對於章學誠思想的重視甚至影響到了日本的漢學界。日本「京都學派」的開創者內藤湖南於晚清時期曾多次造訪中國，在遊歷的過程中與中國學者進行了學術交流，並從中接觸到了章學誠的思想與著作。內藤湖南敏銳地感知到章學誠的思想在清代學者中有著特異的地位，其長處在於整體性的理論思維而不在於細節分析，同時內藤湖南從近代的學術眼光出發，認為章學誠的歷史哲學思想是一種「進步史觀」，從而引起了對《文史通義》的「共鳴」。在這一思想的支配下，內藤湖南撰寫了《章實齋先生年譜》，對章學誠的生平和思想作了較為詳細的考證。〔註10〕這是近代學術史上第一部對於章學誠作專題研究的論著，對於日本漢學界引起了深遠的影響，以後的日本漢學家在研究清代思想學術史時，都特別注意到章學誠的重要地位，如島田虔次、山口久和等人在這方面都有重要的論著問世。

內藤湖南的研究反過來也促進了中國學術界對於章學誠思想的認識。胡適在《章實齋年譜序》中明確說：「我做《章實齋年譜》的動機，起於民國九年冬天讀日本內藤虎次郎（即內藤湖南）編的《章實齋先生年譜》（《支那學》卷一，第三至第四號）。」〔註11〕但胡適一方面覺得：「最可使我們慚愧的，

〔註 9〕葉長青撰、張京華點校：《文史通義注·整理弁言》，第 3 頁，華東師範大學出版社，2012 年。

〔註10〕參見錢婉約：《內藤湖南研究》，第八章第二節，《內藤湖南與近代章學誠研究》，北京：中華書局，2004 年。

〔註11〕胡適：《章實齋年譜》，26 頁，安徽教育出版社，2006 年。

是第一次作《章實齋年譜》的乃是一位外國的學者」另一方面又認為：「內藤譜又太簡略了，只有一些瑣碎的事實，不能表現他的思想學說變遷沿革的次序。」〔註12〕因此胡適決定在內藤《年譜》的基礎上，增補內容，敘述章學誠思想的演變過程，「我決計做一部詳細的《章實齋年譜》，不但要記載他的一生事迹，還要寫出他的學問思想的歷史。這個決心就使我這部年譜比內藤譜加多幾十倍了。」〔註13〕胡適的《章實齋年譜》後來又經過姚名達的增補，成為迄今為止資料最為翔實充分的章氏年譜。胡適《年譜》的特點在於在敘述傳主生平事迹的同時，注意描述其思想演變的軌迹；同時將章學誠的思想與乾嘉時期的著名學者如戴震、汪中、袁枚等人作了比較研究，使《年譜》的性質不僅限於個人傳記，而且成為一種思想史資料。但胡適的《章實齋年譜》亦有其嚴重的缺陷，這主要是他將章學誠視為「史料主義者」。眾所周知，胡適在學術上的主要貢獻在於提倡「以科學方法整理國故」，他引進近代西方的實證主義思想，並與清代的考據學傳統相結合，提倡大膽的懷疑精神，對中國傳統學術作鞭闢入裏的實證性研究。如同在戴震的思想中發現了「科學精神」的萌芽一樣，他對章學誠思想的闡釋也同樣籠罩在這一「科學主義」的視野之中，因此他認為「六經皆史」的意義就在於將經部之書降為史料，以供學者做實證性的研究而已。但正如汪榮祖所說：「認定實齋將經史視為史料者，完全忽略了實齋對道的執著，以及經史皆為了經世致用之微意。」〔註14〕「章氏所謂『凡涉著作之林，皆是史學』，並不是說都是史料，而是說盈天地間之著作，包括經史在內，皆統合於史，藉史明道而已。」〔註15〕乾嘉時期六經的尊崇地位尚未解體，學者亦不至於如後世一樣僅以「史料」視之，胡適對章學誠思想的解讀明顯超越了其時代，因而存在著一定的誤讀之處。

　　章學誠年譜實際還有其它數種。據于延亮的《章實齋先生年譜六種》一文考訂，依出版時間先後，章學誠的年譜有以下六種，「內藤湖南編著《章實齋先生年譜》，胡適編著《章實齋先生年譜》，姚名達著《會稽章實齋先生年譜》，趙譽船編《章實齋先生年譜》，胡適著、姚名達訂補《章實齋先生年譜》，范耕研著《章實齋先生年譜》，分別可以簡稱為內藤譜、胡譜、姚譜、趙譜、

〔註12〕　胡適：《章實齋年譜》，27頁，安徽教育出版社，2006年。
〔註13〕　胡適：《章實齋年譜》，27頁，安徽教育出版社，2006年。
〔註14〕　汪榮祖：《史學九章》，222頁，北京：三聯書店，2006年。
〔註15〕　汪榮祖：《史學九章》，222頁。

合譜、趙譜。」〔註 16〕內藤湖南的《章實齋先生年譜》問世最早，有開風氣之先的功績。胡適由於其在文化界、學術界的影響力，他的《章實齋先生年譜》也備受世人重視，三年之內重印三次，可謂洛陽紙貴。但胡適的年譜對章學誠思想解讀有誤，體例也不夠純正，因而也飽受詬病。「胡著姚補」的《章實齋先生年譜》在目前流行最廣，此書因經過姚名達的訂補，史事部分比較清楚，但基本觀點依然是胡適的。胡適作《章實齋先生年譜》在內藤湖南之後，但在國內是最早的，因而對於近代的章學誠思想研究有極大的推動作用，自胡適之後，章學誠的影響力漸漸超出目錄學、校讎學、方志學等專門領域，成為治清代思想史必談的重要人物。但胡適解「六經皆史」為「六經皆史料」，此說也流傳後世，辯者蠭起，是非莫定，造成了近代中國學術思想史上的一重公案。

第三節　錢穆的《中國近三百年學術史》

　　繼胡適之後對章學誠思想作深入研究的是錢穆的《中國近三百年學術史》。此書是錢穆研究清代思想學術史的代表性著作，最早是錢穆在北京大學的授課講義，據其書中《自序》所云：「斯編初講，正值『九一八事變』驟起。五載以來，身處故都，不嗇邊塞，大難目擊，別有會心。」〔註 17〕由於民族危難的刺激，此書中洋溢著一股激憤的民族主義情緒，立志為民族文化及精神傳統疏通源泉、清理窒礙，如章學誠所云，是「有為言之」而非冷靜的純客觀研究。近人曾評價說：「錢氏寫清學史，似設身其境，與先賢唱和或辯難，而不似異代學者，作旁觀超越之論析。世人多知，錢賓四頗具民族主義意識，並見諸其史學，然其民族主義也未脫傳統的華夷之辨與漢文化意識，以及崇宋尊朱的基本心態。」〔註 18〕

　　《中國近三百年學術史》的基本心態既是「崇宋尊朱」，則必然對清代考據學頗有微詞，並轉而推崇對考據學持尖銳批評態度的章學誠。因此錢穆在書中稱道章學誠與戴震同為乾嘉時期最高之兩大師，對章學誠在學術史上的地位作出了異乎尋常的評價。同時在書中第九章特闢「章實齋」一

〔註16〕于延亮：《章實齋先生年譜六種》，載盧敦基主編《浙江歷史文化研究》第 2 卷，299 頁，浙江：杭州大學出版社，2010 年。

〔註17〕錢穆：《中國近三百年學術史》上，序 4 頁，北京：商務印書館，2005 年。

〔註18〕汪榮祖：《史學九章》，165 頁。

章，對章學誠的學術思想進行了詳細的論述。錢穆的思路主要是從章學誠
與乾嘉考據學的「立異」處著眼，抉發章學誠思想的精微之處在於批判乾
嘉時期的考據學風潮，而非僅以「文史」名家，「實齋著述最大者，爲《文
史》、《校讎》兩通義，近代治實齋之學者，亦率以文史家目之。然實齋著
《通義》，實爲箴砭當時經學而發，此意則知者甚尠。」〔註19〕書中的「章
實齋」一章分「傳略」與「學術述要」兩部分，「傳略」略敘生平，「學術
述要」則概述章學誠的思想，以章學誠思想與考據學的比照爲主要的分析
框架，即以章節名稱而論，如「浙東學派與浙西學派」、「經學與史學」、「學
問與功力」、「纂類與著述」、「著述與事功」、「性情與風氣」等，無不從章
學誠對乾嘉考據學的批判處著眼，篇末有《實齋文字編年要目》，對章學誠
著著作篇目的年月作了具體的考證，同時在「附錄」中對章學誠與袁枚、
汪中作了比較研究。錢穆晚年在《中國史學名著》一書中對章學誠的學術
思想繼續進行了闡發，修正了早期的一些觀點，如關於「浙東學派」之說，
錢穆晚年已對此說持懷疑態度，認爲章學誠將自己的學術譜系上溯至陽明
或浙東史學是純出於主觀臆度，不值得認真推究。同時時移世易，錢穆亦
不再強調章學誠與考據學派的對立，轉而推重其在「校讎學」中所體現出
的「學術史」眼光。〔註20〕從整體來看，錢穆的章學誠研究思路清晰、論
據紮實，體現了其作爲文史大家的卓識和功力。但是從錢穆的著述以及與
余英時的通信中可以看出，錢穆並不看重章學誠的史學成就，〔註21〕這在
一定程度上影響了他對章學誠歷史哲學思想的認識，而歷史哲學正是章學
誠思想的根基，離開了這一點，就無法對章學誠學術思想的整體面貌作出
正確的評價。錢穆從「尊崇宋學」的思想基調出發，過於注重章學誠對清
代考據學的批判，而沒有注意到章學誠的「考證學批判」是建立在其以「史
義」爲宗旨的歷史哲學思想的基座之上，這不能不說是錢穆這部「名世之
作」的缺憾之一。

〔註19〕錢穆：《中國近三百年學術史》上，420 頁。

〔註20〕參見錢穆著：《中國史學名著》，北京：三聯書店，2000 年。

〔註21〕如錢穆在 1966 年 11 月 17 日致余英時的信中明言：「實齋提倡史學，實於史
　　　　學無深入，無多貢獻可言。」見余英時著：《錢穆與中國文化》，236 頁，上海：
　　　　上海遠東出版社，1994 年。

第四節 余英時的《論戴震與章學誠》

在錢穆的章學誠研究中，有兩點最值得我們注意，其一是將章學誠與戴震並提，推爲乾嘉時代並立之兩大師；其二是一反梁啓超、胡適等人提出的「考據學出發點乃爲反理學」的論點，指出了清代學術思想與宋明理學的內在繼承關係，也就是《中國近三百年學術史引論》中開宗明義提出的「不識宋學，即無以及識近代也。」〔註22〕而這一層意思在章學誠的《朱陸》篇中抉發得最爲清楚，故錢穆之推許章學誠，亦寓有「孤明先發」、「得我心之同然」之慨。錢穆關於章學誠研究的思路對於余英時影響極深，當余英時於上世紀七十年代構思創作其學術名著《論戴震與章學誠》的前後，錢穆曾先後多次與余英時通函討論，對於章學誠思想的要點多有提示，〔註23〕因此錢穆的這兩點立論就成爲余英時所著《論戴震與章學誠》的理論綱骨，余氏全書的觀點均從此兩點立論生發而來。但余英時所面臨的時代問題已與錢穆不同，故其所思考的重點也有所不同。約略言之，錢穆重在爲民族文化疏通其精神源泉，故推獎宋學；余英時則在現代新儒家的挑戰下，試圖繞開「心性之學」在民族文化中尋找其「知性」的傳統，這關乎到儒學命脈在現代社會的延續，故余氏極鄭重地說：「今天無疑又是一個『儒門淡薄，收拾不住』的局面，然而問題的關鍵已不復在於心性修養，而實在於客觀認知的精神如何挺立。」〔註24〕如果借用章學誠的術語來表述的話，這一段話無疑就是體現了余英時著《論戴震與章學誠》一書的「立言宗旨」。

由於余英時立意要在民族文化中開拓出「知性」的傳統，故其對考據學在思想史上的意義極爲重視。傳統認爲清代考據學的成立係基於對宋明理學的反動而來，余英時以其「內在理路」的研究方法推翻了這種觀點，認爲考據學的產生應當溯源於宋明理學的內部紛爭，由於理學、心學各派在義理問題上相持不下，轉而尋求經典的理論支持，這是明清之際「經史考證」之學發生的內在背景。入清以後，考據學由於各種機緣得到極大的發展，但大多數學者已經昧於考證與思想之間的這層關係。直至乾嘉時期，依然保持著理論上的高度自覺意識的僅有戴震與章學誠二人，因此戴、章二人就成了整個

〔註22〕錢穆：《中國近三百年學術史》上，第 1 頁。
〔註23〕這些信件均收錄於余英時著：《錢穆與中國文化》，對於理解錢穆後期思想以及其對於章學誠的看法均有極大資益。
〔註24〕余英時：《論戴震與章學誠》，序 9 頁。

清代考證運動的思想代言人。其中戴震雖有高度原創的思想性著作，但身處考證學運動的中心，已經看不清自身義理思想與宋學之間的關係，而「實齋最擅於辨識古今學術流變，故於東原及其本人在思想史上所處的位置都有很深刻的瞭解。」〔註25〕因此，章學誠在清代考據學運動中的地位甚至可能要超乎戴震之上，「東原與實齋的論學觀點雖與同時的一般考證學家大異其趣，但他們的理論卻正是清代考證運動的產物，而且也惟有通過他們——尤其是實齋——的理論，考證運動在近世儒學發展史上的意義才能由隱晦而轉為顯豁。」〔註26〕余英時心目中的章學誠乃是清代的「陸王」化身，戴震則衍「程朱」之學脈，但二人均已將宋明理學中的這兩大派予以徹底的知識化以融彙於清代「智識主義」的潮流中，「東原斥程、朱即所以發揮程、朱，實齋宗陸、王即所以叛離陸、王；取徑雖殊，旨歸則一。則兩家之貌異終不能掩其心同。」〔註27〕

　　余英時將章學誠的思想置放於清代「智識主義」的潮流中進行解讀，因而其得到的結論也與前人迥乎不同。如果說錢穆將章學誠與戴震並提是強調二者之「異」，余英時則銳意論證二者之「同」。余著《論戴震與章學誠》運用了大量的心理分析方法，傳神入妙地敘述了章學誠面對戴震的考據學成就時所產生的巨大心理壓力，在這一壓力的驅動下，章學誠對戴震亦步亦趨、刻意模仿，有意識地以「文史校讎」對抗「經學訓詁」，這一努力最終在章學誠晚年的理論「六經皆史」中得到了淋漓盡致的表現。余英時的章學誠研究主要是為他的「內在理路」說尋找一個個案的支持，清代思想學術並不是孤立兀起的，而是屬於儒學發展史上的「道問學」階段，這一「道問學」的知識潮流實際上早已蘊含於前一階段的「尊德性」之中，明清學人中對此有清醒意識的厥為章學誠一人而已，因此章學誠實為此「道問學」知識潮流的中心人物。余英時的「內在理路」說對於我們理解明清學術思想史有著極大的幫助，但是就章學誠思想本身而言，則不免由於過分追求理論本身的整齊劃一，而降低了對於歷史豐富現象的描述。余書過於強調了章學誠與戴震之間的關係，似乎章學誠在學術上的全部努力都是為了回應戴震的「挑戰」，章學誠一生的致思方向就是為了與經學家戴震分

〔註25〕余英時：《論戴震與章學誠》，152 頁。
〔註26〕余英時：《論戴震與章學誠》，149 頁。
〔註27〕余英時：《論戴震與章學誠》，90 頁。

庭抗禮，「六經皆史」作爲章學誠晚年的最大理論，也是在這一「挑戰」的壓迫下產生的具體成果。這一處理有一種「化約主義」的危險，忽略了章學誠思想形成過程中的豐富因素。事實上，章學誠一生交遊廣泛，與當時的核心學術圈有著密切接觸，著名學者如錢大昕、朱筠、邵晉涵均對其思想有著重要影響，即以章學誠批評的學者而言，除了戴震以外，也還有汪中、孫星衍、洪亮吉、袁枚等人，而歷史上的劉歆、劉知幾、鄭樵等人更對其思想有著舉足輕重的影響。此外，如許多學者早已指出的，「六經皆史」這一理論並非章學誠所獨創，即以章本人而論，「六經皆史」也並非發自晚年，在早年的《和州志》中就有類似的說法，《校讎通義》則表述得更爲清楚，事實上這是章學誠的一貫思想，源於其「官師合一」的校讎學理論，並非刻意與戴震爲難。余英時將章學誠的所有思想都解釋爲是爲了回應戴震的「挑戰」，在一定程度上，這一解釋是爲了適應其理論的需要，將複雜的歷史問題作了過度「簡約化」的處理。

第五節　倪德衛的《章學誠的生平與思想》

　　美國學者倪德衛的《章學誠的生平與思想》也是章學誠研究史上的重要著作。章學誠的思想在日本漢學界頗受重視，而在西方則知音寥寥。在倪德衛之前，只有法國漢學家戴密微（Paul Demieville）曾對章學誠的思想有過深入的研究，撰有對胡適《章實齋年譜》的書評式介紹以及論文《章學誠及其史學》，收入其晚年出版的《漢學研究選集》中。〔註28〕因此倪德衛的《章學誠的生平與思想》是西方世界中研究章學誠思想的唯一論著，有著不言而喻的重要意義。倪德衛青年時期在哈佛大學師從中國史研究專家洪業，於 1953年以章學誠思想爲選題完成了博士論文《章學誠的文史思想》，中間經過十三年的修訂增補，於 1966 年正式出版《章學誠的生平與思想》。此書對於章學誠思想研究的拓展有著一定的影響作用，余英時與島田虔次都曾在自己的著述中引用過該書，但此書的中譯本遲至 2003 年才在臺灣出版，因此國內的學術界對此書相對來說還比較陌生。

〔註28〕參見余英時：《『通古今之變，成一家之言』──〈章學誠的生平與思想〉中譯本代序》，見倪德衛著、楊立華譯：《章學誠的生平與思想》序 iv–xiii 頁，臺北：唐山出版社，2003 年。

倪德衛作爲一名西方學者，研究視域與態度與錢穆、余英時等人有很大的不同，錢穆、余英時（包括胡適）等人的學術生命是從中國文化內部生長出來的，因此在其研究中反覆迴旋的一個主題是如何延續中國文化的命脈，而對倪德衛來說，這一問題並不在其關心的範圍之內。根據余英時在《章學誠的生平與思想》一書的中譯本序言中介紹，倪德衛的研究主要是爲了破除當時美國學術界在中國史研究領域中表現出來的「古今隔膜」的心態，而意欲對中國思想學術史求得一「會通」之瞭解，在這一點上，強調辨析學術源流、「通古今之變」的章學誠之思想對倪德衛這樣的西方學者而言，無疑有著獨特的魅力。

首先從體裁上來說，《章學誠的生平與思想》是一部思想性的傳記，倪德衛通過「早年」、「登第」、「校讎之學」、「書院教席」等章詳細敘述了章學誠的生平，「文與質」、「史與道」、「史家之術」、「史學之理」等章則集中闡述了章學誠的文史思想，末後兩章「最後的論戰」、「遲來的讚譽」則描述了章學誠與其時代的關係及其對後世的影響，全書組織嚴密、體系完整，是對章學誠思想的整體性展示。正如最近有論者指出的，〔註29〕傳記這一體裁對於研究章學誠的思想來說有著特殊的優勢，章學誠與王陽明這樣的學者之不同之處在於，王陽明一生所關注的是某個根源性的問題，其個體生命的外在遭遇並不能改變這一思考的方向；而對於章學誠而言，他一生「歷聘史局」，以修撰地方志爲生，晚年並幫助畢沅編撰《史籍考》，他的思想成就都與這些具體的工作有著密切的關係，「章學誠的思考與他偶然的生活途程關聯得如此緊密，以致生活事件在他的思想展開中發揮的作用常常不是外緣性的，而是作爲某種內在的要素起到關鍵性的影響。」〔註30〕

其次，倪德衛關注章學誠的思想，其主旨是爲了取得對於中國思想學術史的某種「會通性」理解，因此他將章學誠放在中國思想史的整體背景下進行闡釋。在倪德衛看來，章學誠的核心思想是「治教合一」的「三代」理念，「三代」理念體現了著述和學術的至善狀態，後世學術的衰退則是緣於這一「三代」理念的敗壞，校讎著錄之法由「七略」蛻變爲「四部」則徹底模糊了人們對於這一「三代」理念的認識。但倪德衛同時認爲，與其說章學誠的「三代」理念是出自於班固的《漢書藝文志》，也就是所謂的「諸子出於王官

〔註29〕楊立華：《倪德衛：〈章學誠的生平及其思想〉》，《中國學術》，2003 年第 2 期。
〔註30〕楊立華：《倪德衛：〈章學誠的生平及其思想〉》，《中國學術》，2003 年第 2 期。

論」，還不如說這是宋代以後新儒家（宋明理學）烏托邦思想的一種表現，具體地來說，章學誠的「治教合一」就是王陽明所說的「知行合一」，「我們可以看出，章學誠的古代統一體實際上是『知行合一』的歷史表達。」〔註 31〕倪德衛實際上是認爲，章學誠是在用歷史寫作表達一種哲學思想。章學誠不僅是通常意義上的文獻學家和史學家，更是一個「思想家」和「哲學家」，但過去的研究只是對章學誠的思想進行片斷性的摘錄和解讀，將「六經皆史」作爲章學誠的思想標籤，而事實上章學誠的思想有著更爲豐富的哲學意味，對於受過嚴格哲學訓練的倪德衛來說，這一點是如此顯而易見，以至於「可以斷言：章學誠關於經典的古代的理論不是嚴格的歷史假設而是基於形上學的需要。」〔註 32〕

倪德衛的研究爲我們展示了一個作爲「思想家」和「哲學家」的章學誠，這一點無疑是極富於啓示力的。但倪德衛在解釋章學誠的思想底蘊時似乎還存在著一定的模糊性，書中的思路也不夠清晰，日本學者山口久和在其最近的新著《章學誠的知識論》一書中就此質疑說：「我通讀了論著（指倪德衛著《章學誠的生平與思想》）的大部分之後，不能不有些樸素的疑問。章學誠思想的核心究竟是什麼？倪德衛是如何來把握的？……如果這樣的話，這種『烏托邦思想』和章學誠的思想體系有何關聯？這是不能不質疑的問題，然而倪德衛似乎並沒有打破沙鍋問到底。」〔註 33〕此外，作爲一名西方學者，倪德衛對章學誠思想的闡釋也時有「過度」之嫌，即使其本人也坦率承認：「也許，我們已經將章學誠的思想追索到了甚至對他本人來說也相當困惑的領域了。」〔註 34〕倪德衛在書中經常將章學誠的歷史哲學與黑格爾的「思辨歷史哲學」相提並論，但事實上這兩者之間有著很大的距離。（詳見本文《章學誠的歷史哲學思想》一章）章學誠思想的整體構造是以「歷史哲學」爲體，「文本詮釋理論」爲用，對清代考證學派的僵化思想進行反擊，而倪德衛主要是從章學誠思想本身的邏輯結構立論，對章學誠與考證學派的關係沒有進行仔細的分疏，這也是本書的缺憾之一。倪著的特點在於整體性的敘事風格和高度的哲學思辨能力，這一特點使此書在章學誠研究的歷史上佔據著一個不可或缺的

〔註 31〕 【美】倪德衛著、楊立華譯：《章學誠的生平與思想》，82 頁，臺北：唐山出版社，2003 年。
〔註 32〕 【美】倪德衛著、楊立華譯：《章學誠的生平與思想》，383 頁。
〔註 33〕 【日】山口久和著、王標譯：《章學誠的知識論》，10 頁。
〔註 34〕 【美】倪德衛著、楊立華譯：《章學誠的生平與思想》，250 頁。

位置。值得注意的是，在最近出版的倪德衛的論文集《儒家之道》中，對章學誠的思想繼續有所評述，主要是將章學誠放在王陽明學派的譜系中進行思考，指出章學誠的問題意識是如何突破陽明學所造成的「理性神秘主義困境」，並研究了章學誠思想與荀學（荀子）的關係，這進一步體現了倪德衛力求「會通」理解中國思想史的努力。〔註35〕

第六節　山口久和的《章學誠的知識論》

　　學術界關於章學誠思想研究的最新著作是日本學者山口久和的《章學誠的知識論——以考證學批判爲中心》，此書的中譯本（譯者王標）於 2006 年在中國大陸出版後，引起了國內學術界的廣泛關注。山口久和的研究關注的是如何在章學誠的思想中發現「知的主觀契機」，而這一「知的主觀契機」是章學誠批判清代考據學的主要理論依據。章學誠反對清代考據學的實證學風，強調「爲學切己」、「神解精識」、「別識心裁」以及「性情」、「性靈」等等，這一類含混的說法過去並沒有引起人們過多的注意，只有余英時在比較章學誠與柯林武德的的歷史思想時曾簡略地說過：「章氏的『別識心裁』與柯氏的『先驗的想像』可以互通，是指一種整體性的直覺。」〔註36〕而山口久和則認爲，章學誠的這一類話所要表達的就是「知識的主觀契機」，而這一「知識的主觀契機」其實就是現代哲學解釋學所說的「前見」：「余英時借用柯靈烏（即柯林武德）的用語，把知識所擁有的這種契機稱爲『先驗的想像』，我則想強調它更接近德國解釋學派的『前見』（Vorurteil）——學術認識中的預先判斷——這個概念。」〔註37〕

　　「知識的主觀契機」是主體對知識的一種統合機能，康德對傳統知識論所作的「哥白尼式倒轉」使經驗知識的成立奠基於主體對客觀知識對象的「先驗綜合」，山口久和所說的「知的主觀契機」有類於此，但卻比康德有著更爲深廣的含義。山口久和是從現代哲學解釋學的角度來闡發章學誠的思想的，因此，他所說的「主體」就不同於傳統西方哲學中的純粹認識主體，而是體現了「自我」整體人格的一個特殊概念，這一概念章學誠有時稱之爲「性靈」，

〔註35〕參見【美】倪德衛著、【美】萬白安編、周熾成譯：《儒家之道》，南京：江蘇人民出版社，2006 年。
〔註36〕余英時：《論戴震與章學誠》，264 頁。
〔註37〕【日】山口久和著、王標譯：《章學誠的知識論》，41 頁。

「僕嘗謂功力可假，性靈必不可假，性靈苟可以假，古今無愚智之分矣。」〔註38〕高瑞泉在《章學誠的知識論》一書的序言中對此有清晰的解釋：「如果在康德認識論中，『我』作爲統覺，是知識經驗的首要條件的話，『性靈』就是文史之學中的『我』，它使知識經驗統合化；這種知識活動本身又反過來培養著人的性靈。」〔註39〕

山口久和在研究中發現，爲世人所看重的「六經皆史」所代表的歷史思想並非章學誠思想的重點，章學誠主要是不滿於清代考據學的僵化思想，考據學過於偏重文獻的做法使求知者的主體地位呈現下降的趨勢，知識活動日益朝著「客觀化」的方向發展，而在章學誠看來，這樣求得的知識只是一種「知識的形骸」，充其量只是學者的「功力」而非「學問」，只有在知識活動中注入「主體性的關心」，「形骸化」的知識才能擁有「神智」，從而充滿生氣地行動起來。因此，「爲了克服覆蓋了清代整個學術的知識客觀主義，章學誠所採取的方法是恢復主觀性來謀求學術的活性化。」〔註40〕

應當指出的是，山口久和的研究並非將章學誠作爲思想史上的對象進行客觀處理，而是從解釋學的角度出發，沉浸於研究者當下的「生存處境」之中，在「視域融合」的基礎上與歷史上的章學誠進行思想對話。因此作者一方面發現章學誠的思想有著廣闊的「理論射程」：「（至少）就章學誠而言，他的思想並不局限於世上盛傳的『六經皆史』說（歷史相對主義）。相反，他的思想精髓中隱藏著可以把他者理解的方法論、文本論、語言哲學、存在論等人文科學的整體納入理論射程之內的可能性。」〔註41〕另一方面則對學術界在章學誠研究中所體現出來的客觀主義傾向深致不滿，並認爲要扭轉這種傾向，「只有從歷史性和客觀性向前邁進一步，通過從研究者各自所處的『現在』的視角，由研究者自身對先覺們的知的有效性進行主體性的重新質疑，才能實現對思想的全面理解。」〔註42〕對於山口久和來說，章學誠的問題其實就是他自己所面臨的問題，章學誠提出「知的主觀契機」以恢復學術活動中的主觀性，向清代考據學的「經學世界」發起衝擊；但現在在章學誠研究的領域中就充滿了清代考據學的實證主義思想，學者們將章學誠當作一個知識對

〔註38〕章學誠：《與周永清論文》，《文史通義新編新注》726 頁。
〔註39〕【日】山口久和著、王標譯：《章學誠的知識論》，第 5 頁。
〔註40〕【日】山口久和著、王標譯：《章學誠的知識論》，第 20 頁。
〔註41〕【日】山口久和著、王標譯：《章學誠的知識論》中譯本自序第 2 頁。
〔註42〕【日】山口久和著、王標譯：《章學誠的知識論》中譯本自序第 2 頁。

象從各個細節進行剖析和處理，而沒有將他當作一個活生生的人來理解；更為嚴重的是，這一實證主義的思想已成了日本漢學界在學術上的最高理想：「一般來說，日本的中國學界現在依然將清朝考證學的方法論視為金科玉律，把盡可能緊貼文本，進行枯燥乏味的實證研究視為理想。」〔註 43〕在這樣的情況下，重提章學誠的思想無疑有著特殊的時代意義。

山口久和提出章學誠思想的核心是「知的主觀契機」，實際上是向我們指出了人文科學研究的特殊規律。與自然科學重「實證」不同，人文科學研究方法的重心應該是「心靈的體驗」，如果一味糾纏於實證性的問題，人文科學就會混同於自然科學，逐漸喪失自己的本來面目，如同莊子的寓言所說的，「七竅鑿而混沌遂死」。章學誠已經指出了清代考據學過於偏重客觀實證而有「思想窒息」的危險，而近代以來，這一「考據」之風非但沒有止息，相反由於「科學主義」的介入而有愈演愈烈之勢，如臺灣學者龔鵬程指出的：「（而）這樣的發展，在民國以後，因科學主義之介入而越趨暢旺，客觀實證主義態度被稱為科學精神與科學方法，反理學的聲明則被挪用為批判傳統的口實。」〔註 44〕在西方哲學中，最早對精神性的「人文科學」與實證性的「自然科學」作出明確分界的是狄爾泰的「解釋學方法」，這一「解釋學方法」後來被海德格爾、伽達默爾發展成為一種「哲學本體論」，對於西方哲學思想從實證主義的枷鎖中解脫出來起到了極大的作用。山口久和的研究方法和學術信念就來自於這一傳統，因此高瑞泉在該書序言中說：「本書自序中，作者毫不諱言他對日本中國學界拘泥於實證方法這種保守性的批評。而其內裏，是來自對所謂『人文科學』或『精神科學』解釋學方法的自信。」〔註 45〕應當說，山口久和的這一批評不但對於日本漢學界有效，對於中國學術界而言，也有著一定的警醒作用。

從作者的書名《章學誠的知識論——以考證學批判為中心》就可以看出，作者的研究是立足於章學誠與清代考據學的關係、比較同異並進而抉發章學誠的思想精髓，這在一定程度上是繼承了錢穆、余英時的研究思路。因此同樣地，山口久和也沒有過多地關注章學誠的歷史哲學思想，他甚至反感於過

〔註 43〕【日】山口久和著、王標譯：《章學誠的知識論》中譯本自序第 2 頁。

〔註 44〕龔鵬程：《語文意義的詮釋》，見楊晉龍主編：《清代揚州學術》上，42～43頁，臺北：中央研究院中國文哲研究所，2005 年。

〔註 45〕高瑞泉：《〈章學誠的知識論〉序》，見【日】山口久和著、王標譯：《章學誠的知識論》序 6 頁。

去的研究中將章學誠的全部思想「強加入『六經皆史』說之中」。〔註46〕但事實上章學誠對知識的關心始終與其歷史哲學有關,「史義」說是其「文本詮釋理論」的依據,山口久和的研究有意弱化了這一點,對章學誠思想的全面展示存在著一定的缺憾。同時作者在書中引用、論爭的對象多爲日本漢學界對於章學誠思想的研究成果,而對於中國學術界的問題則較少回應。但這部著作仍不愧爲章學誠思想研究中的力作,其「創造性詮釋」的思路爲章學誠思想的研究開闢了新的方向,正如高瑞泉所評價的:「借用章學誠的範疇,毋寧說,這部著述的特點是:在沉潛功力中透出高明性靈。」〔註47〕

第七節　朱敬武的《章學誠的歷史文化哲學》

此外值得一提的是臺灣學者朱敬武的《章學誠的歷史文化哲學》。朱敬武的著作關心的主要是章學誠的「文史校讎之學如何形成」的問題,作者從這一問題入手,細緻地分析了章學誠「文史校讎之學」的構成,其中分爲「校讎心法」、「史意文心」、「史德文德」、「史意」、「歷史編纂學」、「方志理論」,最終則歸結爲「修通史」的理念。這一分析較爲全面地展示了章學誠「文史校讎之學」的全貌,乾嘉學術普遍反對「空談義理」,講求研究具體問題,「高明」的思想必須以「沉潛」的功力相輔,因此章學誠的思想就奠基在「文史校讎」的基礎之上,並以此與考據學的「經學訓詁」相抗衡。但章學誠並非是普通意義上的文獻學家和史學家,而是「掉背孤行,獨行其是,置身於森羅萬象的時代氛圍間」,〔註48〕以自己孤耿的「性靈」立志要「透過向上一關」,將「文史校讎」與儒家的終極目標理想「明道」連接起來。在朱敬武看來,章學誠所明之「道」也就是他的「歷史文化哲學」,章學誠「歷史哲學」的特點在於「道器合一」和「經世致用」,而其中心議題則是以一套「學術文化機體說」來解釋思想文化的變化發展,此即所謂「六經皆史」的深層含義。這一「歷史哲學」應用在儒家傳統的「六經」上面,就產生了關於「六經」的「新解釋」,即將「六經」視爲「中國人文文化學術的基本模式」,此爲章學誠的「文化哲學」,「六經原是中國人文文化傳統的源頭,經義分別折入史學、

〔註46〕【日】山口久和著、王標譯:《章學誠的知識論》,10頁。
〔註47〕高瑞泉:《〈章學誠的知識論〉序》,見【日】山口久和著、王標譯:《章學誠的知識論》序3頁。
〔註48〕朱敬武:《章學誠的歷史文化哲學》,序1頁,臺北:文津出版社,1996年。

諸子學和辭章學；六經也代表整個文化整體，中國的學問在這個整體裏同時並存，而且彼此間也形成一個同時並存的秩序，隨著時空而有變貌，但也超越時空，彰顯永恒，成為中國人文文化學術的基本模式。」〔註49〕最後合而觀之，章學誠的「歷史文化哲學」與中國哲學思想深處的「機體哲學精神」深相契合，這一「機體哲學精神」涵「形上」、「形下」於一體，在變動中彰顯永恒，與西方哲學中的「二元論思維模型」處於對立的地位，這一「機體哲學精神」在今天日益物質化的社會中有著其彌足珍貴之處。

　　朱敬武著作的特點在於其「學術文化機體說」，這一對「六經皆史「的新解在一定程度上破除了過去籠罩在此命題上的層層迷霧，同時作者將此說與中國文化的精神傳統相聯繫，尤見其貫通理解的苦心。本書的另一大特色是作者詳盡地敘述了章學誠思想對於後世的影響，近世以來受章學誠思想影響的學者如劉師培、張爾田、柳詒徵等人無不在其視野之中，同時作者也對近代學者研究章學誠的成績作了整體性的評述，內容涉及胡適、梁啓超、錢穆、倪文孫（即倪德衛）、余英時等五人的著作，筆者本章的寫作即受到朱敬武這一寫作方式的啓示，而將內容上推至清末，下迄學界的最新成果，試圖勾勒出章學誠研究史的詳盡面貌。

　　此外，在章學誠研究領域中還有大量的著作和論文，限於篇幅和作者的功力，勢難一一枚舉。章學誠的思想在清代考據學實證主義的主流中被沉埋晦蝕，而當實證主義在現代學術的視野中日益成為強弩之末時，章學誠的思想轉而煥發出巨大的光彩。從上述章學誠研究史的追溯可以看出，研究者來自不同的國家、有著不同的學術背景，但他們都通過章學誠的思想印證了自己的學術理念。這也再一次體現了人文學術研究領域的特殊規律，人文學術研究的對象不是純客觀的，而是在一定程度上依賴於研究者的主觀性，章學誠說：「夫學有天性焉，讀書服古之中，有入識最初，而終身不可變易者是也。學又有至情焉，讀書服古之中，有欣慨會心，而忽焉不知歌泣何從者是也。」〔註50〕客觀實證僅為學者之「功力」，而唯有注入主觀之「性情」，才能「以意逆志」，體現研究對象的整體性意義：「太史公曰：『好學深思，心知其意。』當今之世，安得知意之人而與論作述之旨哉！」〔註51〕在乾嘉之世，這一思

〔註49〕朱敬武：《章學誠的歷史文化哲學》，201 頁。
〔註50〕章學誠：《博約》中，《文史通義新編新注》，117 頁。
〔註51〕章學誠：《答客問》上，《文史通義新編新注》，253 頁。

想誠爲迴出時流的「孤論」，因此章學誠有「知難」之歎：

> 鳳高翔於千仞，桐孤生於百尋，知其寡和無偶，而不能屈折以從衆
> 者，亦勢也。是以君子發憤忘食，闇然自修，不知老之將至，所以
> 求適吾事而已，安能以有涯之生而逐無涯之毀譽哉！〔註52〕

章學誠無意於身後之毀譽，這也許是他在彷徨求索過程中的激憤之詞，但他的學術思想不徇風氣，特立獨行，是其「精神意趣所獨結」，也唯有這樣的思想，才能在人類精神史上留下自己獨特的印迹。在這一點上，我同意山口久和先生的判斷：「在思想史中，夾雜在已經完成了其歷史使命而裝飾著思想史輝煌殿堂的衆多思想家之中，有極少數的先覺，他們的思想至今還在放射著光彩陸離的光芒。」〔註53〕而章學誠的名字就是其中之一。

〔註52〕章學誠：《知難》，《文史通義新編新注》，233 頁。
〔註53〕【日】山口久和著、王標譯：《章學誠的知識論》中譯本自序第 1 頁。

第三章 章學誠「文史校讎學」的基本概念

第一節 校讎心法

　　清代儒學發展的主流是「道問學」，這是由於明代王學偏重於「尊德性」而發生的反轉。對於經驗性、基礎性知識的重視是清代儒學的特色，章學誠也不例外，他用「道器合一」來概括這一學術風尚，經驗性的基礎知識是「器」，而蘊涵於其中的「所以然」則是「道」，如果缺乏經驗性基礎知識的支撐，那麼所謂「道」則將淪為「空言」。然而與清代考據學不同的是，在章學誠而言，在其學術底部、支撐其整個學術體系成立的經驗性基礎知識是「校讎學」而非「訓詁學」，「訓詁學」的學術對象是「經學」，「校讎學」的學術對象則是「文史」；「訓詁學」通過解析字義追求局部的理解，「校讎學」則通過條辨學術源流而達到對於學術史整體、通貫的瞭解。「訓詁學」是一種客觀的求知方法，而「校讎學」則強調主體的直覺領悟，文本之外的意義傳承，章學誠將這種直覺領悟的能力稱之為「校讎學」的「心法」，強調「古人專門之學，必有法外傳心」〔註1〕。

　　章學誠從事於「校讎學」始於 1772 年前後。其從事「校讎學」研究的具體動機有二：（一）是迫於戴震的考證學壓力。章學誠「自少性與史近」，從少年時期就立志於史學研究，讀書「貴大體」而不屑為訓詁所牢籠，與清代

〔註 1〕章學誠：《史注》，《文史通義新編新注》，274 頁。

考據學的主流存在著一定的距離。在北京國子監讀書期間因鄭虎文的介紹與戴震有過一次會面，戴震對於考據價值的強調給他留下了強烈的心理震撼，同時朱筠作爲當時漢學界的領袖也推崇考據學，這些都對章學誠的學術路向產生了影響。處於清代「智識主義」的潮流之下，章學誠認識到必須爲自己的學術思想奠定堅實的知識基礎，同時在乾嘉學術「重經輕史」的風氣之下，他也必須爲「經史同源」提供知識上的證據，而以班史《藝文志》爲典範的「校讎學」無疑便是章學誠當時所能尋覓到的最佳理論武器。（二）受《四庫全書》修撰的刺激。章學誠於 1771 年出京隨朱筠赴安徽學政任，朱筠向清廷提議「開館校書」，從明代所遺留的《永樂大典》中輯錄有學術價值的重要著作，並提出「著錄與校讎並重」的指導思想，這成爲清代官修《四庫全書》的最早動議。有資料顯示，章學誠、邵晉涵等「朱筠學術圈」中的人物均與這一倡議有關。根據陳祖武、朱彤窗著《乾嘉學術編年》，乾隆三十七年壬辰（1772 年）十月十七日，清廷敦促各省督撫、學政購訪遺書，十一月二十五日，安徽學政朱筠奏報訪求遺書情況，建議開館校書，在朱筠《笥河文集》中現有《遵旨覆奏訪求遺書摺子》和《謹陳管見開館校書摺子》二文可以考見當時情形。是年章學誠、邵晉涵等人均在朱筠幕中，邵晉涵《南江文鈔》卷八《與章實齋書》云：「足下以伉爽之姿，沈贄之思，探七略之遺意，娓娓於辨章舊聞，考撰異同，校讎之得其理，是誠足下之責也。」由此消息線索，當可推斷，朱筠之倡議校書以及建議校書的原則以「著錄與校讎並重」，這一舉措可能與章學誠、邵晉涵有關，甚至有可能上述兩封向清廷奏報的摺子就直接出之於章學誠等人之手。

　　章學誠 1772 年創作的「《文史通義》」應是今本《校讎通義》的相關內容，這從新發現的《上曉徵學士書》中可以得到確證。過去一般認爲《文史通義》的撰述時間爲 1772 年，《校讎通義》則撰述於 1779 年，胡適和錢穆均持此說。余英時在《章學誠文史校讎補論》（見《論戴震與章學誠》一書）一文中較系統地考證了這個問題，認爲章學誠 1772 年所撰述的《文史通義》實爲今本《校讎通義》中的內容，唯余英時沿襲舊說，誤認爲是年章學誠致錢大昕的信函爲《章氏遺書》外集二中所收的《上錢辛楣宮詹書》。根據陳祖武的考證，「章實齋乾隆三十七年（1772）所致錢竹汀書，應爲《大公報》一九四六年十一月六日刊佈之《上曉徵學士書》，而非今本《章氏遺書》所錄《上辛楣宮詹書》。」

〔註2〕《上曉徵學士書》收錄於倉修良編注之《文史通義新編新注》，文中論
及書籍著錄之法具於《周官》，《周官》之法失傳則見之於劉向、劉歆父子之
《七略》、《別錄》，兩書雖佚，其精義猶見於班史《藝文志》，故章氏採班史
《藝文志》爲底本，爲「古今作者之林」校讎源流、討論得失，擬爲《文史
通義》一書。由此信益可證實余英時的觀點，即1772年章學誠雖以《文史通
義》命名自己的著作，但其內容實際是關於「校讎學」的，因此可能是今本
《校讎通義》的一部分。

　　章學誠在這一時期的「校讎學」工作，應是爲朱筠所提議的「開館校書」
作理論準備。章學誠雖然未能身入「四庫館」，但其「校讎學」理論與清代官
修《四庫全書》有著密切的關係。

　　章學誠的「校讎學」理論源自漢代的劉向、劉歆父子，劉向的《別錄》、
劉歆的《七略》均不傳於後世，班固的《漢書‧藝文志》採取了他們的說法，
將古今典籍分爲「六藝」、「諸子」、「詩賦」、「兵書」、「數術」、「方技」六類，
在《藝文志》中，特別指出了諸子學說是出於古代的王官之學，也就是學術
史上著名的「諸子出於王官論」。章學誠特別推崇這一觀點，認爲這體現了「道
術之要」，並認爲可將這一觀點推衍至「六經」，從而得出了「六經」也是出
於古代王官學的結論。章學誠晚年著名的理論「六經皆史」即建立在這一論
證的基礎之上。

　　「校讎學」作爲一門基礎性的經驗知識，是清代考據學所下屬的一個門
類，王鳴盛曾將其推許爲「學中第一要緊之事」，清儒在這方面做出了很大的
成績。「校讎學」的內容應包括版本、校勘、目錄，清儒的「校讎學」主要集
中在版本和校勘方面，如盧文弨之校釋《荀子》、戴震之校注《大戴禮記》、《水
經注》都是這方面的顯例。章學誠的「校讎學」則與此不同，偏主於目錄學
方面，而更主要的是通過目錄學來條辨著述源流，「考鏡源流、辯章學術」是
章學誠「校讎學」的理論宗旨，這與清儒「校讎學」局限於「考證」的觀點
有著很大的不同。梁啓超在《中國近三百年學術史》中總論清儒「校勘學」
的四種方法，而認爲章學誠之《校讎通義》所討論「專在書籍的分類簿錄法」，
與普通所謂校勘不同。〔註3〕筆者個人認爲，章學誠「校讎學」的最大理論貢
獻在於提出了「學術史」的概念。清代經學考據學力反宋學而追蹤兩漢，其

〔註2〕陳祖武、朱彤窗：《乾嘉學派研究》，721～722頁。
〔註3〕梁啓超：《中國近三百年學術史》，257頁，天津：天津古籍出版社，2003年。

理由是兩漢的經學最爲「近古」而沒有受到佛、道二氏異學的污染，從而體現了原始儒學的純正精神。而章學誠則通過其「校讎學」理論，指出儒學之「六經」實出於古代王官學的「典章制度」，而王官學則是一切學術之源頭，同時也是「治教合一」狀態下「道術」的完美體現。道術──經學（六藝）──史學──諸子──文集構成了一個依時間次序而逐步降格的學術序列，後世的一切學術形態，包括義理、考據和辭章，甚至作爲儒學之異端的佛學，都源自於「六藝」而得「道術」之一端，義理、考據、辭章三者之「風氣循環」和「門戶交爭」都是由於學者對於學術史源泉的認識不清所致。錢穆先生晚年曾說：「章實齋講歷史有一更大不可及之處，他不站在史學立場來講史學，而是站在整個的學術史立場來講史學，這是我們應該特別注意的。」〔註4〕由於章學誠的「校讎學」是通貫整個學術史而立論，因此他不但超越了清儒狹隘的「考證」立場，同時也超越了清儒關於「經史」、「漢宋」、「義理、考據、辭章」的門戶之爭，而是站在作爲「學術之源」的「道術」立場，衡論古今學術，品藻人物，在一定程度上，章學誠已經超越了儒學的範圍，而將諸子學、史學與經學等量齊觀，不分軒輊，體現了一定的近代學術眼光。

　　中國的學術史著作起源很早，先秦時期「諸子蠭起，百家爭鳴」，《荀子》的《非十二子》、《韓非子》的《顯學篇》都對當時的諸子學術作了考評，而尤爲值得注意的是《莊子》的《天下篇》，《天下篇》列於《莊子》的「雜篇」，應爲莊周的後學所作。《天下篇》提出了「道術爲天下裂」的觀點，這一觀點應爲劉歆、班固所繼承而發展成爲《藝文志》中的「諸子出於王官論」。章學誠關於「道術」的論點與《天下篇》有著很密切的關係，他一再提出學術的要旨在於「窺見天地之純，古人之大體」，這一說法即見於《天下篇》。〔註5〕同時他在《校讎通義》中指出：「漢志最重學術源流，似有得於太史《敘傳》及莊周《天下篇》、荀卿《非十子》之意。」〔註6〕錢鍾書曾考證，「六經皆史」的說法與道家有關，最早即見於《莊子》。《談藝錄》補訂本第86則《章實齋與隨園》云：「道乃百世常新之經，事爲一時已陳之迹。《莊子・天運》篇記老子曰：『夫六經，先王之陳迹也，豈其所以迹哉』；《天道》篇記，恒公讀聖

〔註4〕錢穆：《中國史學名著》，253頁。
〔註5〕《莊子・天下篇》：「悲夫，百家往而不反，必不合矣！後世之學者，不幸不見天地之純，古人之大體，道術將爲天下裂。」
〔註6〕章學誠：《校讎通義》，《章學誠遺書》，99頁。

人之書，輪扁謂書乃古人糟粕，道之精微，不可得傳。……是則以六經爲存
迹之書，乃道家之常言。六經皆史之旨，實肇端於此。……經本以載道，然
使道不可載，可載非道，則得言忘意之經，盡爲記言存迹之史而已。」〔註7〕
由此可見，章學誠的一些理論與道家的思維方式有著很強的相關度。先秦道
家認爲，語言（文本）與語言所指向的「道」之間存在著不可克服的間距，
要直觀地領悟「道」需要的是一種超越於普通認識能力之上的直覺領悟，這
一理論被魏晉玄學時期的王弼發展爲「言意之辨」。章學誠的「校讎學」理論
強調「心法」，即普通文本考證之外的一種整體性直覺能力，章學誠認爲這種
「心法」古人是靠「家學」來傳衍的，並由此形成了獨特的「專家之學」。倪
德衛認爲這近似於禪宗「以心傳心」的觀念，山口久和則認爲這源於孔子作
《春秋》隱於文本之中的「微言大義」。但無論怎麼說，「心法」的觀念與「道
術」有著密切聯繫，「道術」作爲一種精微的存在無法爲普通的認識能力所感
知，因而依靠單純的文本分析技術就無法認識「道」之存在，從而「心法」
——一種超越於普通認識能力之上的直覺能力就有了存在的價值。章學誠關
於「校讎心法」的理論有著很深的道家淵源，也與清儒的考證學主流拉開了
距離。

第二節　史意文心

　　「史意文心」是章學誠文史理論的核心概念，對這兩個概念的理解必須
著眼於清代儒學發展的全過程。清代考證學的研究範圍主要是經學，但「考
據」作爲一種基本的方法論已經滲透到了學術的各個領域，包括史學、諸子
學、甚至地方志的撰寫無不籠罩於「考據」的立場之下。乾嘉時期，除了在
經學研究方面異彩紛呈之外，史學領域也取得了長足的進步，這主要表現在
「考據史學」方面，錢大昕、王鳴盛、趙翼被稱爲乾嘉時期的「史學三大家」，
他們的著作一反宋明理學家注重道德評判的「天理史觀」，考辨史實、「無徵
不信」成爲了「考據史學」的基本立場。錢大昕、王鳴盛等人均深受吳派經
學開創者惠棟的影響，王鳴盛在漢學家中更是以「墨守鄭學」而著稱，因而
他們的史學研究沿用的是「經學考據」的方法，是清代考據學的支流，其本
身缺乏獨立的意義，局限於事實的瞭解而無法接觸到宏觀的、哲學層面上的

〔註 7〕錢鍾書：《談藝錄》，265 頁。

「歷史意義」。章學誠認爲清儒的「考據史學」只是「史考」而非「史學」，他以「功力」和「性情」爲喻，指出清儒的「考據史學」只是「成學之功力」而非「成家之學術」，史學是「成一家之言」的「專家之學」，必須依賴於作爲學術主體的「性情」與客觀實證的「功力」交相施爲，才能接觸到作爲史學之靈魂的「史意」。現代史學家柯林武德認爲一切歷史事件均分爲內、外兩層，外層爲「事」，而內層則爲「思想」，從而引出了他關於「一切歷史都是思想之歷史」（All history is the history of the thought）的名言。從柯林武德的分析可以看出，清儒「考據史學」著重的是歷史的外層，即「事」的方面；而章學誠的「史意」說則力圖縮合「事」與「言」（思想）爲一，體現歷史變動進程中的人文精神。如果說清儒的「考據史學」注重事實分析；宋明理學的「天理史觀」注重道德評判，那麼章學誠的「史意」說所強調的則是通過「別裁心識」達到對於歷史事實和意義之整體的理解，其中所體現的是一種近於現代詮釋學的視野，我們可以將其歸類和命名爲「詮釋史學」。

　　章學誠的「史意」說同時也是對於中國傳統史學理論的批判性總結。後人在評述中國傳統史學的理論成就時，每將章學誠與唐代的劉知幾並稱爲中國史學理論的兩座高峰，在清代時已有人將章學誠稱爲「國朝之劉子元（玄）」。但章學誠本人並不認可這種說法，他認爲劉知幾議論所重在「館局纂修」，而自己的理論重心則在於「一家著述」，兩者截然不同。中國的史學著作有著源遠流長的傳統，二十四史（至乾嘉時爲二十二史）中的「前四史」《史記》、《漢書》、《後漢書》、《三國志》均爲私家著述，而《晉書》以下大部分都是官修史書，自唐代以後，每一新興的朝代設局監修前朝的史書遂成爲慣例。劉知幾作爲唐代初年的史臣，「遍居司籍之曹，久處載言之責」〔註8〕，對館局監修的弊端進行了尖銳的批評。但在章學誠看來，劉知幾的批評僅局限於「史法」，即歷史編撰學，而沒有上昇到「史意」，即歷史哲學的高度。章學誠認爲館局監修的眞正弊端在於，一是斷代爲史，缺乏「通史」觀念；二是「記注無成法，著述有定名」，所謂「記注無成法」指文獻的保存沒有一定的方法，「著述有定名」則是指以紀、表、書、傳的固定程序來編撰史書。章學誠認爲這一固定、呆板的程序無法體現「史意」，從而「史學不亡而亡矣」〔註9〕他推崇鄭樵的「通史」觀念，主張恢復《尚書》「圓而神」的傳統，因

〔註8〕劉知幾：《史通‧史通序錄》，第1頁，瀋陽：遼寧教育出版社，1997年。
〔註9〕章學誠：《書教》上，《文史通義新編新注》，20頁。

事命篇，不拘一格，從實際需要出發確定史書的體裁。只有在擺脫了形式主義束縛的前提之下，史學著作才能真正體現出「史意」而不至淪為空洞的材料。

　　章學誠不但是卓越的史學理論批評家，同時在文學理論方面也頗有建樹，《文史通義》衡文論史，在文學理論方面也留下了不少傑出的篇章。清代早期學者方苞繼承了明代歸有光等人的「義法」觀念，追摹《史》《漢》，崇奉韓愈、歐陽修等唐宋八大家，姚鼐、劉大魁更進一步將其發展為「神、理、義、味」等一系列繁瑣的格式，從而演變為以古文辭創作為號召的「桐城派」。章學誠提出「文心」概念反對這種文學創作中的形式主義，主張自出手眼，獨抒心得，這與「史意」在一定程度上有著相通之處。﹝註10﹞「桐城派」的缺點在於簡單地摹古，同時「以時文為古文」，將八股文的程序引入古文辭的創作之中，錢大昕早已針對方苞批評過這一缺點。﹝註11﹞章學誠的《文史通義》意在「補偏救弊」，除了乾嘉考據學之外，「桐城派」的古文辭應當也在他的批評範圍之內。章學誠的「文心」概念似與袁枚的「性靈」說相通，錢鍾書說：「實齋論學大義，與隨園說詩要指，實如月之印潭，土之就範，無甚差異。」﹝註12﹞袁枚對乾嘉時期的漢、宋學風均有批評，尤不以考據學為然，曾與孫星衍論「考據」為「形而下之器」，「著作」為「形而上之道」，有貶抑知識、獨標「性靈」的傾向，這在乾嘉「道問學」的風潮中是逆時之論。蔣子瀟《遊藝錄》評述道：「（袁枚）胸次超曠，故多破空之論；性海洋溢，故有絕世之情。所惜根柢淺薄，不求甚解處多。所讀經史，但以供詩文之料，而不肯求通，是為所短。」﹝註13﹞而章學誠的「文心」概念則以知識為根柢，

﹝註10﹞章學誠在《〈文格舉隅〉序》中提出「文心」的概念說：「易盡者經生之學，難窮者文人之心，經學欲其成家，文心欲其合格，故文之有格，同於學之有家法也。抑文心無窮，文格有盡，以有盡之格，而運以無窮之心，亦曰得其所以為文者。」（見《文史通義新編新注》531 頁）在《趙立齋〈時文題式〉引言》中則進一步闡述：「余惟古人文成法立，如語言之有起止，啼笑之有收縱，自然之理，豈有一定式哉！文而有式，則面目雷同，性靈錮蔽，而古人立言之旨晦矣。」（見〈文史通義新編新注〉533 頁）在一定程度上，「文心」同「性靈」在概念上是相通的。

﹝註11﹞錢大昕：《與友人書》：「予以為方（苞）所得者，古文之糟粕，非古文之神理也。王若霖言：『靈皋以古文為時文，卻以時文為古文。』方終身病之。」見錢大昕撰、呂友仁標校《潛研堂文集》，608 頁，上海古籍出版社，1989 年。

﹝註12﹞錢鍾書：《談藝錄》補訂本，262 頁。

﹝註13﹞蔣子瀟：《遊藝錄》，轉引自錢鍾書《談藝錄》補訂本，531 頁。

「今之宜急務者，古文辭也；攻文而仍本於學，則既可以持風氣，而他日又不致爲風氣之弊矣。」〔註 14〕他並認爲古文辭的源流出於經史，必須由於史學入手才能使古文辭「言之有物」，脫離形式主義的藩籬，「故近日頗勸同志諸君多作古文辭，而古文辭必由紀傳史學進步，方能有得。」〔註 15〕

　　章學誠文史理論中的「史意」、「文心」諸概念都與他所提倡的「別裁心識」有關。他繼承了浙東地區學術傳統中「先立其大者」的精神，強調在知識建構過程中學者「主體性」的重要地位。浙東王學對於「主體性」的強調主要落實在「道德主體」的方面，章學誠祛除其倫理色彩，將其改造爲一個「知性」範疇，但「別裁心識」也不是一個近代知識論意義上的純粹「認識主體」，而是建立在整體認識基礎之上的直覺領悟，余英時將其比擬爲柯林武德之所謂「先驗的想像」，如果以海德格爾的現象學觀念來理解的話，這是一種立於二元認識之先的「源初之領會」。「史意」、「文心」諸概念都是通過「別裁心識」所引發出來的，是「別裁心識」在史學、文學諸領域的運用。宋明理學的「良知」、「心性」都是爲了推諸實際政治的運用，以達到「內聖外王」的整體目標；而章學誠運用這一系列概念的目的主要是爲了完成知識的建構，由此也可以看出，章學誠在一定程度上已經「去倫理化」而由「儒者」轉化爲近代意義上的「學者」。

第三節　史德文德

　　「史德」、「文德」是章學誠獨有的概念，體現了章學誠的思想體系「道問學」與「尊德性」並重的特點。清代儒學承宋明理學而起，宋明理學的「朱、陸之爭」雖體現了「道問學」與「尊德性」的分歧，但總體傾向是將「道問學」籠罩於「尊德性」之下，知識和學問只是爲了輔翼道德修養，即以「道問學」精神最強的朱熹而言，其「格物致知」最終也是爲了「發明心體」：「至於用力之久，而一旦豁然貫通焉，則衆物之表裏精粗無不到，而吾心之全體大用無不明矣。」〔註 16〕「博文是多聞多見多讀。及收拾將來，全無一事，和敬字也沒安頓處」〔註 17〕明代王學興起之後，更將「尊德性」的精神發揮

〔註 14〕章學誠：《答沈楓墀論學》，《文史通義新編新注》，714 頁。
〔註 15〕章學誠：《與汪龍莊書》，《文史通義新編新注》693 頁。
〔註 16〕朱熹：《大學章句》，《四書章句集注》，上海：上海書店影印，1987 年。
〔註 17〕轉引自錢穆：《朱子學提綱》，150 頁，北京：三聯書店，2002 年。

得淋漓盡致,「良知」是超越於「見聞之知」之上的「德性之知」,「良知不由見聞而有,而見聞莫非良知之用,故良知不滯於見聞,而亦不離於見聞。……故『致良知』是學問大頭腦,是聖人教人第一義。今云專求之見聞之末,則是失卻頭腦,而已落在第二義矣。」〔註18〕余英時曾指出,王陽明的「良知」之教是「超知識的」而非「反知識的」,〔註19〕他的意圖在於將知識融於「良知」的信仰之中,但是「見聞之知」在王陽明的思想體系中畢竟只是第二義的;這就導致了晚明王學輕視客觀知識(「見聞之知」)的普遍態度,黃宗羲將其總結爲「束書不觀而從事於遊談」。清代儒學對晚明的學風進行了反撥,「智識主義」的態度佔了上風,在「德性之知」與「見聞之知」二者之間,清儒偏重於「見聞之知」,錢大昕批評陸象山的「六經注我」論說:「仲尼大聖,猶云好古敏以求之,子靜何人,敢以六經爲我注腳乎?尊心而廢學,其弊必至於此。」〔註20〕戴震更進一步提出「德性必資於學問」的論點,認爲德性的培養有賴於知識的擴充,這就將「尊德性」置於「道問學」之下,換言之,清儒已不重視倫理道德修養的正面意義,而將其視爲知識擴充之後所帶來的自然後果,因此龔自珍認爲「尊德性」與「道問學」交相循環,而「入我朝,儒術博矣,然其運實爲道問學」。〔註21〕

　　章學誠在乾嘉學者中是一個有著一定宋學色彩的人物,在清代學者中,他第一個指出清代學術與宋明理學之間的譜系關係,他認爲戴震的學術是源於朱熹的傳統,而反身醜詆朱熹則是出於「心術不正」,這是由於清代儒學的「道問學」與「尊德性」之間失去平衡所致。因此他在劉知幾「才、學、識」的「史學三長」之外,增添了「史德」這一項目,「能具史識者,必知史德。德者何?謂著書者之心術也。」〔註22〕「所患夫心術者,謂其有君子之心而所養未底於粹也。」〔註23〕章學誠認爲,像魏收、沈約之類的史學家,由於其人格上的污點,其所著史書也不爲人尊信,對後世的影響力較小,因此不會留下重大的後患。但是其它一些人,儘管也秉持君子之心,「是堯舜而非桀

〔註18〕王守仁:《傳習錄・答歐陽崇一》,《王陽明全集》上,71頁,上海古籍出版社,1992年。

〔註19〕參見余英時:《論戴震與章學誠》,第333頁。

〔註20〕錢大昕:《十駕齋養新錄》,426頁,上海:上海書店,1983年。

〔註21〕龔自珍:《江子屏所著書敘》,《龔自珍全集類編》24頁,北京:中國書店,1991年。

〔註22〕章學誠:《史德》,《文史通義新編新注》,265頁。

〔註23〕章學誠:《史德》,《文史通義新編新注》,265頁。

紂，崇王道而斥霸功」，但是由於缺乏主體方面的修養，在著書的過程中往往不能處理好性、情、氣三方面的關係，從而導致「氣勝而情偏」，於是「發爲文辭，至於害義而違道，其人猶不自知也。」〔註24〕因此章學誠提出，要成爲一名良史之才，除了要具備劉知幾所說的「才、學、識」之「史學三長」以外，還必須注重主體的修養，「程子嘗謂有《關雎》、《麟趾》之意而後可以行《周官》之法度。吾則以謂通六義比興之旨而後可以講春王正月之書，蓋言心術貴於養也。」〔註25〕

「史德」以「心術」爲肇端，而涵養「心術」，則當「慎辨於天人之際，儘其天而不益以人」〔註26〕。「天人之際」是儒學的傳統命題，司馬遷著《史記》即明言其宗旨在於「究天人之際」，「天人合一」的原始形態是通過巫覡溝通天人，經過儒家的理性化轉化之後，發展成爲一種「內在超越」的思維方式，即通過內心的精神修養以達到有限與無限的統一。〔註27〕「天」不再是外在於人心的超越存在，而是人的最眞實的本性。章學誠的「天人之際」也應該從這方面進行理解。筆者在章學誠的書中作了一下粗略的統計，章學誠論「天」大約有三種意義：一、自然之天，即曆數家之「天」，「夫天，渾然而無名者也。三垣、七曜、二十八宿、一十二次、三百六十五度、黃道、赤道，曆家強名以紀數爾。」〔註28〕二、義理之天，這個意義上的「天」等同於章學誠之所謂「道」，「故道者，非聖人智力之所能爲，皆其事勢自然，漸形漸著，不得已而出之，故曰『天』也。」〔註29〕三、性情之天，即章學誠所說的「天質之良」、「良知良能」，是個體在學術上的「天性至情」和主觀契機，「夫學有天性焉，讀書服古之中，有入識最初，而終身不可變易者是也，學又有至情焉，讀書服古之中，有欣慨會心，而忽焉不知歌泣何從者是也。」〔註30〕在章學誠的「天之三義」中，涵養心術所需要究辨的「天人之際」之「天」應當指的是第三種含義，也就是「性情之天」，性情必須涵養才能得其

〔註24〕章學誠：《史德》，《文史通義新編新注》，266 頁。
〔註25〕章學誠：《史德》，《文史通義新編新注》，267 頁。
〔註26〕章學誠：《史德》，《文史通義新編新注》，265 頁。
〔註27〕參見余英時：《天人之際（2003 年）》，見余英時著、程嫩生、羅群等譯：《人文與理性的中國》，上海古籍出版社，2007 年。
〔註28〕章學誠：《天喻》，《文史通義新編新注》，332 頁。
〔註29〕章學誠：《原道》上，《文史通義新編新注》，94 頁。
〔註30〕章學誠：《博約》中，《文史通義新編新注》，117 頁。

正，「好善惡惡之心，懼其似之而非，故貴平日有所養也。」〔註31〕由此體現了章學誠學術思想中重視「尊德性」的一面。

　　章學誠的「史德」論以「天人之辨」開始，引入了「性、情、氣」等一系列的宋學概念。他認爲學者之所以不能在史學領域體現「道之公」，是由於兩方面的原因造成的，一是「氣勝而情偏」〔註32〕；二是「溺於文辭以爲觀美之具」〔註33〕。在宋明理學的體系中，性是純粹的道德理性，情則包含了後天的氣質，因此情之發用往往偏離了性之正軌，必須借助於一系列的修養方法使後天之情合乎先天之性。章學誠認爲在史學或文學創作過程中同樣體現了這方面的問題，文章以氣韻和情感打動人心，但如果情感的表達越過了必要的限度，那麼就會損害史學的客觀性和公正性，「氣得陽剛而情合陰柔，人麗陰陽之間，不能離焉者也。氣合於理，天也；氣能違理以自用，人也。情本於性，天也；情能汩性以自恣，人也。史之義出於天，而史之文不能不籍人力以成之。人有陰陽之患，而史文即忤於大道之公，其所感召者微也。」〔註34〕「溺於文辭」則是形式主義壓倒了實質內容，是一種「舍本求末」的表現，同樣違背了史學本身的規律。

　　關於章學誠的「史德」說有兩種傳統見解，一是認爲「史德」說的要旨在於以一種客觀主義的態度處理史料，而不攙雜以個人情感和主觀態度；二是認爲「史德」說強調的是中國傳統史學的倫理層面，即「善善惡惡」的道德評判。這兩方面在章學誠的史學理論中雖有所體現，但卻不是「史德論」的重心。「史德論」詳辨「天人之際」，強調「盡其天而不益以人」，所謂「天」並不是歷史的客觀層面，而是在性與情統一基礎上所達到的一種心靈狀態，而「人」則是性與情分離、性隱沒而情張揚的心靈狀態，「情本於性，天也；情能汩性以自恣，人也」，因此二者並非主、客觀的區分而同屬於主體之兩種性質不同的心靈狀態，「天」與「人」之間體現的是「公私之分」，「人者何？聰明才力，分於形氣之私者也；天者何？中正平直，本於自然之公者也。」〔註35〕人由於有血氣心知等自然屬性，因而不能達到性與情的統一，從而在史學著述中淪於「形氣之私」而不能體現「大道之公」，「陰陽伏沴之患，乘於血

〔註31〕章學誠：《史德》，《文史通義新編新注》，267 頁。
〔註32〕章學誠：《史德》，《文史通義新編新注》，266 頁。
〔註33〕章學誠：《史德》，《文史通義新編新注》，266 頁。
〔註34〕章學誠：《史德》，《文史通義新編新注》，266 頁。
〔註35〕章學誠：《説林》，《文史通義新編新注》，221 頁。

氣而入於心知，其中默運潛移，似公而實逞於私，似天而實蔽於人」〔註 36〕不但著書者有心術之患，甚至讀史者也同樣面臨這一問題。司馬遷的《史記》是「窮愁發憤之作」，後人多以爲其中寓有怨誹之意，東漢末年的王允即認爲《史記》是「謗書」，章學誠則認爲《史記》與《離騷》都是「抗懷於三代之英而經緯乎天人之際」〔註 37〕，後人從中看出怨誹之意是由於「讀者之心自不平耳」〔註 38〕。章學誠提出「史德說」主要是從「尊德性」的方面強調學者的主體修養，在性與情的統一的前提下建立知識的根基。但是章學誠的「尊德性」所強調的主體修養並不限於倫理道德，而是主要著眼於理性與情感的統一，在創作過程中，只有當情感之表達有其適當的限度而不致淹沒理性，議論的公正才能得以保證。章學誠認爲「六經」中的「詩教」是這方面的最佳範例，《史記》與《離騷》皆取法於《詩經》，「言婉多風」（情感的適度表達）、「不背於名教」（理性之體現），因此章學誠再一次強調說「必通六藝比興之旨而後可以講春王正月之書」〔註 39〕。

　　章學誠在「史德」之後又提出「文德」，《文德》篇作於《史德》篇後四年，是對「史德」理論的進一步發展，葉瑛（《文史通義》的校注者）認爲：「按此篇（《文德》）所論，與《史德》相發……彼論著史，此則論一切文字耳。」〔註 40〕與「史德」說爲章學誠的孤明先發不同，「文德」說則在歷史上屢見不鮮，如東漢的王充、北齊的楊諰都有這方面之論述，楊諰（字遵彥）甚至有題爲《文德論》的同名著作，因此章太炎認爲章學誠的「文德」論是竊自前人的緒餘：「昔者文氣之論，發諸魏文帝《典論》，而韓愈、蘇轍竊焉。文德之論，發諸王充《論衡》，楊遵彥依用之，而章學誠竊焉。」〔註 41〕章太炎的論點雖有偏頗之處，但章學誠的《文德》篇縱論陸機、劉勰之「文心」，韓愈、蘇轍之「文氣」，但卻無視歷史上的「文德」論，最後提出：「未見有論『文德』者，學者所宜深省也。」〔註 42〕這不能不說是章學誠的百密一疏之處，貽後人以口實。但章學誠的「文德」論又有著自身的新穎之處，「史德」

〔註 36〕章學誠：《史德》，《文史通義新編新注》，266 頁。
〔註 37〕章學誠：《史德》，《文史通義新編新注》，267 頁。
〔註 38〕章學誠：《史德》，《文史通義新編新注》，267 頁。
〔註 39〕章學誠：《史德》，《文史通義新編新注》，267 頁。
〔註 40〕章學誠著、葉瑛校注：《文史通義校注》上，279 頁，北京：中華書局，1994 年。
〔註 41〕章太炎：《國故論衡》，43 頁，上海古籍出版社，2006 年。
〔註 42〕章學誠：《文德》，《文史通義新編新注》，136 頁。

論著書者之心術，而「文德」論則指出涵養心術的具體方法在於「敬恕」，章學誠從浙東王學的傳統出發，汲取了孟子學的資源，認為「敬」即是孟子所說的「養氣」，而「恕」則是「知言」，二者最後落實為「集義」，章學誠將其概括為「凝心以養氣，煉識而成其才」〔註43〕。

「敬恕」是宋明理學家的修養方法，通過「敬恕」使心志凝一，最終認識天理。朱熹說：「敬有甚物？只如『畏』字相似。……只收斂身心，整齊純一，不惹地放縱，便是敬。」〔註44〕宋儒以「主一無適」訓「敬」字，認為「主敬」就是「主靜」的代名詞，於是「主敬」成為一種純粹的內心修養。清代學者反對這種說法，如清初的李塨說：「宋儒講主敬，皆主靜也。主一無適，非敬之訓也。」〔註45〕清儒錢大昕也說：「《論語》言敬者二十有一，皆主行事而言，曰敬事而信，曰執事敬，曰事思敬，曰事君敬其事。敬在事不在心也。敬與一似當有別。」〔註46〕章學誠的「敬」則是指作者臨文創作時的一種心理和情緒狀態：「臨文必敬，非修德之謂也；……敬非修德之謂者，氣攝而不縱，縱必不能中節也；」〔註47〕這是對於作者主體的要求，「敬」的指向目標並非是「修德」和認識天理，而是使創作能夠合乎法度：「主敬則心平而氣有所攝，自能變化從容以合度也。」〔註48〕章學誠雖然沿用了宋學的語彙，但卻將其賦予了另一種意義。

「敬」對於作者的主體而言，「恕」則是對於讀者的主體而言。所謂「恕」就是「推己及人」，設身處地地為對方著想，章學誠認為這是「知人論世」的一個重要特徵：「論古必恕，非寬容之謂也。……恕非寬容之謂者，能為古人設身而處地也。」〔註49〕山口久和解釋章學誠「恕」的觀念說：「作為讀者之『心術』的『恕』，這個詞的本義是『對他者的寬容態度』，我想讓大家留意一點的是，在此它完全消除了這種倫理上的含意，而將它作為理想讀者的共感能力乃至情感移入，即所謂解讀文本之際的知識活動進行論述。」〔註50〕

〔註43〕章學誠：《文德》，《文史通義新編新注》，137 頁。
〔註44〕朱熹：《朱子語類》卷 12，208 頁，北京：中華書局，1988 年。
〔註45〕李塨：《傳注問》，轉引自胡適：《戴東原的哲學》，第 6 頁，合肥：安徽教育出版社，2006 年。
〔註46〕錢大昕：《十駕齋養新錄》，49 頁。
〔註47〕章學誠：《文德》，《文史通義新編新注》，136 頁。
〔註48〕章學誠：《文德》，《文史通義新編新注》，137 頁。
〔註49〕章學誠：《文德》，《文史通義新編新注》，136 頁。
〔註50〕【日】山口久和著、王標譯：《章學誠的知識論》，149 頁。

章學誠舉歷史上的「正統說」為例，陳壽的《三國志》以曹魏為正統，習鑿齒的《漢晉春秋》則以蜀漢為正統，司馬光的《資治通鑑》主張陳說仍以曹魏為正統，朱熹的《通鑑綱目》則反對司馬光而恢復了蜀漢的正統。章學誠認為之所以會產生這許多歧異，必須結合作者的身世和所處的環境加以觀察：「陳氏生於西晉，司馬生於北宋，苟黜曹魏之禪讓，將置君父於何地？而習與朱子，則固江東南渡之人也，惟恐中原之爭天統也。」〔註51〕因此「恕」字是讀者「知人論世」的必要條件：「是則不知古人之世，不可妄論古人文辭也。知其世矣，不知古人之身處，亦不可遽論其文也。身之所處，固有榮辱、隱顯、屈伸、憂樂之不齊，而言之有所為而言者，雖有子不知夫子之所謂，況生千古以後乎！」〔註52〕章學誠在此提出了一個詮釋學的命題，即文本的解讀必須和其所處的語義環境相結合，才能釋放出其深層的含義來，這是對清儒考據學「泥於文辭」而不知「知人論世」的一個含而不露的批評。

「敬」與「恕」本於孟子的「養氣」和「知言」，最終歸結為「集義」，對於孟子和繼承思孟心學傳統的宋學而言，這是一套倫理道德修養的方法，浙東王學的「尊德性」是這一方法的集中體現。而就章學誠而言，他一方面不滿清儒考據學偏重於「道問學」，完全拋棄了宋學的道德踐履（他對戴震的批評即一再表露了這一觀點），因此重提「尊德性」以克服清學的這一弱點；但另一方面，他仍是清代「道問學」潮流中的一份子，而不是如桐城派的方東樹（《漢學商兌》的作者）一樣是站在考據學對立面的宋學立場而發言。對於章學誠而言，「德性」是文史之學的根基，更多的是意味著學者的「主體性」，如果知識的建構不以「知識主體」為根基，那麼縱然「博雅」也無法成為「一家之言」的「專家」，「浙東」、「浙西」的區別是清代考據學內部的區分，而不是壁壘分明的「漢宋之分」。宋明理學所面對的世界是整個的宇宙人生，所要達到的是「上下與天地同流」的精神境界；而章學誠所面對的是「文史之學」的知識世界，「史德」和「文德」是就「文史之學」而言，「尊德性」是為了更好地「道問學」，而並非為了解決人生的終極問題，這是章學誠與宋儒的差異之處。章學誠的「尊德性」，是針對清代考據學主流將知識和道德打成兩橛的問題而試圖有所補救，為了保證知識的有效性（道問學），必須注重知識主體的「心術涵養」（尊德性），「文史之學」並不是一項純客觀的研究，而

〔註51〕章學誠：《文德》，《文史通義新編新注》，136頁。
〔註52〕章學誠：《文德》，《文史通義新編新注》，136頁。

是主、客體交融、循環的詮釋過程，章學誠在此顯示了比清代考據學更爲高明的學術眼光。

第四節　圓神方智

　　章學誠的「文史之學」從「校讎學」入手，以「史意文心」爲核心，「史德文德」爲主體修養，最終是爲了完成他的歷史編撰學理論，從而實現他「修通史」的抱負宿願。「圓神」和「方智」這兩個概念即體現了他歷史編撰學的原則和方法。

　　「圓神」和「方智」的概念出自《易經》，「蓍之德圓而神，卦之德方以智。」〔註53〕朱熹《周易本義》說：「圓神，謂變化無方。方知，謂事有定理。」〔註54〕章學誠運用這兩個概念來說明史學中的「記注」和「撰述」：

　　　　《易》曰：「蓍之德圓而神，卦之德方以智。」間嘗竊取其義以概古
　　　　今之載籍，撰述欲其圓而神，記注欲其方以智也。夫智以藏往，神
　　　　以知來，記注欲往事之不忘，撰述欲來者之興起。故記注藏往似智，
　　　　而撰述知來擬神也。藏往欲其賅備無遺，故體有一定而其德爲方；
　　　　知來欲其決擇去取，故例不拘常而其德爲圓。〔註55〕

「記注」是指保存文獻的活動，《周官》所記載的「六卿聯事，官守其書」的古法就體現了「官師合一」時代的三代社會利用政府檔案有意識地保存文獻的意圖；而「撰述」則是利用運用既有的材料，「因事命篇」，不拘一格地記錄歷史，並在記錄的過程中體現出歷史變遷的微妙趨勢。「記注」面向過去，有嚴格的規範約束；而「撰述」則朝向未來，表現出一種融通的智慧。這兩者的區別就是「圓神」和「方智」，用現代語言來陳述的話，「方智」是將歷史凝固在一定的規範、格式中進行保存，而「圓神」則是通過原創性的心靈活動，打破現有的知識框架，對歷史進行創造性的詮釋。「方智」體現了歷史的客觀層面，而「圓神」則體現了歷史的主觀層面。歷史知識並不是純客觀的經驗知識，而是和知識主體有著密切的關係，它所體現的態勢是面向「未來」而不是「過去」。

〔註53〕《周易·繫辭傳中》。
〔註54〕李光地撰、李一忻點校：《周易折中》下，第824頁，北京：九州出版社，2002年。
〔註55〕章學誠：《書教》下，《文史通義新編新注》，36頁。

　　「圓神」和「方智」的觀念體現了章學誠對清代考據學的兩項批評，一是考據學知識活動所體現的純客觀態度；二是考據學的「復古」傾向。清代考據學專心於名物制度的考證，以「實事求是」的治學態度相標榜，對與經學相關的歷史制度進行窮源究委的辨析考證，但是並沒有有意識地將其放在一個整體的知識框架下進行整理，因而演變成一種大而無當的「博雅」學風而體現不出心靈的原創活動，章學誠批評說：「夫學無所主，而恥一物之不知，是欲智過孔子也。……今賤儒不知天下古今未有無主之學，而以無所不涉為博通，是夸父逐日，愚公移山之智也。」〔註56〕章學誠認為這種體現不出心靈原創性的「無主之學」只是知識活動的初步與入門，即「求知之功力」而非「成家之學問」，他認為清儒的失誤之處在於錯認「功力」為「學問」，而這方面的典型是南宋時的王應麟，「今之博雅君子，疲精勞神於經傳子史，而終身無得於學者，正坐宗仰王氏，而誤執求知之功力以為學即在是爾。」〔註57〕在晚年對揚州學派學者汪中的批評中，他指出汪中「文章如入萬花之谷，學問如窺五都之市」〔註58〕，表現了清儒考據學在知識廣度方面所達到的驚人成就，但是汪氏的《述學》一書卻名不副實，沒有體現出「識力」和立言之「宗本」，因此達不到「著述」的標準。章學誠說：「定於一者為識力，其學包羅富有，其言千變萬化，而所以為言之故，則如《詩》之三百，可以一言蔽也，是識力也。」〔註59〕按照章學誠的標準，清儒考據學充其量只是「方智」而非「圓神」，是知識活動的初步基礎而非究極境界，因此他在「晚年定論」的《浙東學術》中再次強調說：「整輯排比，謂之史纂；參互搜討，謂之史考，皆非史學」〔註60〕，而只有體現了知識主體心靈原創活動的「圓神」才是史學之目標所在。

　　「圓神」和「方智」的功能性區分是「知來」和「藏往」，換言之，「藏往」是保存以往的知識，探討說明其在歷史上的真相；而「知來」則力圖融通古今，面向當代，闡明歷史流變中所體現出的「道」之義蘊。章學誠的史學理論中有一鮮明的特色即在於注意「當代史」的研究，這與清儒總體的「復古主義」傾向形成了明顯的對照。錢穆先生曾指出：「實齋史學之第二長處，在其指導人轉

〔註56〕章學誠：《博雜》，《文史通義新編新注》，339 頁。
〔註57〕章學誠：《博約》中，《文史通義新編新注》，117 頁。
〔註58〕章學誠：《立言有本》，《文史通義新編新注》，359 頁。
〔註59〕章學誠：《立言有本》，《文史通義新編新注》，359 頁。
〔註60〕章學誠：《浙東學術》，《文史通義新編新注》，122 頁。

移目光治現代史，留心當代政制，此乃其六經皆史論之應有涵義，亦是其六經皆史論之主要涵義。此一意見，又落入此下經學家手裏，遂有今文學派之興起。」〔註61〕錢穆先生精闢地指出了章學誠在清學史上的位置正處於乾嘉考據學與嘉道之後的今文經學之間，他所倡導的「知來之學」（當代史研究）爲以後的龔自珍等人所沿襲，遂開啓今文經學「以經術論政」之風。這也表明章學誠的思想正處於這樣一個節點上，是乾嘉時期「經學復古」思想窮極思變的一個具體體現。章學誠對「經學復古」論的批評主要集中在清儒的「禮學」研究方面。「禮學」研究爲清儒經學之大宗，根據張壽安先生的研究，清儒治「禮學」特重《儀禮》一經，其主要特色有三：「一是《儀禮》的性質，一是名物度數之學的興起，一是由儀文器數以明禮意。」〔註62〕至淩廷堪倡導「以禮代理」，「禮理之分」遂成爲漢宋之爭的鴻溝天塹。章學誠的學術立基於《周官》「官師合一」之說，對清儒禮學重「儀文」而輕「制度」頗有微詞：

> 禮家講求於纂輯比類，大抵於六典五儀之原多未詳析，總緣誤識以儀爲禮耳。夫制度屬官而容儀屬曲，皆禮也。然容儀自是專門，而制度兼該萬有，舍六典而拘五儀，恐五儀之難包括也。雖六典所包甚廣，不妨闕所不知，而五儀終不可以爲經禮之全，綜典之書，自宜識體要也。〔註63〕

清儒的禮學雖繁複多樣，但總體而言是以「考古」爲職志，體現的是「藏往」的精神，章學誠將其概括爲五類：

> 近人致功於三禮，約有五端：溯源流也，明類例也，綜名數也，考同異也，搜遺逸也。此皆學者應有之事，不可廢也。然以此爲極則，而不求古人之大體以自廣其心，此宋人所譏爲玩物喪志，不得謂宋人之苛也。〔註64〕

清儒之研治禮學，以《儀禮》爲本經，置《周官》而不講，重點在於考證儀文度數。〔註65〕原因在於清儒考據學的思想基礎在於認爲「名物度數」之學

〔註61〕余英時：《錢穆與中國文化》，第 236 頁。
〔註62〕張壽安：《十八世紀禮學考證的思想活力》，51 頁，北京：北京大學出版社，2005 年。
〔註63〕章學誠：《禮教》，《文史通義新編新注》，71 頁。
〔註64〕章學誠：《禮教》，《文史通義新編新注》，70 頁。
〔註65〕張壽安研究清代禮學的結論是：「有清一代儒者治禮，專其心力於冠、婚、喪、祭、葬、鄉飲、鄉射等，罕言《周禮》，或即是在此政治族群相抗拮的主客觀因素下所做的抉擇。」見張壽安著：《十八世紀禮學考證的思想活力》，26 頁。

中蘊涵了「道」或聖人之「理義」，因此通過「故訓」──「典章制度」──
「理義」（道）的程序就可以接觸到儒家所設定的最高理想和價值。戴震曾明
確表示：「惟空憑胸臆之卒無當於賢人聖人之理義，然後求之古經，求之古經
而遺文垂絕、今古懸隔也，然後求之故訓。故訓明則古經明，古經明則賢人
聖人之理義明，而我心之所同然者，乃因之而明。賢人聖人之理義非它，存
乎典章制度者是也。」〔註66〕由於「道」存在於古代的典章制度之中，因此
問題在於克服由於時間懸隔造成的語言障礙，而最佳的途徑則是「求之故
訓」。由此可以看出，清代經學的基本態度是「向後追溯」，有著濃重的「復
古主義」傾向。而在章學誠看來，「藏往」是為了「知來」，「道」之義蘊體現
在歷史的變遷之迹中，而非單純地保存在古代的經典之中，「藏往」之學在保
存文獻、考證事實方面有其不可抹殺的價值，但這只是學問的基礎，更重要
的是在保存、考索文獻的基礎上，通過「心知其意」，進一步揭明其當代價值，
這才是「知來」之學的精義。清儒的禮學研究致力於名物度數的考索，但惟
獨沒有究明禮學之義蘊及其對當代社會之價值，這是自顧炎武以來的「經學
復古」論的理論失誤所造成的。章學誠認為：

> 《易》曰：「知以藏往，神以知來。」夫名物制度，繁文縟節，考訂
> 精詳，記誦博洽，此藏往之學也。好學敏求，心知其意，神明變化，
> 開發前蘊，此知來之學也。可以藏往而不可以知來，治《禮》之盡
> 於五端也。推其所治之《禮》，而折中後世之制度，斷以今之所宜，
> 則經濟人倫，皆從此出，其為知來，功莫大也。〔註67〕

「圓神」和「方智」是兩種不同型態的知識活動，「方智」重客觀實證，清儒
考據學體現的基本就是這種精神；而「圓神」則重心靈主體的「神明變化」，
對知識活動提出了更高層次的要求。章學誠提出「圓神」和「方智」的概念，
除了從側面對清儒考據學進行批評之外，更主要的是為了建構他的歷史編撰
學理論。章學誠晚年提出「六經皆史」的理論，是從「史」的原始意義（「六
經皆先王之政典」）而言的，而真正對後世史學具有影響力的則是《尚書》和
《春秋》，《尚書》與《春秋》的原始面目是古代的政府檔案和歷史記錄，經
過孔子的刪修而列入了經書的行列。章學誠認為上古時代「記注有成法，而

〔註66〕戴震：《題惠定宇先生授經圖》，《戴震文集》，168 頁。
〔註67〕章學誠：《禮教》，《文史通義新編新注》，70～71 頁。

撰述無定名」，而三代以後則「記注無成法，而撰述有定名」〔註68〕，這是「三代之史」與「後世之史」的一個重要區分。「記注有成法」體現在《周官》「五史」的職掌之中，而「撰述無定名」則體現在《尚書》的「書無定體，因事命篇」，不為一定的知識框架和體例所拘束，而在自由的表達中貼近歷史的眞義。因此「方智」是「官禮之遺」，而「圓神」則是《尚書》之教，上古時代的「三代之史」是「方智」與「圓神」的合一，因而是史學的源泉和典範。但是「後世之史」則無法契合這一精神，而表現為「記注無成法，而撰述有定名」，史學著述被限定在紀、傳、書、表等固定的知識框架和類例之下，從而無法表現「神明變化」的「史意」，這是後世史學衰退的主要原因。章學誠認為史體的演變是從「《尚書》──《春秋》──《史記》──《漢書》」，《尚書》入於《春秋》，為史學之祖，體現的是「圓而神」的精神，《史記》「體圓用神，多得《尚書》之遺」，《漢書》「體方用智，多得官禮之意」，但是《漢書》雖然「體方用智」，卻仍然在嚴謹的規範和體例中體現了心靈的自由創造，「然而固《書》本撰述而非記注，則於近方智之中，仍有圓且神者以為之裁制，是以能成家而可以傳世行遠也。」〔註69〕自班固以後，中國的史書以斷代史為主，多承襲《漢書》的格式，但卻失去了「圓神」這一史學要義，從而造成了「史學失傳」的局面：「後史失班史之意，而以紀表志傳，同於科舉之程序，官府之簿書，則於記注撰述兩無所似，而古人著書之宗旨不可復言矣。史不成家而事文皆晦，而猶拘守成法，以謂其書固祖馬而宗班也，而史學之失傳也久矣！」〔註70〕

　　章學誠認為要改變「史學失傳」的局面，關鍵在於恢復《尚書》「圓而神」的史學精神以求「古史之原」，「夫經為解晦，當求無解之初；史為例拘，當求無例之始。例自《春秋》左氏始也，盍求《尚書》未入《春秋》之初意歟！」〔註71〕自《史》、《漢》以下，中國歷代史書的體裁大致分為紀傳、編年、紀事本末三種，章學誠認為「紀事本末」這種體裁最能體現《尚書》的「圓神」精神：「袁樞《紀事本末》，……文省於紀傳，事豁於編年，決斷去取，體圓用神，斯眞《尚書》之遺也。……但即其成法，沉思冥索，加以神明變化，

〔註68〕章學誠：《書教》上，《文史通義新編新注》，20 頁。
〔註69〕章學誠：《書教》下，《文史通義新編新注》，37 頁。
〔註70〕章學誠：《書教》下，《文史通義新編新注》，37 頁。
〔註71〕章學誠：《書教》下，《文史通義新編新注》，38 頁。

則古史之原，隱然可見。」〔註72〕「《紀事本末》本無深意，而因事命題，不為成法，則引而伸之，擴而充之，遂覺體圓用神，《尚書》神聖製作，數千年來可仰望而不可接者，至此可以仰追。」〔註73〕章學誠曾與邵晉涵反覆商略，有志於重修《宋史》，「僕思自以義例撰述一書，以明所著之非虛語。」〔註74〕他所提出的方法即是以傳統的紀傳體而參以紀事本末之法，以闡發史學「圓神」的精義，「惟是經綸一代，思慮難周，惟於南北三百餘年，挈要提綱，足下於所夙究心者，指示一二，略如袁樞《紀事》之有題目，雖不必盡似之，亦貴得其概而有以變通之也。」〔註75〕

「圓神」是章學誠史學理論所追求和設定的目標，他通過歷代史體的演變，回溯《尚書》的傳統，指出作為「後世史學」的紀傳體和編年體為類例所拘，無法表現在歷史撰述中心靈主體的自由創造，而推崇「紀事本末」體為「得《尚書》之遺」，體現了史學之「圓神」精神。章學誠在《書教》篇撰成後，即認為他通過「圓神」、「方智」兩大概念已經把握到了歷史編撰學的核心理論：「近撰《書教》之篇，所見較前似有進境，……其以圓神方智定史學之兩大宗門，而撰述之書不可律以記注一成之法。」〔註76〕在晚年他更著《圓通》篇〔註77〕，進一步系統地提出他的史學編撰理論，試圖以「圓神」的精神會通全史，以實現他「修通史」的抱負宿願，「蓋通《尚書》、《春秋》之本原，而拯馬《史》、班《書》之流弊，其道莫過於此。至於創立新裁，疏別條目，較古今之述作，定一書之規模，別具《圓通》之篇。」〔註78〕「今仍紀傳之體而參本末之法，增圖譜之例而刪書志之名，發凡起例，別具《圓通》之篇，推論甚精，造次難盡。」〔註79〕章學誠在家書中曾充滿自信地說：「吾於史學，蓋有天授，自信發凡起例，多為後世開山，而人乃擬吾於劉知幾。不知劉言史法，吾言史意；劉議館局纂修，吾議一家著述；截然兩途，不相入也。」〔註80〕從章學誠所提到《圓通》篇來看，他所自信「為後世開

〔註72〕章學誠：《書教》下，《文史通義新編新注》，38 頁。
〔註73〕章學誠：《與邵二雲論修〈宋史〉書》，《文史通義新編新注》，671 頁。
〔註74〕章學誠：《與邵二雲論修〈宋史〉書》，《文史通義新編新注》，671 頁。
〔註75〕章學誠：《與邵二雲論修〈宋史〉書》，《文史通義新編新注》，672 頁。
〔註76〕章學誠：《與邵二雲論修〈宋史〉書》，《文史通義新編新注》，671 頁。
〔註77〕《圓通》篇已佚失，在現有的《章學誠遺書》中未見著錄。
〔註78〕章學誠：《書教》下，《文史通義新編新注》，39 頁。
〔註79〕章學誠：《與邵二雲論修〈宋史〉書》，《文史通義新編新注》，671 頁。
〔註80〕章學誠：《家書二》，《文史通義新編新注》，817 頁。

山」的「發凡起例」正是體現在《圓通》篇中的「仍紀傳之體而參本末之法」，而「圓神」的精神也與章學誠所極力闡發的「史意」相通，就中所體現的是作者的「別識心裁」。英國歷史哲學家柯林武德在談到歷史學和自然科學的區分時曾提出，歷史是心靈的自我認識，它與人們的當下處境有一種切己的關係；而以「自然科學」為自身標誌的「剪貼史學」則視歷史為一堆與當下生存處境相疏離的純粹客觀事實。〔註81〕章學誠通過「圓神」觀念建立的史學理論也同樣體現了這樣一種慧識，與清代主流的「考據史學」所體現的純客觀態度比較，章學誠的史學思想也許更為接近中國傳統的文化精神。

〔註81〕參見【英】柯林武德著、陳靜譯：《柯林武德自傳》，北京：北京大學出版社，2005年。

第四章　章學誠的歷史哲學思想

第一節　理勢論：歷史是什麼？

1、章學誠的歷史意識

　　章學誠的文史之學以「明道」為理想，因而其史學思想就迥異於一般的史學理論，而呈現出鮮明的歷史哲學意識，這與章學誠所處的歷史年代有著千絲萬縷的聯繫。一方面，乾嘉考據學的方法論影響及於史學領域，史學以實證為目的，關注點集中於史實的考證，而較少涉及史實背後的價值理念，更不擅長於對史實作綜合性的分析，章學誠敏銳地體察到了這種治學方法的弊端，從而提出其歷史哲學作為補救；另一方面，中國史學理論經過長期的發展，已經出現某種「自覺意識」，史學開始擺脫作為經學的附庸地位，開始爭取自身的自主性。這表現為從王夫之到章學誠對歷史變化背後「**趨勢**」的體察，余英時更進一步指出，與章學誠同時期的趙翼，已經開始對長期或短期歷史時段中的變化模式，提出一些概括性的觀察，並探討其成因，「同一時間，即 18 世紀最後幾年，趙翼在其《二十二史札記》中提出一種閱讀國史的嶄新方式，而章學誠在其《文史通義》中有系統地發展關於歷史理論和概念，這不可能純粹出於巧合。在某種意義上，我認為《文史通義》是中國悠久思想傳統中唯一真正可稱為『歷史哲學』的著作。」[註1] 章學誠的歷史哲學正是這種「史學自主意識」的體現。

〔註 1〕余英時：《中國史學思想的反思》，見余英時著、程嫩生、羅群等譯：《人文與理性的中國》，412 頁。

在章學誠的歷史哲學中，「道」與時間結合爲一體，隨著時間的推移，「道」的表現形式也有所不同，「道」不僅是關於自然世界萬事萬物之存在的說明，也是關於歷史事變的歸納總結，這是章學誠歷史哲學的主要貢獻，正如當代學者董平所云：「將道從自然哲學的概念轉化爲一個社會歷史範疇，正是學誠在理論上的一項重大貢獻，亦是其歷史觀念的理論基礎。」〔註2〕這種歷史哲學的特徵在於將歷史變動的原因歸結爲某種「非人格力量」的「勢」，如唐代的柳宗元提出，封建和郡縣這兩種政治制度的交替出現是由於某種「勢」的結果，王夫之的思路也與柳宗元相近，在《讀通鑒論》中他提出著名的命題：「勢相激而理隨以易」〔註3〕，時勢的變化導致理的變易，這實際上與章學誠的觀點已非常接近，章學誠正是將「道」理解爲歷史變動背後的「不得不然之勢」。也許不能將這種觀點的接近解釋爲章學誠接受了王夫之的思想影響，在章學誠的時代，王夫之的著作尚未大行於世。但這種思想在明清之際的出現並不是一個孤立的現象，它表明中國史學理論的發展已經進入了一個成熟時期，並出現了某種「自主意識」，它開始自覺地探詢歷史發展中的「最終原因」。

2、道在歷史中的展現：不得不然之勢

從章學誠的歷史哲學本身來看，「變動」是其根本性的特徵，他從《易經》中得到啓示：「孔仲達曰：『夫《易》者，變化之總名，改換之殊稱。』先儒之釋《易》義，未有明通若孔氏者也。得其說而進推之，《易》爲王者改制之鉅典，事與治曆明時相表裏，其義昭然若揭矣。」〔註4〕《易經》以「變動」作爲思想依據而成爲「王者改制之巨典」，因此一切處於特定歷史階段的「典章制度」也都具有因時損益、不相因襲的特點，「由所本而觀之，不特三王不相襲，三皇五帝亦不相沿矣。」〔註5〕具體的歷史現象雖然時時處於變化激蕩之中，但並非鹵莽滅裂、漫無目的地盲目發展，而是有著內在的邏輯，遵循一定的「理勢」發展，這所謂的「理勢」也就是章學誠所謂的「不得不然之勢」，進一步說，「不得不然之勢」也就是「道」，「道」出於自然事勢的積久變化，

〔註 2〕 董平：《浙江思想學術史》，396 頁，北京：中國社會科學出版社，2005 年。
〔註 3〕 王夫之著、舒士彥點校：《讀通鑒論》上，第 2 頁，北京：中華書局，1995 年。
〔註 4〕 章學誠：《易教》中，《文史通義新編新注》，12 頁。
〔註 5〕 章學誠：《易教》上，《文史通義新編新注》，第 1 頁。

而非聖人的有意作為。章學誠從人類社會的漸進變化說明「道」的出現：

> 人之生也，自有其道，人不自知，故未有形。三人居室，則必朝暮
> 啟閉其門戶，饔飧取給於樵汲，既非一身，則必有分任者矣。或各
> 司其事，或番易其班，所謂不得不然之勢也，而均平秩序之義出矣。
> 又恐交委而互爭焉，則必推年之長者持其平，亦不得不然之勢也，
> 而長幼尊卑之別形矣。至於什伍千百，部別班分，亦必各長其什伍
> 而積至於千百，則人眾而賴於幹濟，必推才之傑者理其繁，勢紛而
> 須於率俾，必推德之懋者司其化，是亦不得不然之勢也；而作君、
> 作師、畫野、分州、井田、封建、學校之意著矣。故道者，非聖人
> 智力之所能為，皆其事勢自然，漸形漸著，不得已而出之，故曰「天」
> 也。〔註6〕

章學誠認為「道」出現在歷史的演進過程中，從「三人居室」這一最簡單的
家庭形式開始，直至國家的出現，隨著人群的擴大以及社會功能的日益複雜，
逐漸出現了刑政和禮樂等各項制度和舉措，而這一切都是為了維持社會的均
衡和發展，是出於「不得不然之勢」，而不是古代的聖人用一己的智慧所能籌
劃創制的。因此制度的創設是出於「理勢」的變化而非聖人的「天啟智慧」，
這從儒家理想中的「三代治法」中就可以看出端倪：

> 法積美備，至唐、虞而盡善焉；殷因夏監，至成周而無撼焉。譬如
> 濫觴積而漸為江河，培積而至於山嶽，亦其理勢之自然，而非堯、
> 舜之聖過乎羲、軒，文、武之神勝於禹、湯也。後聖法前聖，非法
> 前聖也，法其道之漸形而漸著者也。〔註7〕

在儒家的話語系統中，「三代治法」已臻於完美的地步，後世儒家的一切努力
都是為了恢復三代的禮樂文明。而章學誠則認為，所謂「三代治法」也是出
於「理勢之自然」，是歷史的漸進趨勢所造成的，而別無任何神秘的原因。這
一歷史的漸進趨勢在西周初年達到了頂峰，周公所製作的典章制度代表了文
明史上的最高成果，達到了「集大成」的地步：

> 周公成文、武之德，適當帝全王備，殷因夏監，至於無可復加之際，
> 故得藉為製作典章，而以周道集古聖之成，斯乃所謂集大成也。〔註8〕

〔註 6〕章學誠：《原道》上，《文史通義新編新注》，94 頁。
〔註 7〕章學誠：《原道》上，《文史通義新編新注》，95 頁。
〔註 8〕章學誠：《原道》上，《文史通義新編新注》，96 頁。

而周公的所製作的「典章制度」同時也就是儒家「六經」的來源：

> 三代之衰，治教既分，夫子生於東周，有德無位，懼先聖王法積道
> 備，至於成周，無以續且繼者而至於淪失也，於是取周公之典章，
> 所以體天人之撰而存治化之迹者，獨與其徒相與申而明之，此六藝
> 之所以雖失官守而猶賴有師教也。〔註9〕

在章學誠的敘述中，文明最初的發源猶如一條小溪，經過不斷的奔流變化，
終於彙集成為氣象萬千的江河大海，而在這一歷史進程中，「理勢」是其發展
變化的最終原因。而這一決定歷史發展變化的「理勢」並不是神秘的「天意」，
而是存在於眾人日常生活的「一陰一陽之迹」中，聖人正是從日常的「人倫
日用」中體察到了歷史發展變化的趨勢，從而領悟到「道」之所在，並進而
藉手製作禮樂和典章制度：

> 聖人求道，道無可見，即眾人之不知其然而然，聖人所藉以見道者
> 也。故不知其然而然，一陰一陽之迹也。學於聖人，斯為賢人，學
> 於賢人，斯為君子。學於眾人，斯為聖人。非眾可學也，求道必於
> 一陰一陽之迹也。〔註10〕

從源流上來看，「一陰一陽之迹」是道之所在，由「一陰一陽之迹」而有先聖
和周公的典章制度，由周公的典章制度而有孔子的六經，在這一歷史發展的
序列過程中，「道」作為「不得不然之勢」不斷地表達著自身，而最終則顯示
於人類生活的實際經驗中。「道不離人倫日用」是儒家的一個傳統說法，而章
學誠則將「人倫日用」置於史學的視野中，用以表達一個歷史哲學的觀點：
所有的人類生活都是歷史性的，而「理勢」是人類生活變動的主導性因素。
余英時曾這樣評述章學誠的這一思想：

> 章學誠在論述古代制度時，把它們的起源一律歸因於「不得不然之
> 勢」。但他比柳宗元更超前一步，認為這些不得不然之勢，最終是出
> 於一般不加思考的百姓的「人倫日用」，他認為這即是道。最終他說
> 聖人只有「學於眾人」才能見道。這種看法在儒家傳統中並不新鮮，
> 但章學誠肯定是第一個把它應用於歷史研究之上的儒者，他藉此更
> 清晰地闡明他所謂的「不得不然之勢」。〔註11〕

〔註 9〕 章學誠：《經解》上，《文史通義新編新注》，76 頁。
〔註10〕 章學誠：《原道》上，《文史通義新編新注》，95 頁。
〔註11〕 余英時：《中國史學思想的反思》，見余英時著、程嫩生、羅群等譯：《人文與
理性的中國》，411 頁。

3、當代史的意義：歷史是活著的過去

　　章學誠認爲歷史的變動中蘊含著「理勢」，而「理勢」則出於人類生活的實際經驗本身，也就是百姓日常生活中的「不知其然而然」，因此爲學應當「學於衆人」，體察「理勢」，而究原「大道」。窮原究委而言，一切制度的創設皆出於「理勢之自然」，儒家六藝作爲孔子所保存的「先王之政典」，其中所體現的也是這一歷史變動的自然趨勢，因此，對六經的理解也貴在「師其意而不泥其迹」，《原道》中的一段話鮮明地體現了這一意旨：

> 夫道備於六經，義蘊之匿於前者，章句訓詁足以發明之。事變之出於後者，《六經》不能言，固貴約《六經》之旨而隨時撰述以究大道也。〔註12〕

日本學者島田虔次認爲這段話是「瞭解章學誠全部思想的關鍵」。〔註13〕從章學誠的思想結構本身來看，這段話確實處於一個非常關鍵性的位置，它體現了章學誠對於儒家六藝的理解。在傳統儒家的觀念裏，六經所體現的是普遍性的眞理，這一普遍性的眞理是不受任何時空領域限制和拘束的「常道」；而在章學誠看來，經的原始面貌就是「三代之史」，經書所體現的並不是普遍性的眞理，而是「三代」這一特殊歷史階段的「理勢」，因此對於後世的歷史事變而言，六經的「義蘊」已經失去了其應用的範圍，而如果要理解歷史變動中所蘊含的「理勢」，史學較之經學無疑有著更爲優越的地位。章學誠認爲「經之流必入於史」，經學訓詁拘泥於名物制度，不足以體現歷史進程中「窮通變久」之意，而史學撰述通過概括六經的意旨，以探詢歷史變動中「不得不然之勢」，這就是司馬遷所宣稱的「究天人之際，通古今之變，成一家之言。」〔註14〕經學訓詁所得僅爲「六經之迹」，而史學撰述所得才是「六經之意」，因此是史學而非經學才是六經這一知識體系的繼承者。日本學者山口久和對上述引言有著如下的解釋：

> 章學誠認爲，六經之中所存在的是六經成書以前的道，其深奧的意義（義蘊）可以通過訓詁考證的經學方法得以闡明。然而，不過是一種器的六經無法包含六經以後歷史進程中顯現的道。而史學記述

〔註12〕章學誠：《原道》下，《文史通義新編新注》，104 頁。
〔註13〕【日】島田虔次：《六經皆史說》，194 頁，見劉俊文主編、許洋主等譯：《日本學者研究中國史論著選譯》第七卷思想宗教，北京：中華書局，1993 年。
〔註14〕《史記》卷 130《太史公自序》。

> 六經成書之後的歷史現象，概括六經之精神，根據事實（器）闡明
> 大道，只有史學才足以繼承六經之後的知識活動。〔註15〕

「理勢」是章學誠歷史哲學的主幹概念，「理勢」不僅體現於「三代」的歷史
中，同時也體現在「三代」以後的歷史進程中。因此「當代史」對於章學誠
而言有著非比尋常的意義：

> 傳曰：「禮時爲大」。又曰：「書同文」。蓋言貴時王之制度也。……
> 書吏所存之掌故，實國家之制度所存，亦即堯、舜以來因革損益之
> 實迹也。故無志於學則已，君子苟有志於學，則必求當代典章以切
> 於人倫日用，必求官司掌故而通於經術精微，則學爲實事而文非空
> 言，所謂有體必有用也。〔註16〕

章學誠在這裏提出，「時王之制度」實際上就是「書吏所存之掌故」，這些爲
士大夫所不屑一顧的檔案記錄，事實上沿襲了《周禮》中「五史」的傳統，
並與歷史傳說中的聖王堯、舜等人的政治設施一脈相承，具有無與倫比的價
值。章學誠把「時王制度」提高到了與經術同等重要的地位，認爲學者必須
在研究當代之典章制度的基礎上，才能通於「經術之精微」，「經術」爲體，「官
司掌故」爲用，二者之結合方爲「體用兼具」之學。這裏一方面是把「經」
作爲「史」來理解，另一方面則又把後世之「史」置於「經」的同等位置上，
認爲二者都同樣反映了歷史變遷中體現的「理勢之自然」，「六經」是「三代
之史」，其名物制度是「道之迹」，而其內在意義則是「道之體」，「道之迹」
不可執著拘泥，「道之體」卻百世而常新，因而可以與當代的「典章制度」相
貫通：

> 要其一朝典制，可以垂奕世而致一時之治平者，未有不於古聖先王
> 之道得其彷彿者也。故當代典章，官司掌故，未有不可通於《詩》、
> 《書》六藝之所垂。〔註17〕

在章學誠的思想觀念中，歷史演變是一個整體的過程，而不是相互隔斷的許
多「事件」之匯總，所謂「歷史」並非「已逝之事實」，而總是在當代世界中
留下了它的痕迹，如當代的典章制度並非是憑空而來，而是與古代的政教制
度一脈相承，無不可以通於《詩》、《書》六藝。如果借用當代英國歷史哲學

〔註15〕【日】山口久和著、王標譯：《章學誠的知識論》，163～164 頁。
〔註16〕章學誠：《史釋》，《文史通義新編新注》，271 頁。
〔註17〕章學誠：《史釋》，《文史通義新編新注》，272 頁。

家柯林武德的思想概念來解釋的話，實際上章學誠認為歷史是「活著的過去」，柯林武德在其《自傳》中這樣表述「活著的過去」這一思想：

> 1920 年前後，我提出了我的歷史哲學的第一條原理：歷史學家研究的過去並不是死去的過去，而是在某種意義上仍然在現時世界中活著的過去。當時，我是這樣表述這一原理的：構成歷史的並不是「事件」而是歷程；「歷程」無始無終而只有歷程的轉化；如果歷程 p1 轉化為歷程 p2，兩者之間並沒有一條明確的界線標誌著 p1 的結束和 p2 的開始；p1 並沒有結束，它改變形式成為 p2 繼續存在著，p2 也沒有開端，它以前就以 p1 的形式存在著了。歷史中不存在開端和結束，史書有始有末，但它們描述的歷史事件本身卻沒有始末。〔註18〕

柯林武德認為歷史就是「事變」和「歷程」，這一過程本身無始無終，在過程的轉換中「過去」不斷重疊、顯現於「現在」，二者之間渾然一體，不可區分，而史書則拘於自身的體裁和形式，對歷史的某些時段作了有始有末的敘述，但這並非是歷史的真實面相，所有「過去的歷史」事實上都要立足於當代人的「現時世界」才能得以理解。這一思想與章學誠的歷史觀念極為接近，章學誠也極重視「事變」的思想，六經並非僅為古代世界的遺跡，而是在當代的典章制度中不斷地重現自身，「故當代典章，官司掌故，未有不可通於《詩》、《書》六藝之所垂」〔註19〕，歷史的發展是一個整體性的過程，其中並沒有前後階段可以劃分，而中國傳統史書的體裁以朝代史為基礎，是一種「斷代史」的敘述方式，這種敘述方式限制了人們認識歷史的視野，因而章學誠提出「修通史」的主張，他認為「通史」的修撰有「六便」、「二長」以及「三弊」：

> 通史之修，其便有六：一曰免重複，二曰均義例，三曰便詮配，四曰平是非，五曰去牴牾，六曰詳鄰事。其長有二：一曰具翦裁，二曰立家法。其弊有三：一曰無短長，二曰仍原題，三曰忘標目。
>
> 〔註20〕

〔註18〕【英】柯林武德著、陳靜譯：《柯林武德自傳》，92 頁。北京：北京大學出版社，2005 年。

〔註19〕章學誠：《史釋》，《文史通義新編新注》，272 頁。

〔註20〕章學誠：《釋通》，《文史通義新編新注》，239 頁。

「通史」之「通」，來源於《易傳》所說的「惟君子為能通天下之志」，因此「通史」修撰的目的在於對歷史求得一種會通的理解，以體現歷史發展的內在「理勢」。因此，「通史」最重要的特點在於「成一家之言」，「古人一家之言，文成法立，離合詮配，惟理是視。」〔註21〕章學誠認為鄭樵的《通志》是這方面的典範之作：

> 若鄭氏《通志》，卓識名理，獨見別裁，古人不能任其先聲，後代不能出其規範；雖事實無殊舊錄，而辨正名物，諸子之意寓於史裁，終為不朽之業矣。〔註22〕

從總體上看，章學誠的史學思想與柯林武德有著很大的相似之處，他們都認為歷史是一「歷程」而非許多各不相關的「事件」，「過去」總是呈現於「現在」之中，不能對整體性的歷史進程作人為的階段劃分。更為相似的地方在於，他們都認為對於歷史的認識途徑在於「思想的重演」，這主要體現在章學誠的「史義」說中。但章學誠與柯林武德不同的一點在於，章學誠認為歷史的發展變遷中貫穿著「理勢」，一切人類文明史上的優秀文化成果，包括思想、學術、法律的出現，都是出於這一「不得不然之勢」，這一「非人格力量」的「勢」左右著歷史的進程。這使人們將更多地將章學誠的歷史哲學思想與黑格爾的「歷史精神」聯繫在一起，如美國學者倪德衛認為：「他（章學誠）發展出了一套頗類似於黑格爾主義的歷史和國家觀，他將這一觀念植根於一種特殊的文化理論上，這一理論讓人很容易想到維柯（Vico）。」〔註23〕需要對這一認識稍作辨析的是，黑格爾主義的歷史哲學屬於西方歷史哲學中所謂「思辨的歷史哲學」，這一派歷史哲學的特點在於哲學的意味重於史學，以一套形而上的觀念解釋歷史的進程，歷史本身並無意義，只是「歷史精神」藉以實現自身目的的工具；而柯林武德的思想則屬於「批評的歷史哲學」，「批評的歷史哲學」並不以形上性的理念解釋歷史進程，而是著重於尋找歷史事件之間的有機聯繫，就歷史本身作出解釋。就二者的主要區別而言，「思辨歷史哲學」含有一種「歷史目的論」的意味，歷史的發展遵循著一定的「演化模式」，最終趨向一至善的結果；「批評的歷史哲學」則反之，認為歷史是一無始無終的「歷程」，「過去」和「現在」重疊出現。從章學誠的「理勢」觀念來看，

〔註21〕章學誠：《釋通》，《文史通義新編新注》，237頁。
〔註22〕章學誠：《釋通》，《文史通義新編新注》，240頁。
〔註23〕【美】倪德衛著、楊立華譯：《章學誠的生平與思想》，第1頁。

它與歷史的運動變化合而爲一，但它並不借助歷史來實現自身的「目的」，同時，章學誠的歷史觀也不趨向一個「至善之結果」，而是處於不斷的循環變化之中，也就是說，章學誠的歷史哲學不具有「歷史目的論」的色彩；最爲重要的一點是，「歷史目的論」中不體現人的力量，人的活動、以及由此活動造成的歷史是「歷史精神」的工具，而章學誠的「道」或「理勢」則完全是人的各種需要造成的，同時聖人在歷史中的作爲也爲「道」的發展起到了很大的作用，歸根結底，歷史的變遷運動是人的力量所造成的結果，因此，章學誠的歷史哲學有著一種「歷史人文主義」的色彩，這不但與中國的史學傳統一脈相承，也與西方「批評的歷史哲學」，尤其是柯林武德的思想有著相通之處。〔註24〕

　　章學誠處於乾嘉樸學盛行的時期，乾嘉樸學重經而輕史，其研究歷史的方法重在事實的考證而缺乏意義的闡釋，章學誠提出「理勢」這一概念以說明歷史循環變化中的「最終原因」，這一方面是對時代風氣的抗爭，另一方面也體現了中國傳統史學理論發展到了成熟階段的自覺意識。這與柯林武德反對實在論者「見樹而不見林」的史學觀念有著近乎相同的境遇與訴求。因此，從客觀方面講，「理勢」是對歷史變動的原因總結；而從主觀方面講，「理勢」是將孤立的歷史事實聯繫在一起、使其得以說明的「意義系統」，這就是章學誠的所謂「史義」。在章學誠的思想體系中，「道」、「理勢」（「不得不然之勢」）、「史義」這三者的涵義相近而又略有不同，這三者都是對事物最終原因或意義的說明，用章學誠的話來說，是「事物之所以然而非所當然」，而其區別則在於針對的對象不同，「道」是包括自然現象和歷史現象在內的「萬事萬物」之「所以然」，「理勢」則是歷史現象的「所以然」，而「史義」則是史學這一知識活動的「所以然」，由「道」而「理勢」而「史義」，章學誠的思想概念逐層深入，最終延伸到了史學研究這一專門領域，他的歷史哲學思想主題也由「歷史是什麼」轉入「如何認識歷史」這一具體問題。

〔註24〕關於「思辨的歷史哲學」和「批判的歷史哲學」之區分，參見【英】沃爾什著、何兆武、張文傑譯：《歷史哲學導論》，桂林：廣西師範大學出版社，2001年。

第二節　史義論：如何認識歷史？

1、章學誠的「史學」觀念

　　如果說「理勢」牽涉到對歷史現象的理解，那麼「史義」就牽涉到對史學研究這一知識活動的理解。在章學誠的心目中，史學研究的中心任務就是追究「史義」，這是史學成為「一家之學」的關鍵性因素，但是在一般性的歷史研究中，史學的這一要素並沒有得到充分的體現，因而充其量只是「史考」、「史纂」和「史評」，而稱不上是「史學」：

> 乙部之書，近日所見，似覺更有進步，殆於杜陵所謂「晚節漸於詩律細」者。世士以博稽言史，則史考也；以文筆言史，則史選也；以故實言史，則史纂也；以議論言史，則史評也；以體裁言史，則史例也。唐宋至今，積學之士，不過史纂、史考、史例；能文之士，不過史選、史評，古人所為史學，則未之聞矣。〔註25〕

章學誠心目中的「史學」與這些「史考」、「史纂」和「史評」都不同，「史學」首先有著明確的意旨，並體現出研究者鮮明的人格特徵，這與單純的排比、整理史料有著明顯的區別，排比、整理史料僅是一項資料準備工作，而史學則要求在資料準備的基礎上「著述成家」，章學誠旗幟鮮明地提出他關於「史學」的觀念：

> 吾於史學，貴其著述成家，不取方圓求備，有同類纂。〔註26〕

同時史學「著述成家」的意義也不僅限於對過去事實的研究，而且對當下的現實世界也保持著強烈的關注，這就揭示了史學研究的目標不在於「存古」而在於「經世」：

> 史學所以經世，固非空言著述也。且如《六經》，同出於孔子，先儒以為其功莫大於《春秋》，正以切合當時人事耳。後之言著述者，舍今而求古，舍人事而言性天，則吾不得而知之矣。學者不知斯義，不足言史學也。〔註27〕

〔註25〕章學誠：《上朱大司馬論文》，《文史通義新編新注》，767頁。
〔註26〕章學誠：《家書三》，《文史通義新編新注》，819頁。
〔註27〕章學誠：《浙東學術》，《文史通義新編新注》，122頁。

2、史義說的根源：史之大原本乎《春秋》

　　章學誠的爲學方法注重辨析學術源流，具有「學術史」的宏闊視野，他在提出自己的「史學」觀念後，又爲這一觀念的具體出現在學術史上尋找根源。關於「六經皆史」這一說法，雖然許多學者囿於「經史之分」的觀念而不能予以認同，但六經中的《尚書》和《春秋》是「經而兼史」，則大多數學者均無異議。如清代學者錢大昕說：「昔宣尼贊修六經，而《尚書》、《春秋》實爲史家之權輿。」〔註 28〕《尚書》與《春秋》相比較，源流更爲古老，因此歷代學者多認爲《尚書》爲「史學之祖」，直接開啓了中國史學思想的傳統，章學誠反對這種看法，他認爲：

> 上古簡質，結繩未遠，文字肇興，書取足以達微隱，通形名而已矣。因事命篇，本無成法，不得如後史之方圓取備，拘於一定之名義者也。夫子敘而述之，取其疏通知遠，足以垂教矣。世儒不達，以謂史家之初祖實在《尚書》，因取後代一成之史法紛紛擬《書》者，皆妄也。〔註 29〕

余英時解釋章學誠這段話的意思是：「推章氏之意，蓋謂上古之所謂『史』只是政府的官書，因而不足以成爲學問。」〔註 30〕但細究《書教》篇的文義脈絡，章學誠並沒有貶低《尚書》、謂其不足以成爲學問的意思，相反，他對《尚書》在史學史上的地位有著極高的評價，推崇其爲「經世之書」：

> 蓋官禮制密而後記注有成法，記注有成法而後撰述可以無定名。以謂纖悉委備，有司具有成書，而吾特舉其重且大者筆而著之，以示帝王經世之大略。而典、謨、訓、誥、貢、範、官、刑之屬，詳略去取，惟意所命，不必著爲一定之例焉。斯《尚書》之所以經世也。

〔註 31〕

章學誠論「古今載籍」，認爲有「記注」和「撰述」兩種，「記注」保存資料，而「撰述」則賦予材料以意義，二者交相爲用，不可偏廢。《尚書》「體圓而用神」，在體裁上屬於「撰述」一類，但《尚書》與後世史書的主要區別在於沒有一定的體例，「詳略去取，惟意所命，不必著爲一定之例焉」，在不拘一

〔註 28〕錢大昕：《二十二史箚記序》，見趙翼著：《二十二史箚記》序 1 頁，北京：中國書店，1987 年。
〔註 29〕章學誠：《書教》上，《文史通義新編新注》，20 頁。
〔註 30〕余英時：《論戴震與章學誠》，247 頁。
〔註 31〕章學誠：《書教》上，《文史通義新編新注》，21 頁。

格的形式中顯現出意義之所在，這是以「記注」的詳密爲基礎的，而「記注」之法則備於《周官》：

> 《周官》三百六十，具天下之纖析矣。然法具於官而官守其書，觀於六卿聯事之義，而知古人之於典籍，不憚繁複周悉，以爲記注之備也。〔註32〕

《周官》的「記注」之法在後世已經失傳，章學誠在《州縣請立志科議》一文中建議在州縣這一行政單位設立「志科」，以保存文獻供修史之用，其用意就在於恢復《周官》的「記注」遺法。〔註33〕《周官》「記注」之法的廢除使得《尚書》這一「因事命篇，不拘常格」的「撰述」體裁無法延續，因而後世史學的根源在《春秋》而不在《尚書》：

> 孟子曰：「王者之迹息而《詩》亡，《詩》亡然後《春秋》作。」蓋言王化之不行也，推原《春秋》之用也。不知《周官》之法廢而《書》亡，《書》亡而後《春秋》作，則言王章之不立也，可識《春秋》之體也。〔註34〕

《尚書》之「撰述」與《周官》之「記注」是緊密聯繫爲一體的，《周官》之法廢，則必然導致《尚書》之體亡，《尚書》於是折入於《春秋》，這是古今時勢變異的結果，「皆天時人事，不知其然而然也。」〔註35〕「《尚書》折入《春秋》」對中國史學傳統的影響有兩點：一是史學由官府轉入民間，孔子以「微言大義」筆削《春秋》，開創了中國歷史上私人修史的傳統；二是史著的體例由《尚書》的「無定法」而演變爲《春秋》的「有成法」，也就是說，出現了一定的形式化要求，這一「形式化要求」逐漸衍化爲後世「編年」、「紀傳」以及「紀表志傳」等種種固定的體例。從後世史學的發展來看，馬（司馬遷）、班（班固）、陳（陳壽）、范（范曄）都是以私人的身份修史，而其撰著的史書也無不體現出一定的體例要求，就這一點而言，他們無疑都是《春秋》之學的繼承者，「史氏繼《春秋》而有作，莫如馬、班」〔註36〕，因此，就現實層面而言，《春秋》才是中國傳統史學思想的源頭。就章學誠的歷史觀念而言，他認爲「三代以上」的歷史階段與「三代

〔註32〕章學誠：《書教》上，《文史通義新編新注》，20頁。
〔註33〕詳見章學誠：《州縣請立志科議》，《文史通義新編新注》，835～839頁。
〔註34〕章學誠：《書教》上，《文史通義新編新注》，21頁。
〔註35〕章學誠：《書教》上，《文史通義新編新注》，21頁。
〔註36〕章學誠：《書教》下，《文史通義新編新注》，36頁。

以下」的歷史階段有著重要區別，「三代以上」是「治教合一」的社會，而
「三代以下」則已經「治教分離」，《尚書》代表的是「三代以上」的史學，
而《春秋》則是在周代舊制解體，「官失其守、典籍淪亡」的情況下，孔子
以私人身份在「魯史舊文」基礎上「約其辭文，去其煩重，以制義法」〔註
37〕，孔子「筆削」《春秋》一方面繼承了古代史官的事業，但另一方面也
以無官守的處士而「僭越」了王官的職守，因此孔子說：「知我者，其惟《春
秋》乎？罪我者，其惟《春秋》乎？」〔註 38〕但是在「治教分離」的現實
情況下，《春秋》的出現是一項不可避免的事實。因此，《春秋》昭示的是
「三代以下」的史學，「三代以下」的史學即以《春秋》為其直接的根源，
章學誠明確提出：

> 史之大原本乎《春秋》，《春秋》之義昭乎筆削。筆削之義，不僅事
> 具始末、文成規矩已也。以夫子義則竊取之旨觀之，固將綱紀天人，
> 推明大道，所以通古今之變而成一家之言者，必有詳人之所略，異
> 人之所同，重人之所輕，而忽人之所謹，繩墨之所不可得而拘，類
> 例之所不可得而泥，而後微茫杪忽之際有以獨斷於一心。及其書之
> 成也，自然可以參天地而質鬼神，契前修而俟後聖，此家學之所以
> 可貴也。〔註 39〕

如果說《尚書》是「官學」的話，那麼《春秋》就是「家學」，這是「三代以
上之史」與「三代以下之史」的主要區別。「官學」體現的是「治教合一」的
理想知識狀態，就如同莊子所說的「魚相忘於江湖，人相忘於道術」一樣，
人們在渾淪不覺的情況下生活於「道」之境域中，章學誠描述這種狀況說：「古
者道寓於器，官師合一，學士所肄，非國家之典章，即有司之故事，耳目習
而無事深求，故其得之易也。」〔註 40〕而「家學」則已處於「治教分離」的
時代，學者必須通過艱深的個人努力以把握「道」之存在，而在史學這一具
體的知識活動中，則表現為史學家以「獨斷」的心靈能力把握「史義」，《春
秋》之所以對後世的史學具有巨大的影響力，其原因就在於此，章學誠引用
孟子對《春秋》的解釋說：

〔註 37〕《史記·十二諸侯年表》。
〔註 38〕《孟子·滕文公下》。
〔註 39〕章學誠：《答客問》上，《文史通義新編新注》，252 頁。
〔註 40〕章學誠：《原道》下，《文史通義新編新注》，103 頁。

> 夫子因魯史而作《春秋》。孟子曰：其事齊桓、晉文，其文則史，孔子自謂竊取其義焉耳。載筆之士，有志《春秋》之業，固將惟義之求，其事與文所以借為存義之資也。〔註41〕

《春秋》的原始面貌是「魯史舊文」，也就是魯國這一地方諸侯國的官方檔案記錄，但孔子通過「制其義法」已經賦予其思想性的涵義，由此追究「史義」遂成為後世史學的一般性原則：

> 孔子作《春秋》，蓋曰其事則齊桓、晉文，其文則史，其義則孔子自謂有取乎爾。夫事即後世考據家之所尚也，文即後世詞章家之所重也，然夫子所取，不在彼而在此，則史家著述之道，豈可不求義意所歸乎？〔註42〕

章學誠認為「史義」是史學成其為「學」的關鍵性因素，離開了「史義」，歷史研究就成為了單純的史料排比、考證和纂輯，因此他一再聲言：「整輯排比，謂之史纂；參互搜討，謂之史考，皆非史學。」〔註43〕「史義」又與「史意」相通，就客觀層面的史書而言是「史義」，就著書者的主觀層面而言就是「史意」，臺灣學者朱敬武說：「『史意』兼含兩個方面，既指史家著述的用心，即隱而未現的『別識心裁』，也指已經外化完成的史著，書中寄託了作者的深情和微旨。在作者心中是『意』，這是從哲理高度上揭示歷史演化規律的自覺，此意平生飛動，但須見諸行事，而非徒託空言。此『意』貫注成書即是『義』。」〔註44〕史書本身並非僅是鋪陳以往之事實，而且也包含了一種解釋的觀點。就歷史知識的構成而言，「別識心裁」尤為重要，史學家以主體的心靈體察歷史變動的規律，將其上昇為一種哲理化的認識，是為「史意」，「史意」貫注於史書之中，即為「史義」。「史義」既是歷史規律之再現，同時也是作者用心之所在。一言以蔽之，史書之撰述是一個「心營意造」的過程，借用柯林武德的概念來陳述，歷史的認識途徑在於「思想的重演」，章學誠的「史義」說所要闡明的實際上就是這樣的一種歷史認識方法。

〔註41〕章學誠：《言公》上，《文史通義新編新注》，202頁。
〔註42〕章學誠：《申鄭》，《文史通義新編新注》，250頁。
〔註43〕章學誠：《浙東學術》，《文史通義新編新注》，122頁。
〔註44〕朱敬武：《章學誠的歷史文化哲學》，46頁。

3、史義說的現代闡釋：歷史認識的途徑是「思想的重演」

　　章學誠的「史義」說所論述的實際是歷史認識的途徑問題，在這一問題上他呈現出與清代考證學派的重大分歧。考證學派的歷史認識方法主要是「事實的考據」，認爲當所有的歷史事實都得到清楚無誤的核實後，歷史的眞實面貌就會自然地呈現出來，這一派的歷史認識論頗近於近代西方史學中的「蘭克史學」，也就是所謂「科學的歷史」。在近代中國史學理論的發展中，本土的「考據學」和源自西方的「蘭克史學」匯流，形成了以胡適、傅斯年爲代表的「史料學派」，余英時曾論述這一學派的治學特點是：

> 傅（斯年）把「現代歷史編纂」標識爲「史料研究」，這爲他贏得了
> 「史料主義者」的名聲，他對現代歷史編纂學的觀點也因此構成爲
> 「史料學派」。作爲邏輯實證主義的一個附屬，傅把他的「科學的史
> 學」近似地參照了自然科學，特別是生物學和地質學的模式。……
> 用他們嚴格界定的「科學客觀性」和「實證調查」的觀念來研究中
> 國歷史，他們常常會取得一個又一個的學術成就，但是在整體上他
> 們則避開了綜合。他們似乎認爲，當所有相關的個別史料都確認無
> 疑時，「最終的歷史」將會自己出現。〔註45〕

上述引文雖然分析的是「史料學派」的治學特徵，但傅斯年等人的學術理念實與清代考據學一脈相承，只不過加上了一些諸如「科學」、「客觀實證」等近代化的概念，從總體上看，清代考據學的「歷史認識論」已具有「史料主義」的一些特徵，重視史料的搜集辨析，而忽視整體性的綜合判斷，形成了一種「見樹不見林」的弊病，章學誠譏之爲「但知聚銅，不解鑄釜」〔註46〕，並進一步批評說：「近日學者風氣，徵實太多，發揮太少，有如桑蠶食葉而不能抽絲。」〔註47〕考據學者對古史進行論辨考析，如同「桑蠶食葉」一樣聚集了大量的史料，卻不知變通發揮，從整體意義上對史料進行理解，從今天的學術眼光來看，這充其量只是「史料學」而不是「史學」，章學誠對這種「史料主義」的思想批判說：

> 苟不求其當而惟古之存，則今猶古也，上自官府簿書，下至人戶版

〔註45〕余英時：《20世紀中國國史概念的變遷》，見余英時著、程嫩生、羅群等譯：《人文與理性的中國》，370～371頁。

〔註46〕章學誠：《與邵二雲書》，《文史通義新編新注》，677頁。

〔註47〕章學誠：《與汪龍莊書》，《文史通義新編新注》，693頁。

籍，市井錢貨注記，更千百年而後，未始不可備考索也。如欲賅存，
則一歲所出，不知幾千百億，歲歲增之，岱嶽不足聚書，滄海不供
墨瀋矣；天地不足供藏書，賤儒即死，安所更得尺寸之隙以藏魂魄
哉！〔註48〕

章學誠反對以「史料學」為「史學」，這從他辨析「史學」與「史考」、「史纂」
的區別中就可以看出。史學就其整體而言，可區分為「事」、「文」、「義」三
者，如果以人的一身來比喻，「事」猶如人的骸骨，「文」猶如人的肌膚，「義」
則是人的神智。〔註49〕或者更進一步說，「史義」就是史學中「畫龍點睛」的
那一筆，如果沒有「史義」作為史學的「點睛之筆」，「事」與「文」二者就
淪為骸骨化的知識，而無法將歷史整合成為一個可理解的「意義系統」。從這
一點來看，在史學三要素中，「義」的價值始終要優先於「事」與「文」。章
學誠的「史義」論源自於《春秋》「義例」，但《春秋》「義例」重在政治倫理，
而章學誠的「史義」論則無此意味，他關心的是史學要「成一家之學」，而不
是普遍性的道德勸誡。司馬遷、班固等一流的史家，在對歷史事實的道德評
述上並不完全合乎《春秋》的義旨，如「遷書退處士而進奸雄，固書排忠節
而飾主闕」〔註50〕但由於具有「別識心裁」，並不影響其所著史書的質量：「要
其離合變化，義無旁出，自足名家學而符經旨。」〔註51〕這其實暗示著，在
章學誠的史學思想中，道德評價並不佔有重要的位置，是否具有「別識心裁」
才是史學區別於史考、史纂的惟一標誌：

陳（壽）、范（曄）以來，律以《春秋》之旨，則不敢謂無失矣。然
其心裁別識，家學具存。……若夫君臣事迹，官司典章，王者易姓
受命，綜覈前代，纂輯比類，以存一代之舊物，是則所謂整齊故事
之業也。〔註52〕

「別識心裁」是史家幽微深摯的心靈體會和知識直覺，它不對歷史事件作個
別、細緻的分析，也不對其作道德評判，而是從總體上進行綜合性的把握，

〔註48〕章學誠：《博雜》，《文史通義新編新注》，340頁。
〔註49〕章學誠：《詩話》：「比如人身，學問，其神智也；文辭，其肌膚也；考據，其
骸骨也；三者備而後謂之著述。」《文史通義新編新注》，295頁。章學誠的這
一比喻雖是就一般的著述而言，但也可以用來理解史學中「事」、「文」、「義」
三者的關係。
〔註50〕章學誠：《答客問》上，《文史通義新編新注》，253頁。
〔註51〕章學誠：《答客問》上，《文史通義新編新注》，253頁。
〔註52〕章學誠：《答客問》上，《文史通義新編新注》，253頁。

並進而將其化爲史書中的各種體例，這一歷史認知的方法有時是超乎語言文字之上的：

> 專門之學，口授心傳，不啻經師之有章句矣。然則《春秋》經世之
> 意，必有文字之所不可得而詳，繩墨之所不可得而準。〔註53〕

「史學」是有自身學問宗旨的「一家之學」，「史考」、「史纂」、「史評」皆非史學；《尚書》非「史學之祖」，《春秋》「家學」才是「三代以下之史」的典範；《春秋》在「事」、「文」、「義」三者之中，獨以「義」爲依歸，因此「史義」是史學「著述成家」的關鍵性因素；就「史義」本身而言，它並不僅是對歷史事件的道德評判（章學誠有意識地迴避了這一點），而是史家主體性的「別識心裁」對歷史所作的會通性的理解，這一理解有時則超乎語言文字之上。至此章學誠對他的歷史認識論作了完整的表述，應當指出的是，章學誠以「別識心裁」爲基礎的歷史認識論有著特定的批判對象，那就是受經學考證影響而在歷史研究領域中出現的「史料主義」傾向，這一傾向一直影響到近代史學的發展。「史料主義」重事件而輕思想，保存材料、考辨事實是這一派史學的歷史認識途徑，或者我們可以概括說，「材料本身會說話」是這一派史學的基本信念。如果以《春秋》「事、文、義」的史學三要素來對照的話，「史料主義」所重在「事」而不在「義」。章學誠則認爲史學以「義」爲重，「事」與「文」僅爲「存義之資」，而對「史義」的認識則有賴於一種特殊的心靈能力，也就是說，章學誠的歷史認識方法是「思想的重演」，由此章學誠的史學思想表現出一種「思想史」的特徵，當代學者董平對此評述說：

> 所謂史義、史意，正是史家滲透於其歷史詮釋之中的思想、觀點、
> 態度、方法等主體性內容。……顯而易見的是，以事文爲存義之資，
> 考徵爲明理之具，則思想便成爲歷史研究的固有對象；強調「有以
> 獨斷於一心」之史義史意於史著的注入，以「綱紀天人，推明大道」
> 爲歷史研究的本質功能，則史著便成爲思想的載體，亦體現爲一種
> 特殊的思想形式。正以此故，歷史不僅是當代史，而且亦是思想史。
> 〔註54〕

「思想的重演」是借之於柯林武德歷史哲學的一個概念，柯林武德認爲，歷史分爲「內層」和「外層」兩個方面，「內層」爲思想，「外層」則爲事件，

〔註53〕章學誠：《答客問》中，《文史通義新編新注》，257頁。
〔註54〕董平：《浙江學術思想史》，402頁。

完整的歷史敘述必須是這兩者的合一。就「內層」和「外層」的關係而言,「外層」的事件僅爲歷史的外貌或軀殼,「內層」的思想才構成了歷史發展的眞正原因和其靈魂,因此,認識歷史的方法就在於「思想的重演」。〔註55〕柯林武德認爲這一思想構成了其歷史哲學的一條重要定理:

> 歷史知識就是歷史學家正研究著的那些思想在他自己心靈裏的重演（re-enactment）。〔註56〕

同時,「思想的重演」有其特定的背景,而不是對於過去的眞實再現:

> 歷史知識乃是對囊縮於現在思想背景下的過去思想的重演,現在思想通過與過去思想的對照,把後者限定於另一個不同的層次上。〔註57〕

柯林武德認爲歷史認識的途徑在於「思想的重演」,並將對歷史的認識歸結爲「心靈的自我認識」,由此產生了那句著名的口號:「一切歷史都是思想史。」（All history is history of thought）這與章學誠「別識心裁」的歷史認識方法有著異曲同工之處。柯林武德一生反對「剪裁史學」,致力於「本然的歷史」之建立;史學作爲一種特殊的人文科學,在性質、目標、方法論上都與自然科學有著重大區別,不能比照自然科學的模式來建立史學的方法論,「在人文學科中,研究者總是與對象處於相互纏繞的狀態中,而無法尋得一個價值中立的地位。如果不是這樣,研究者就會失去他們的研究內容,失去他們所努力要去探索、把握的意義（meaning）的線索。」〔註58〕

　　章學誠以「別識心裁」探索「史義」,也體現了同樣的立場,在章學誠所生活的乾嘉時代,「經學訓詁」是一種普泛性的方法論,清代的歷史研究參照這一模式,建立了「歷史考證學」這一特殊的學科,歷史研究被局限於考辨事實,而不能提供普遍性的意義。如果說柯林武德的困境在於如何將史學從自然科學的籠罩下解脫出來,以形成眞正的歷史意識;那麼章學誠的問題也與此相似,即如何將史學從經學的籠罩下解脫出來,並從史學研究中向人們提供普遍性的意義,也就是說,不僅是經學,史學也同樣是「明道之學」。章

〔註55〕參見余英時:《章實齋與柯靈烏的歷史思想》,見余氏著:《論戴震與章學誠》,234～282頁。

〔註56〕【英】柯林武德著、陳靜譯:《柯林武德自傳》,105頁。

〔註57〕【英】柯林武德著、陳靜譯:《柯林武德自傳》,107頁。

〔註58〕章建剛:《〈柯林武德自傳〉譯序》,見【英】柯林武德著、陳靜譯:《柯林武德自傳》,序4頁。

學誠通過「史義」論的歷史認知方法達到了這一目標，史學研究的主要對象不是「事」與「文」，而是貫穿於其中的「義」，而「義」則與主體的心靈渾融不分，是通過「思想的重演」而體現的。「史義」說構成了章學誠獨特的歷史認識論，對「如何認識歷史」這一問題作出了具體的回答。同時在章學誠整個的「文史之學」中，「史義」也居於關鍵性的位置，章學誠正是由「史義」出發，對「文史之學」領域中的一切學術的認識方法作了反省，從而建立了以「別識心裁」爲中心概念的「文本詮釋思想」。

第三節　史體論：如何表述歷史？

1、從《尚書》到《通鑑紀事本末》：史體演化的過程

「史義」必須通過適當的史書體裁進行表達，章學誠遂以此爲線索對歷代史著作了總體性的評述，並在評論史體演變、史著得失的基礎之上，提出了自己獨特的修史主張，這就是章學誠歷史哲學的第三個主題：歷史是如何表述的。

「如何表述歷史」問的其實是這樣一個問題，即，如何在一種盡量完善的知識框架中保存歷史知識，這一知識框架的設置必須在「事實的陳述」與「意義的表達」之間保持平衡，這實際上對史書的體裁提出了極高的要求。中國的歷史記述有著悠久的傳統，載籍豐富，體裁多變，唐代史學家劉知幾在其著名的《史通》中將「史體」分爲六類，即《尚書》家記言，《春秋》家記事，《左傳》家編年，《國語》家國別，《史記》家通古紀傳，《漢書》家斷代紀傳，這六種類例涵蓋了後世一切史書的體裁。〔註59〕章學誠對於「史體」的看法與劉知幾不同的地方在於，他認爲「史體」並非是史書體裁的固定分類方法，而是處於一個流變的演進過程之中。完成於乾隆五十七年的《書教》三篇集中闡述了章學誠關於史體演變的看法，錢穆認爲「實可代表實齋晚年成熟的史學見解。」〔註60〕《書教》篇實際上是章學誠的「史體演化論」，對章學誠史學思想深有研究的近代學者劉咸炘指出：

> （《書教》）爲甄明《尚書》、《春秋》、左邱司馬演變之故，昔之論者

〔註59〕見劉知幾：《史通·內篇·六家第一》。
〔註60〕錢穆：《中國近三百年學術史》上，468頁。

> 止知三體，且視爲各別之種類，章君則明其嬗變，藉詞明之，可謂
> 史體演化論。〔註61〕

又說明《書教》篇的宗旨在於「明流變以創新體」：

> 章君欲於三體之後，別創新體，司馬已取左邱而章君更欲上取《尚
> 書》，下採《紀事本末》，以修補司馬爲一尤廣大之體，蓋因史迹變
> 動交互，必有變動交互之史體，乃能文如其事，故學者既明史迹之
> 情狀，必明史書之體系，此大略也。〔註62〕

劉知幾在將史書體裁分爲「六家」的基礎上，又將其歸結爲「二體」，即以《左
傳》爲代表的「編年體」和以《史記》爲代表的「紀傳體」；「二體」之中「紀
傳體」尤爲後世史家所重視，成爲中國歷代正史的編撰體裁；北宋司馬光在
歷代正史的基礎上，用「編年體」的方式重新編撰了自周威烈王時「三家分
晉」至唐末五代這一段歷史時期的通史，這就是著名的《資治通鑑》；南宋時
袁樞的《通鑑紀事本末》則創立了一種以事件爲中心的新的歷史記述方式，
是爲「紀事本末體」。〔註63〕唐代時「紀事本末體」尚未出現，因此劉知幾總
結史書體裁爲「二體」，而所謂「三體」，是「紀傳」、「編年」再加上「紀事
本末」，一切中國傳統史書的體例，都不出這三者的軌轍，而章學誠則意在這
「三體」之外，另創一種以「紀事本末」爲基礎、融合「編年」和「紀傳」
並體現《尚書》遺意的「圓通」新體，這一「新體」旨在通史學之原，拯後
史之弊，「上取《尚書》，下採《紀事本末》，以修補司馬爲一尤廣大之體」。

　　「史體」並非固定的、一成不變的分類方法，而是在具體的歷史流變過
程中不斷變化發展，章學誠對這一「史體演變」的過程作了探本溯源的追索：

〔註61〕劉咸炘：《史學述林》，轉引自朱敬武：《章學誠的歷史文化哲學》，209頁。
〔註62〕劉咸炘：《史學述林》，轉引自朱敬武：《章學誠的歷史文化哲學》，209頁。
〔註63〕臺灣學者李紀祥認爲：「（在《四庫全書總目》中）袁樞（1131～1205）之《通
　　　鑑紀事本末》，本當隨《資治通鑑》而入類，但袁樞以『事』爲主的編史方式，
　　　隨著《宋史紀事本末》、《元史紀事本末》、《明史紀事本末》、《左傳紀事本末》
　　　的相繼出現，均法袁樞編史之方式，遂使袁樞之書由邊陲而向中心移動，受
　　　到編史者與編史目的的注意。特別是從『史體』角度，袁樞之書及其體便成
　　　爲編纂正史時的第三種候選考量，由是袁樞之書也在史類上擠入第三類。」
　　　也就是說，袁樞的《通鑑紀事本末》本身雖然是抄撮成書，並無深意，但由
　　　於追隨者衆，至遲在清代中期，也就是《四庫全書》的開館修纂之日起，已
　　　被學者正式承認爲「紀傳」、「編年」之外的第三種「史體」。上文引自李紀祥
　　　《劉知幾的史體論與備體觀》，見李著《時間・歷史・敘事》，114頁，蘭州：
　　　蘭州大學出版社，2004年。

《尚書》一變而爲左氏之《春秋》,《尚書》無成法而左氏有定例,
以緯經也;左氏一變而爲史遷之紀傳,左氏依年月,而遷書分類例,
以搜逸也;遷書一變而爲班氏之斷代,遷書通變化,而班氏守繩墨,
以示包括也。〔註64〕

「史體」最早的變遷是循「《尚書》──《左氏春秋》──《史記》──《漢
書》」這一軌迹,在這一過程中,就「史體」本身而言,由最初「因事命篇,
本無成法」的疏略發展到後世「方圓求備」的詳密,經歷了一個自身「義例」
不斷豐富的過程,這從後世史書「志表紀傳」等形式體例的詳備就可以看出。
這就如同曆法之學的發展一樣,後人的推演實測必然勝於前人:

曆法久則必差,推步後而愈密,前人所以論司天也;而史學亦復類
此。《尚書》變而爲《春秋》,則因事命篇,不爲常例者,得從比事
屬辭爲稍密矣。《左》、《國》變而爲紀傳,則年經事緯不能旁通者,
得從類別區分爲益密矣。〔註65〕

《尚書》是「三代以上之史」,本無一定的類例可循,但卻神明變化,在不拘
一格中顯示出作者深微的用心,「傳世行遠之業,不可拘於職司,必待其人而
後行,非聖哲神明,深知二帝三王精微之極致,不足以與此。此《尚書》之
所以無定法也。」〔註66〕章學誠推崇《尚書》爲史家之極致,但《尚書》的
撰述與《周官》的「記注」相爲表裏,「官禮制密而後記注有成法,記注有成
法而後撰述可以無定名。」〔註67〕周末文衰,官禮廢絕,《尚書》遂折入於《春
秋》。《尚書》無定法,《春秋》則有成例,用編年體的方式記述東周以來的列
國史迹,「《春秋》比事以屬辭,而左氏不能不取百司之掌故與夫百國之寶書,
以備其事之始末,其勢有然也。」〔註68〕《春秋》(包括《左傳》)敘事較爲
詳盡,同時也表現出一定的體例,因此成爲後世的「編年體史書之祖」。但《春
秋》在「史體」上的缺陷在於「年經事緯不能旁通」,也就是說,由於爲「編
年」這一體裁所限,不能對事件和人物活動的全貌作出完整的敘述,由此史
書的體裁轉入了由司馬遷《史記》所開創的「紀傳體」,「左氏編年,不能曲

〔註64〕章學誠:《書教》下,《文史通義新編新注》,36頁。
〔註65〕章學誠:《書教》下,《文史通義新編新注》,37頁。
〔註66〕章學誠:《書教》下,《文史通義新編新注》,36頁。
〔註67〕章學誠:《書教》上,《文史通義新編新注》,21頁。
〔註68〕章學誠:《書教》上,《文史通義新編新注》,21頁。

分類例。《史》、《漢》紀表志傳，所以濟類例之窮也。」〔註69〕《史記》創立了以人物傳記為中心的歷史敘事方式，同時以「紀表志傳」的方式分立各種不同的類例，力圖完整地展示歷史的全貌。《史記》的「史體」已經達到了相當精密成熟的地步，班固的《漢書》就沿用了《史記》的紀傳體裁，但二者的不同之處在於，《史記》是一部通史，記述了自黃帝至西漢二千餘年的史迹，《漢書》則是「斷代為書」，記述的範圍僅限於西漢一代。班固這一「斷代紀傳」，直到章學誠的時代，以浙東史學家萬斯同為核心所修纂的《明史》，依然沿用的是這個方法，所以章學誠說：「遷史不可為定法，固《書》因遷之體而為一成之義例，遂為後世不祧之宗焉。」〔註70〕

　　章學誠通觀古今，探本溯源，敘述史體的發展過程，至班固《漢書》戛然而止，其意蓋以為《漢書》的出現是古今史學變遷的一個重要轉折點。《漢書》雖在形貌上與《史記》相近，同為紀傳體史書，但在內在精神上卻相去甚遠。《史記》雖然創造了「紀表志傳」等一系列的體例，但形式對內容的限制並不嚴格，在敘事中仍時時流露出作者主體的心靈創造，因此章學誠認為，《史記》雖在形式上符合後世「紀傳體」史書的要求，但在精神實質上卻與《尚書》不拘一格、變通發揮的史學方法相通，後世學者往往不理解這一點而對《史記》妄加指摘：

　　　　遷書紀、表、志、傳，本左氏而略示區分，不甚拘拘於題目也。……

　　　（後之學者）不知古人著書之旨，而轉以後世拘守之成法，反訾古

　　　人之變通，亦知遷書體圓而用神，猶有《尚書》之遺者乎！〔註71〕

《漢書》繼承了《史記》的紀傳體裁和類例，但與《史記》不同的是，《漢書》比較謹嚴，將這一套類例作為程序化的要求固定了下來，在章學誠看來，這種拘泥於體例的做法已經遠離了《尚書》的「圓神」而近於官禮的「方智」，也就是說，與體現了作者自由創造的《史記》相比較，《漢書》更像是一套經過了精心保存的「史料」，因此《史》、《漢》二書形貌相近，實質上卻相距甚遠：

　　　　就形貌而言，遷書遠異左氏，而班史近同遷書，蓋左氏體直，自為
　　　　編年之祖，而馬、班曲備，皆為紀傳之祖也。推精微而言，則遷書

〔註69〕章學誠：《書教》下，《文史通義新編新注》，38頁。
〔註70〕章學誠：《書教》下，《文史通義新編新注》，37頁。
〔註71〕章學誠：《書教》下，《文史通義新編新注》，37頁。

> 之去左氏也近，而班史之去遷書也遠。蓋遷書體圓用神，多得《尚
> 書》之遺，班氏體方用智，多得官禮之意也。〔註72〕

自《尚書》發展到《漢書》，「史體」愈加詳密，但嚴謹的體例也多少妨礙了「史義」的表達。但《漢書》雖然已近於「記注」式的「史料」，在總體上看，仍然是一種「撰述」式的「史著」，這是因爲《漢書》在嚴謹的體例中仍然透露出作者用心之所在，「然而固《書》本撰述而非記注，則於近方近智之中，仍有圓且神者以爲之裁制，是以能成家而可以傳世行遠也。」〔註73〕後世的史學沿著班固《漢書》的軌跡發展，但卻「得其迹而遺其意」，徒知拘守體例而不知變通發揮，最重要的是，史書中沒有能體現出作者的「別識心裁」：

> 後史失班史之意，而以紀表志傳，同於科舉之程序，官府之簿書，
> 則於記注撰述兩無所似，而古人著書之宗旨不可復言矣。史不成家
> 而事文皆晦，而猶拘守成法，以謂其書固祖馬而宗班也，而史學之
> 失傳也久矣。

> 紀傳行之千有餘年，學者相承，殆如夏葛冬裘，渴飲饑食，無更易
> 矣。然無別識心裁，可以傳世行遠之具，而斤斤如守科舉之程序，
> 不敢稍變；如治胥吏之簿書，繁不可刪。以云方智，則冗復疏舛，
> 難爲典據：以云圓神，則蕪濫浩瀚，不可誦識。〔註74〕

章學誠痛切地感受到後世史學晦而不明的原因在於史書中沒有能體現出作者的「別識心裁」，日益豐富嚴密的史書體例窒礙了作者心靈的自由表達，史書撰寫成了一件程序化的工作，而一旦史書失去了「史義」這一關鍵性的因素，就會成爲「史纂」而非「史學」。馬（遷）、班（固）、陳（壽）、范（曄）以至於南北朝時期的沈約、魏收，儘管其所著史書的價值高下有別，但從總體而言，都繼承了《春秋》「家學」的傳統：

> 然古文必推敘事，敘事實出史學，其源本於〈春秋〉「比事屬辭」，
> 左、史、班、陳家學淵源，甚於漢廷經師之授受。馬曰「好學深思，
> 心知其意」，班曰「緯六經，綴道綱，函雅故，通古今」者，〈春秋〉
> 家學，遞相祖述，雖沈約、魏收之徒，去之甚遠，而別識心裁，時
> 有得其防佛。〔註75〕

〔註72〕章學誠：《書教》下，《文史通義新編新注》，36 頁。

〔註73〕章學誠：《書教》下，《文史通義新編新注》，37 頁。

〔註74〕章學誠：《書教》下，《文史通義新編新注》，37 頁。

〔註75〕章學誠：《上朱大司馬論文》，《文史通義新編新注》，767 頁。

《春秋》「家學」以「義」為主，祖述《春秋》的諸史家也都在史事的敘述中體現出「別識心裁」，從而維持史學於不墜。但這一史學傳統至唐代而中絕，唐代標誌著史學的另一重大轉向，即由《春秋》以來的「私人修史」傳統轉向由官府「開局設監，集眾修書」，《晉書》、《隋書》都是在唐初由大臣領銜、朝廷監理、并聚集了眾多的學者共同修撰而成的。章學誠認為這一做法違背了史學的根本宗旨，「書成眾手」的弊端在於類例不能劃一，同時也使史書的宗旨「史義」晦而不明，這一類史書與唐以前作為「專門著述」的史書有著重大的區別，充其量只是一種「史纂」，「唐人整齊晉、隋故事，亦名其書為一史，而學者誤承流別，不復辨正其體焉。」〔註 76〕唐以後的官修史書都是這樣一種「纂輯」之書，章學誠認為，這類史書都僅是史料意義上的「纂輯比類」，而遠非史學意義上的「專家著述」，史學至唐代已經中絕：

> 若夫君臣事迹，官司典章，王者易姓受命，綜覈前代，纂輯比類，以存一代之舊物，是則所謂整齊故事之業也。開局設監，集眾修書，正當用其義例，守其繩墨，以待後人之論定則可矣，豈所語於專門著作之倫乎？

> 唐以後史學絕而著作無專家，後人不知《春秋》之家學，而猥以集眾官修之故事，乃與馬、班、陳、范諸書並立正史焉。〔註 77〕

綜觀章學誠的「史體演化論」，大致可以看出，史體演化的過程包含著三次重大的轉折。《尚書》為史家之極致，「《尚書》圓而神，其於史也，可謂天之至矣。」〔註 78〕《尚書》折入《春秋》是史體的第一次重大轉折，史體由「無定法」而轉向「有定例」；《史記》轉入《漢書》為史體的第二次重大轉折，《史記》不拘於體例而《漢書》謹守成規，《漢書》的「斷代紀傳」法尤為後世史著所奉行；唐代官修史書的出現是史體的第三次重大轉折，自此私人修史的傳統為官府「集眾修書」所取代，而「集眾修書」其實只是一種「纂輯比類」，而稱不上是「專門著作」，由是史學遂中絕，唐以後只有「史纂」、「史考」和「史評」之類而絕無「史學」。由此可見，章學誠的「史體演化論」所敘述的是一個史體逐步退化的過程，這一過程始於《尚書》的「神聖製作」，而終結於唐代官修史書的出現。

〔註 76〕章學誠：《答客問》上，《文史通義新編新注》，252 頁。
〔註 77〕章學誠：《答客問》，《文史通義新編新注》，253 頁。
〔註 78〕章學誠：《書教》下，《文史通義新編新注》，38 頁。

　　唐代以後，史學雖然衰絕，但卻意外地出現了兩部對「紀傳體」史著缺點有所補救的作品，那就是北宋司馬光的《資治通鑒》和南宋袁樞的《通鑒紀事本末》。《資治通鑒》採取編年體，將一件史事的敘述分配在不同的年份裏，袁樞病其不便，遂抄撮《通鑒》原文，將分散的事件敘述合併在同一個題目下，開創了一種以事件為中心的新的歷史敘述方式，是為「紀事本末體」。章學誠認為「紀事本末」在袁樞那裏本無深意，只是為了方便閱讀，但這一體裁一經出現，卻意外地接上了《尚書》的統緒：

　　　　蓋自劉知幾以還，莫不以謂《書》教中絕，史官不得衍其緒矣。……
　　　　袁樞《紀事本末》，……文省於紀傳，事豁於編年，決斷去取，體圓
　　　　用神，斯真《尚書》之遺也。〔註79〕

袁樞的《通鑒紀事本末》本不足以稱為著述，只是宋人的一種筆記體裁，張舜徽曾說：「大抵宋人治學，好勤動筆，每遇繁雜之書，難記之事，輒手鈔存之，以備觀省。其於群經諸子，莫不皆然。袁氏之鈔《通鑒》，初無意於著述。」〔註80〕所以章學誠也說：「故歷代著錄諸家，次其書於雜史，自屬纂錄之家便觀覽耳。」〔註81〕但這一體裁本身不為類例所拘，敘事曲盡事體，在這一點上深得《尚書》遺意，因此成為章學誠創造「新史體」的基礎：

　　　　即《紀事本末》，不過纂錄小書，亦不盡取以為史法，而特以義有所
　　　　近，不得以辭害意也。斟酌古今之史，而定文質之中，則師《尚書》
　　　　之意，而以遷史義例通左氏之裁制焉，所以救紀傳之極弊，非好為
　　　　更張也。〔註82〕

2、「撰述」與「記注」的區分

　　章學誠以雄健的筆觸描述了自《尚書》至《通鑒紀事本末》的史體演化過程，其意在於說明，史體類例的日益繁富形成了一個固定性的知識框架，歷史知識的表述被限制在這一知識框架中，從而窒息了作者心靈的自由表達，歷史知識成了一堆冷冰冰的客觀事實。為了扭轉「史學」向「史纂」墮落的趨勢，章學誠認為必須創造一種新的歷史敘事方式，打破固定程序的限

〔註79〕章學誠：《書教》下，《文史通義新編新注》，38 頁。
〔註80〕張舜徽：《張舜徽集‧文史通義平議》，521 頁，武漢：華中師範大學出版社，
　　　　2005 年。
〔註81〕章學誠：《書教》下，《文史通義新編新注》，38 頁。
〔註82〕章學誠：《書教》下，《文史通義新編新注》，39 頁。

制，使史書在敘述事實的過程中能同時呈現出「史義」。而要做到這一點，首先必須區分「記注」和「撰述」這兩種完全不同的歷史知識體系。「記注」是「藏往之學」，以保存資料爲主；「撰述」則是「知來之學」，蘊含著史家的特識。章學誠論述二者的區別說：

> 《易》曰：「筮之德圓而神，卦之德方以智。」間嘗竊取其義以概古今之載籍，撰述欲其圓而神，記注欲其方以智也。夫智以藏往，神以知來，記注欲往事之不忘，撰述欲來者之興起，故記注藏往似智，而撰述知來擬神也，藏往欲其賅備無遺，故體有一定而其德爲方；知來欲其決擇去取，故例不拘常而其德爲圓。〔註83〕

這二者在上古時期本來有著極爲清楚的區劃，並且交相爲用。「記注」之法以《周官》的制度爲基礎，保存了詳盡的史料，而《尚書》就是在這一詳盡的史料基礎上「神明變化」撰述成書的。而後代《周官》之法失傳，史家只能在嚴格的定例基礎上對不詳備的史料進行加工，這是「三代以上之史」與「三代以下之史」的區別：

> 三代以上之爲史，與三代以下之爲史，其同異之故可知也。三代以上，記注有成法而撰述無定名；三代以下，撰述有定名而記注無成法。夫記注無成法，則取材也難，撰述有定名，則成書也易。成書易，則文勝質矣；取材難，則僞亂眞矣。僞亂眞而文勝質，史學不亡而亡矣。〔註84〕

後世史學之所以不斷退步，是由於「記注」和「撰述」這兩種歷史知識的混淆不明而造成的。史體類例的日漸嚴密本身就限制了作者自由發揮其思想觀點，反而在保存歷史資料的「記注」功能上有著一定的效用，因此章學誠稱班固《漢書》「體方用智，多得官禮之意」〔註85〕，這一趨勢在唐代達到了頂峰，唐代的史書修撰是由朝廷「開局設監，集衆修書」，近於一種資料彙編的工作，而離體現作者「別識心裁「的史學眞義已經相距甚遠，章學誠認爲這實際上已是「記注」而非「撰述」，就保存資料而言，「記注」自身有其不可取代的意義，但「記注」不能與「撰述」相混淆：

> 史才不世出，而時世變易不可常，及時纂輯所聞見，而不用標別家

〔註83〕章學誠：《書教》下，《文史通義新編新注》，36 頁。
〔註84〕章學誠：《書教》上，《文史通義新編新注》，20 頁。
〔註85〕章學誠：《書教》下，《文史通義新編新注》，36 頁。

學，決斷去取爲急務，豈特晉、隋二史爲然哉？……然而守先待後
之故事與筆削獨斷之專家，其功用足以相資而流別不能相混，則斷
如也。〔註86〕

「撰述」和「記注」又稱「著述」和「比類」，「比類」是積聚材料，如司馬
光在著《資治通鑒》之前，先由劉恕、劉攽和范祖禹等人整理資料，編訂爲
《長編》，此之謂「比類」；司馬光在《長編》的基礎上運以別識心裁，編次
成書，在材料的基礎上貫穿了作者的組織體例和思想觀點，是之謂「著述」。
章學誠認爲在史書的撰述中，這二者是交相爲功、不可或缺的：

> 然古人一事必具數家之學，著述與比類兩家，其大要也。班氏撰《漢
> 書》，爲一家著述矣，劉歆、賈護之《漢記》，其比類也；司馬撰《通
> 鑒》，爲一家著述矣，二劉、范氏之《長編》，其比類也；兩家本自
> 相因而不相妨害。拙刻《書教》篇中所謂圓神方智，亦此意也。但
> 爲比類之業者，必知著述之意，而所次比之材，可使著述者出，得
> 所憑藉，有以恣其縱橫變化；又必知己之比類與著述者各有淵源，
> 而不可以比類之密而笑著述之或有所疏；比類之整齊而笑著述之有
> 畸輕畸重，則善矣。蓋著述譬之韓信用兵，而比類譬之蕭何轉餉，
> 二者固缺一而不可；而其人之才，固易地而不可爲良者也。〔註87〕

「撰述」和「記注」的區分體現了章學誠在史學理論上的特識，這一點也尤
爲近代以來的歷史學家所激賞，如何炳松曾說：「我以爲章氏對於中國史學上
的第一個大貢獻，就是記注和撰述的分家。換句話說，就是他能夠把中國二
千年來材料和著作畛域不分的習慣和流弊完全廓清了，而且因此並能夠把通
史的旗幟樹得非常的鮮明奪目。這是章氏獨有的特識。」〔註88〕章學誠的這
一見解雖爲獨創，從歷史淵源來看，似乎與劉知幾和鄭樵的史學思想有關。
劉知幾在《史通・史官建置》中說：

> 夫史之爲道，其流有二：何者？書事記言，出自當時之簡；勒成刪
> 定，歸於後來之筆。然則，當時草創者資乎博聞實錄，若董狐、南
> 史是也。後來經始者貴乎俊識通才，若班固、陳壽是也。必論其事
> 業前後不同；然相須而成其歸一揆。〔註89〕

〔註86〕章學誠：《答客問》上，《文史通義新編新注》，253頁。
〔註87〕章學誠：《報黃大俞先生》，《文史通義新編新注》，633頁。
〔註88〕何炳松：《〈章實齋年譜〉序》，見胡適著：《章實齋年譜》，第8頁。
〔註89〕劉知幾：《史通・史官建置》。

鄭樵在《夾漈遺稿·寄方禮部書》中也有類似的說法：

> 有文有字，學者不辨文字；有史有書，學者不辨史書。史者官籍也，
> 書者書生之所作也。自司馬以來，凡作史者皆是書，不是史。〔註90〕

劉知幾所說的「書事記言」和「勒成刪定」、鄭樵所說的「史」和「書」，其實就是章學誠說的「記注」和「撰述」，只不過章學誠的表述更為清晰。章學誠在《文史通義》中對劉知幾多有貶詞，而對鄭樵則推崇備至，因此這一思想更有可能是來自鄭樵而非劉知幾。他認為鄭樵的《通志》雖然在知識細節上存在著許多瑕疵，但總體而言卻體現了作者的「別識心裁」，後世將鄭樵《通志》與馬端臨的《文獻通考》相提並論，這是不明白《通志》是「獨斷之學」，《文獻通考》則是「比次之功」，這兩者的區別也就是史學上「撰述」和「記注」的區別，因此鄭樵的《通志》在唐以後史學中衰的局面中就顯得尤其可貴：

> 鄭樵生千載而後，慨然有見於古人著述之源，而知作者之旨，不徒
> 以詞彩為文，考據為學也。於是遂欲匡正史遷，益以博雅；貶損班
> 固，譏其因襲，而獨取三千年來遺文故冊，運以別識心裁，蓋承通
> 史家風，而自為經緯，成一家言者也。〔註91〕

章學誠論述史體演變的過程、「撰述」與「記注」的區分，其主旨是為了說明史體的日益嚴密限制了「史義」的表達，而在這一過程中，史書也由「撰述」而演變成為「記注」，在歷史研究領域充斥了大量的「史纂」、「史考」之類的作品，這是「史學中絕」、晦塞不明的根本原因。章學誠認為要改變這種狀況，必須要對「史體」進行改造，「今仍紀傳之體而參本末之法，增圖譜之例，而刪書志之名，發凡起例，別具《圓通》之篇。」〔註92〕這一《圓通》篇未見於今本《文史通義》，可能是章學誠晚年的未完成之作。但其總體精神仍可從章學誠的言論中見其端緒，即力矯「紀傳體」之弊，力求在嚴密的體例中透顯出作者的心靈創造能力，恢復《尚書》的「圓神」傳統。章學誠認為理想的史體應該是「事萬變而不齊，史文屈曲而適如其事，則必因事命篇，不為常例所拘，而後能起訖自如，無一言之或遺而或溢也。」〔註93〕這正是《尚

〔註90〕鄭樵：《夾漈遺稿·寄方禮部書》，中華書局，1985年。
〔註91〕章學誠：《申鄭》，《文史通義新編新注》，249頁。
〔註92〕章學誠：《與邵二雲論修〈宋史〉書》，《文史通義新編新注》，671頁。
〔註93〕章學誠：《書教》下，《文史通義新編新注》，38頁。

書》能夠「神明變化，不可方物」的原因，因此章學誠心目中的「新史體」
就是「師《尚書》之意，而以遷史義例通左氏之裁制焉，所以救紀傳之極弊，
非好爲更張也。」〔註94〕對於章學誠在《書教》篇中所提出的「史體」思想，
他的摯友、清代著名經史學者邵晉涵曾有這樣的評語：「是篇所推，於六藝爲
支子，於史學爲大宗，於前史爲中流砥柱，於後學爲蠶叢開山。」〔註95〕章
學誠曾有意以這一「新史體」重新撰寫《宋史》，雖然賚志以終，但這一「新
史體」思想的提出本身就已爲中國傳統史學開闢了一重新的境界。

〔註94〕章學誠：《書教》下，《文史通義新編新注》，39 頁。
〔註95〕見章學誠著、葉瑛校注：《書教》下，《文史通義校注》上，53 頁。

第五章　章學誠的文本詮釋思想

第一節　章學誠的語言觀

1、章學誠與清代考據學在語言觀上的差異

　　乾嘉學者確信，「道」存在於儒家的「六經」之中，通過語言文字的「詁訓」就可以得到「道」的眞義。漢代學者在時間距離上和先秦儒家最爲接近，因而漢儒的「詁訓」最爲接近經典的原義，明末清初的學者錢謙益早就指出：「學者之治經也，必以漢人爲宗主。」〔註1〕而宋代以後的儒學發展由於受到佛、道精神資源的污染，拋棄了漢、唐以來的經學訓詁的語言方法，而提倡以個體的心性覺悟來體察終極性的價值規範「天理」，晚清學者皮錫瑞因此認爲，宋代經學是一個「經學變古」的時代，〔註2〕「宋人說經之書傳於今者，比唐不止多出十倍，乃不以爲盛而以爲衰者，唐人猶守古義而宋人多務新義也。」〔註3〕乾嘉考據學者認爲，宋明時期之所以是經學衰落的時期，是由於宋明理學家在解經方法上的主觀主義態度，沒有恪守漢唐經學的「詁訓」規範，離開文字語言而從「心性」的角度求道，乾嘉考據學的代表人物之一錢大昕說：

〔註 1〕 錢謙益：《與卓去病論經學書》，見錢謙益著、錢曾箋注、錢仲聯標校：《牧齋初學集》，1706 頁，上海：上海古籍出版社，1985 年。
〔註 2〕 皮錫瑞著、周予同注釋：《經學歷史》，220 頁，北京：中華書局，1989 年。
〔註 3〕 皮錫瑞著、周予同注釋：《經學歷史》，280 頁。

> 自晉代尚空虛，宋賢喜頓悟，笑學問爲支離，棄注疏爲糟粕，談經之家，師心自用，乃以俚俗之言，詮說經典。……其弊至明季而極矣。〔註4〕

> 嘗謂六經者，聖人之言。因其言以求其意，則必自詁訓始。謂詁訓之外別有義理，如桑門以不立文字爲最上乘者，非吾儒之學也。〔註5〕

而乾嘉考據學的領軍人物戴震則說：

> 漢儒故訓有師承，亦有時傅會，晉人傅會鑿空益多。宋人則恃胸臆爲斷。……宋以來儒者以己之見，硬坐爲古賢聖立言之意，而語言文字實未之知。〔註6〕

在對宋明經學「崇尙心悟」的批評之中，清代儒學發展出一種嚴肅的客觀認知精神，余英時將其概括爲「智識主義」的精神。這一「智識主義」精神在清儒考據學中主要體現爲兩點：一是確信作爲終極價值和規範的「道」就蘊涵於六經之中，爲了探詢儒學的原始精神，必須「還向原典」，對「六經」的義指作出符合其原義的分析；二是對語言文字所指示的「意義」懷有一種信任的態度，並認爲語言文字與「道」之間有一層對應的關係，因此只要遵循適當的解詁方法和程序，就可以求得經典的原義，並進而認識蘊涵於其中的「道」和「聖人之心志」，「經之至者道也，所以明道者其詞也，所以成詞者未有能外小學文字者也。由文字以通乎語言，由語言以通乎古聖賢之心志，譬之適堂壇之必循其階，而不可以躐等。」〔註7〕清儒考據學建立在語言文字的基礎之上，「樸學」的方法實際上就是「小學」（語言學、文字學）的方法，清代學者普遍認爲由文字的「詁訓」即可以求得經書的「義理」，需要克服的僅僅是由於時間距離所造成的理解上的差異，而在這方面，漢儒的經學提供了「典範性」的作用，漢儒距離原始儒學最爲接近，而又有「師法傳承」，因此文字訓詁應奉漢儒爲範式。清代考據學被稱爲「樸學」、「漢學」，實際上都從一個側面反映了清儒對於語言文字的重視程度。

與清代考據學者相比，章學誠的學術體系在很大程度上是建立在「神解卓識」的基礎之上，對於訓詁考據，他似乎有一種天然的反感。他曾在家書

〔註4〕錢大昕：《臧玉林經義雜識序》，《潛研堂文集》卷24，390 頁。
〔註5〕錢大昕：《臧玉林經義雜識序》，《潛研堂文集》卷24，390 頁。
〔註6〕戴震：《與某書》，《戴震全集》（第一冊），211 頁，北京：清華大學出版社，1991 年。
〔註7〕戴震：《古經解鉤沈序》，《戴震文集》，146 頁。

中自述說：「吾讀古人文字，高明有餘，沉潛不足，故於訓詁考質，多所忽略，而神解精識，乃能窺及前人所未到處。」〔註8〕在與乾嘉考據學者如朱筠、戴震等人的交遊過程中，他為考據學者的「博雅」所震撼，精神上曾發生極大的震動，「近從朱先生遊，亦言甚惡輕雋後生，枵腹空談義理，故凡所指授，皆欲學者先求徵實，後議擴充。所謂不能信古，安能疑經，斯言實中癥結。」〔註9〕而戴震的言論甚至使他感到：「充類至盡，我輩於四書一經，正乃未嘗開卷卒業，可為慚惕，可為寒心！」〔註10〕章學誠對於乾嘉考據學的成就給予了充分肯定，但同時也認識到這並非自己在學術上的長項：「蓋時人以補苴襞績見長，考訂名物為務，小學音畫為名；吾於數者皆非所長，而甚知愛重，咨於善者而取法之，不強其所不能，必欲自為著述以趨時尚，此吾善自度也。」〔註11〕在經過艱苦的精神探索，並最終確立了以史學為依歸的思想體系之後，章學誠在學術方法上也與考據學分道揚鑣，「《爾雅》注蟲魚，固可求學問，讀書觀大意，亦未始不可求學問，但要中有自得之實耳。」〔註12〕在乾嘉樸學「智識主義」的潮流中，章學誠作為一個邊緣性的知識分子，始終要肯定考據學的正面價值，但他同時以一種敏銳的態度指出，「考據」並非知識的終點，「詁訓」所闡明的「名物制度」只是經書的表層結構，而作為知識終點的「道」則是蘊涵於「名物制度」背後的「所以然」，「如王氏《玉海》之類，亦止功力而非學問也。但不得其趣，則不可以強為，當求資之所近，而力能勉者，由漸而入於中，得究其所以然，所謂道也。又由是道擴而充之，隅而反之，所謂大道也。」〔註13〕「名物制度」是「當然」，是經書的表層結構，因而可以為語言文字所掌握；而「道」或是體現「道」的「學問」，則是「所以然」，是經書的深層結構，這只能在語言文字訓釋的基礎上通過學者的「心識」進行領會：「記誦名數，搜剔遺逸，排纂門類，考訂同異，途轍多端，實皆學者求知所用之功力爾！即於數者之中，能得其所以然，因而上闡古人精微，下啓後人津逮，其中隱微可獨喻，而難為他人言者，乃學問也。」〔註14〕

〔註 8〕 章學誠：《家書三》，《文史通義新編新注》，819 頁。
〔註 9〕 章學誠：《與族孫汝楠論學書》，《文史通義新編新注》，800 頁。
〔註 10〕 章學誠：《與族孫汝楠論學書》，《文史通義新編新注》，800 頁。
〔註 11〕 章學誠：《家書二》，《文史通義新編新注》，817 頁。
〔註 12〕 章學誠：《又與正甫論文》，《文史通義新編新注》，807 頁。
〔註 13〕 章學誠：《又與正甫論文》，《文史通義新編新注》，808 頁。
〔註 14〕 章學誠：《又與正甫論文》，《文史通義新編新注》，807 頁。

「道」並非被明白地揭示於六經之中，而是「隱微可獨喻，而難爲他人言者」。語言在傳達意義方面有其自身的限制，與清代考據學者相比較，章學誠對於這一點有著清醒的認識。〔註15〕

　　有學者論及戴震「釋義學」的理論困境時說：「從廣義的訓詁上講，義理的確不出於訓詁之外，因爲無論如何抽象的義理，都必須通過語言來表達，而對義理的理解，也不可能離開語言，但理解的方式，必不是漢學家用來理解普通語詞的訓詁方法。就語言表達來說，有表層含義與深層含義之別，有經驗層與超經驗層之分。語言的這一特點，決定了以揭示文獻語言的表層的一般含義爲主要內容的訓詁方法，在闡釋義理方面不可避免地存在著局限性。如果把詞語的表層含義當作這一概念的全部意義，妄認訓詁爲唯一正確的結論，則必然不能獲得眞實的義理。戴震用訓詁方法否定宋儒所提出的一些哲學概念的含義，只能服宋儒之口，不能服宋儒之心。」清人方東樹在批評漢學時也說：「諸儒釋經解字，紛紜百端，……實不能皆當於義理。何以明之？蓋義理有時實有在語言文字之外者，故孟子曰，不以文害辭，辭害義也。」〔註16〕方東樹雖對漢學存有偏見，但這一批評實爲擊中漢學之理論要害。章學誠對於語言局限性的認識接近方東樹的觀點，也正是在這一點上，章學誠展開了對於清儒考據學方法的批判。

2、言與意：語言的歷史情景

　　章學誠的語言觀隱含著對於乾嘉樸學的批評，他環繞著兩點闡發他對於語言的認識，首先是語言與意義的聯繫，即「言與意」之辨。清代考據學認爲語言直接呈現意義，「言與意」之間是一單向的指陳關係，兩者在結構上是同一的，「訓詁考據」的釋義方法就是溝通「言」與「意」之間的橋梁。而章學誠則認爲語言文字，不論其是書面的或是口頭的，都是「有爲言之」，即一切語言文字都有其當下的語境，是和具體的歷史情景聯繫在一起的，其意義必須透過背景得到闡釋，如果切斷了語言文字和其所處背景的聯繫，視語言文字爲孤立於歷史時間中的現象，那麼「言與意」之間就會發生背離。清代考據學的理論失誤即在於將語言文字抽離其所處的具體歷史環境加以理解，

〔註15〕 婁毅：《訓詁與義理：中國傳統釋義學的兩難選擇》，《中國哲學史》，2004 年第一期，100 頁。
〔註16〕 方東樹：《漢學商兌》卷中之下。

過分地追求其「原義」，漢學家普遍崇奉東漢許慎的《說文解字》，將《說文解字》對字義的訓釋視為唯一的「意義」，阮元更從《尚書》中記載的商、周文獻出發，提出「性命之訓，起於後世者，且勿說之，先說其古者。」〔註17〕將訓詁學上的「本義」視為文字的唯一意義，而無視語言文字在歷史流變的具體情景中展現的多樣性，是清代考據學站在「經學」立場上的基本態度。章學誠從史學家的角度敏銳地覺察到了清儒考據學的這一理論弱點，將「歷史情景」的概念引入到了對於文本的闡釋之中。在章學誠看來，語言與意義之間並不是一一對應的單向指陳關係，語言本身呈現著多重的意義，與對文本文字的單純訓詁考釋相比，切身理解語言所處的「歷史情景」，是接近語言「意義」的更為有效途徑。否則就會陷入「似之而非」的理解困境：「學術之患，莫患乎同一君子之言，同一有為言之也，求其所以為言者，咫尺之間而有霄壤之判焉，似之而非也。」〔註18〕

　　章學誠舉《論語》中的孔子論「仁」為例。「樊遲問仁，子曰：『愛人』。問知，子曰：『知人』。他日問仁，子曰：『仁者先難而後獲。』問知，子曰：『務民之義，敬鬼神而遠之。』同一樊遲，同一問仁問知，而所言先後各殊，則言豈一端而已哉？必有所為而不可以強執也。幸而其言出於夫子也，山之他人，必有先後矛盾之誚矣。」〔註19〕作為孔子學說核心概念的「仁」字，在《論語》中頻繁出現，但孔子並沒有對「仁」字作出統一的定義，而是隨「情景」的不同對學生們的發問進行隨機性的解答，「仁」字的意義不能夠單純從字面上得到瞭解，而是和《論語》中的「歷史情景」嵌合在一起，透過孔子和學生問答的不同背景而得到呈現，因此樊遲兩次問「仁」和「知」，卻得到了兩個不同的回答，不是「仁」和「知」的意義發生了轉變，而是語境發生了變化。因而對於文本的闡釋途徑必須是結合其具體的「歷史情景」來進行，而單純執著於語言文字訓詁學上的「原義」，則必然在闡釋中發生窒礙不通的現象，章學誠就此批評清代考據學說：「今之泥文辭者，不察立言之所謂而遽斷其是非，是欲責人才過孔子也。」〔註20〕

　　清代考據學對孔子「仁」之意義進行理解的一個具體例證是阮元的《論

〔註17〕阮元：《性命古訓》，阮元撰、鄧經元點校《揅經室集》上《揅經室一集》卷10，211頁，北京：中華書局，2006年。

〔註18〕章學誠：《辨似》，《文史通義新編新注》，157頁。

〔註19〕章學誠：《說林》，《文史通義新編新注》，227頁。

〔註20〕章學誠：《說林》，《文史通義新編新注》，227頁。

語論仁論》，阮元歸納了總結了《論語》中出現的「仁」字，「《論語》言五常之事詳矣，惟論「仁」者凡五十有八章，「仁」字之見於《論語》者凡百有五，為尤詳。」〔註21〕最後將其義指歸納為「相人偶」。此即代表了清儒治學的程序，以歸納法的手段求得文字的「本義」，再以此「本義」解說全經，而語言所處的「歷史情景」則不在其考察範圍之中。故其視「本義」為經書中文字的唯一意義，阮元在《王伯申經義述聞序》中說：「《經義述聞》一書，凡古儒所誤解者，無不旁徵曲喻，而得其本義之所在。使古聖賢見之，必解頤曰：『吾言固如是』。數千年誤解之，今得明矣。」〔註22〕但後世學者並不信服阮元嚴格歸納出的「仁」之「本義」，如晚清學者朱一新即直率地指出：『阮文達此言恐是誤讀鄭《注》……《揅經室集》論性理諸篇支離已甚，其書精處不在此，學者毋為所惑。」〔註23〕

　　如何具體地理解「言」所處的「歷史情景」，也就是作者「立言之所謂」，章學誠認為主要在於探詢作者的「心志」，「人知《易》為卜筮之書矣，夫子讀之而知作者有憂患，是聖人之知聖人也；人知《離騷》為詞賦之祖矣，司馬遷讀之而悲其志，是賢人之知賢人也。夫不具司馬遷之志而欲知屈原之志，不具夫子之憂而欲知文王之憂，則幾乎罔矣。」〔註24〕而「心志」則存乎語言文字之外，需要通過一種獨特的心靈感受能力才能接觸，語言學意義上的「訓詁」方法在這裏是無能為力的，「夫言之有物，即心所獨得是也。心有所得，不能共喻，不得已而發之於言，則雖千變萬化，流轉不窮，要皆本其所見，而不為外襲之言。」〔註25〕章學誠在這裏再次提出了為乾嘉樸學所激烈反對的「悟」的概念，從思想史的事實來看，在宋明理學尤其是陸王心學中，「悟」是心性修養過程中的一種特殊體驗，與普通的日常生活中的知覺能力不同，「悟」通過一種直觀方式達到對道德心性和宇宙本體的直覺把握，因而具有一種神秘主義的色彩。在宋明理學向清代儒學的轉化過程中，作為普遍價值的「道」或「理」的超越性日益受到質疑，因而「悟」也從對超越領域的特殊體驗向日常生活中的認知轉化，山口久和分析清初儒者陸世儀的《思辨錄輯要》時說：「(陸氏)反對通常把悟入的經驗視為脫離日常性的特別境

〔註21〕阮元：《研經室集》上，176頁。
〔註22〕阮元：《研經室集》，121頁。
〔註23〕朱一新：《無邪堂答問》，31～33頁，北京：中華書局，2000年。
〔註24〕章學誠：《知難》，《文史通義新編新注》，232頁。
〔註25〕章學誠：《清漳書院留別條訓》，《文史通義新編新注》，619頁。

界。悟是日常茶飯的經驗，不是通過所謂豁然貫通之後全部發生的戲劇化狀態來實現的。因而，認爲必須通過躬行實踐和讀書學問日繼一日地體悟和深化。」〔註26〕陽明學之後儒學世俗化的潮流使「悟」日漸介入世俗生活，「悟」與「讀書作文」等知識活動發生了密切聯繫。章學誠在繼承浙東學術整體精神的基礎上重拾「悟」的概念，將其視爲聯結「言與意」的契機，語言所表達的是「事實」，而作者的「心志」則超乎語言之外，因此文字訓詁所達到的只是對「事實」的初步理解，而要探詢語言文字之外的「心志」則要借助於更高一層的直觀性知識方法「悟」，章學誠這樣表述說：

> 學者株守塵冊，終無進步，誠有卓爾之志，所貴啓悟得於無方。……
> 擔夫爭道，草書何以入神？壞屋頹牆，繪畫何以通妙？誠能即其性
> 之良，用其力之能赴，則半日讀書，半日靜體，遊心淡漠，鬼神潛
> 通。〔註27〕

「半日讀書，半日靜坐」是宋儒提出的修養方法，二程中的大程子明道先生每見人靜坐便歎爲善學。章學誠所言「半日讀書，半日靜體」則是對知識進行深化瞭解的一種方法，所追求的目標在於超越訓詁學語言文字的束縛而契入作者的「心志」，這裏並沒有倫理修養的意味而純是一種知識方法。「言」與「意」之間並非如清儒考據學所設想的那樣是一種高度密合的關係，而有時會發生背離的現象，而解決這一理論困境，則必須引入「歷史情景」的概念，通過「歷史情景」以探詢作者之「心志」，如果認爲考據學是一廣義的「經典詮釋學」的話，這才是「經典詮釋學」所要達到的最終目標，而乾嘉樸學則「泥於文辭之末」，局限於對「事實」的瞭解，因而始終在詮釋的門外徘徊。章學誠並進而提出「悟」的觀念對清儒的知識方法進行補充，通過「悟」理解作者之「心志」，從而使語言所展現的不僅是「事實」，而是完整的「意義」，「言」與「意」的關係通過「悟」得到了眞正的契合。「言意之辨」是章學誠語言觀的獨特一環，通過對「言意」關係的分辨，章學誠批判了乾嘉樸學對於語言文字的狹隘認識，同時也對其知識方法進行了更高層次的補充。

3、象與辭：語言的象徵維度

　　章學誠語言觀的第二個方面則是針對「言與道」的關係，如果說語言表

〔註26〕【日】山口久和著、王標譯：《章學誠的知識論》，235 頁。
〔註27〕【日】山口久和著、王標譯：《章學誠的知識論》，618 頁。

述的只是「事實」，而對其整體意義的闡釋則要通過「語言事實」與「歷史情景」的交互循環來進行，換言之，語言並不直接指向意義，而是通過一個曲折的詮釋過程來達到意義的澄明，對於「六經」之後的普通文本如諸子、辭賦之類，意義的澄明即已完成了詮釋的任務；但對於「六經」這一特殊形式的文本而言，詮釋的目標不止於澄明其意義，而在於意義背後所蘊涵的「道」。考據學設定的求道程序是「字——詞——義（意義）——道」，如果我們將其作一現代意義上的簡略表述的話，那麼就是「語言——意義——道」，「言意之辨」揭示了語言與意義之間的背離，如果順著這個邏輯推演的話，「言」與「道」之間也不會是考據學所設想的直線發展的關係，而必然存在著一層媒介，語言通過這一媒介曲折地表達自身，並最終達到對「道」的認識。章學誠所設想的存在於「言」與「道」之間的媒介是「象」，「象」的功能在於使語言擺脫了與「事實」一一對應的關係而進入了一個變動不居的自由境域，換言之，語言不純是對「事實」的描述而同時具有「象徵」的功能，當語言脫離了與「事實」的固定聯繫而釋放出其自身的豐富含義時，「道」才得以呈現。在章學誠的理解中，六經的語言並不是單純地指向「事實」，而是具有一種象徵性的意義，「道體」正是通過這種象徵性的語言來呈現自身，「象之所包廣矣，非徒《易》而已，《六藝》莫不兼之，蓋道體之將形而未顯者也。……《易》與天地準，故能彌綸天地之道，萬事萬物，當其自靜而動，形迹未彰而象見矣。故道不可見，人求道而恍若有見者，皆其象也。」〔註28〕章學誠並進一步將「象」分為「天地自然之象」和「人心營構之象」，而「人心營構之象」也是出於「天地自然之象」，二者共同體現了經書語言的象徵色彩：

> 有天地自然之象，有人心營構之象。天地自然之象，《說卦》為天為圓諸條，約略足以盡之；人心營構之象，《睽》車之載鬼，翰音之登天，意之所至，無不可也。然而心虛用靈，人累於天地之間，不能不受陰陽之消息。心之營構，則情之變易為之也。情之變易，感於人世之接構，而乘於陰陽倚伏為之也。是則人心營構之象，亦出天地自然之象也。〔註29〕

《易經》的功能是「設卦、觀象、繫辭、明吉凶」，「易象」是其中非常重要的一個概念。所謂「象」，《繫辭傳》說：「聖人有以見天下之賾，而擬諸其形

〔註28〕章學誠：《易教》下，《文史通義新編新注》，16頁。
〔註29〕章學誠：《易教》下，《文史通義新編新注》，16頁。

容，象其物宜，是故謂之象。」〔註30〕也就是說，聖人通過卦爻畫來象徵、比擬天下的萬事萬物，然後再通過繫辭來明其吉凶。「象」既非完全的觀念抽象物，但也不是具體的經驗性事物，而是處於一個微妙的中間態勢居中以溝通二者，（「道體之將形而未顯者」〔註31〕）章學誠認爲正是由於易象打破了固有的思維框架（觀念與具體事物的對立），因而處於一種「變化而不可方物」的動態結構之中，從而可以達到「兼通六藝」的效果。「道體」超乎語言文字之外，人們只能通過「象」間接地接觸「道體」，因此領會「象」是「聞道」的唯一途徑。而就「象」與「辭」（語言）的關係而言，「象」並不與具體的事物一一對應，而是出於心靈的自由想像，有著自身的豐富維度和多義性，「意之所至，無不可也」〔註32〕，因而通過訓釋字義並不能達到「象」與「辭」的溝通，「象」始終處於變動之中，而無法與「辭」建立起線性的直接聯繫，「象則最宜活變，而不拘滯。」〔註33〕「象」與「辭」的關係必須在一個動態的結構、境域中進行理解，張祥龍解釋這二者的關係時說：「溝通象與辭的努力絕不應僅限於辭的方面，將『象』當作一種現成的東西，只是通過考證、訓詁等方式來增加文字方面的取象方法或尋求原本的取象之法；而是應該同時努力取增強對於易象的理解維度和活力，以增大象與辭的深層接觸可能。……象與辭的主要聯繫不是線性的，而是憑藉象與辭的動態的、境域式的變通來建立或『構成』的。」〔註34〕對於章學誠而言，將語言視爲「境域化」的存在而非「現成對象」，是六經共通的思維模式：

> 雎鳩之於好逑，樛木之於貞淑，甚而熊蛇之於男女，象之通於《詩》也。五行之征五事，箕畢之驗雨風，甚而傅巖之入夢賚，象之通於《書》也。古官之紀雲鳥，《周官》之法天地四時，以至龍翟章衣，熊虎志射，象之通於《禮》也。歌協陰陽，舞分文武，以至磬念封疆，鼓思將帥，象之通於《樂》也。筆削不廢災異，左氏遂廣妖祥，象之通於《春秋》也。〔註35〕

〔註30〕《周易·繫辭上傳》。
〔註31〕章學誠：《易教》下，《文史通義新編新注》，16 頁。
〔註32〕章學誠：《易教》下，《文史通義新編新注》，16 頁。
〔註33〕章學誠：《清漳書院留別條訓》，《文史通義新編新注》，620 頁。
〔註34〕張祥龍：《思想避難：全球化中的中國古代哲理》，98～107 頁，北京：北京大學出版社，2007 年。
〔註35〕章學誠：《易教》下，《文史通義新編新注》，16 頁。

六經中的語言具有豐富的象徵色彩，這與《詩經》的「比興」手法是相爲表裏的，「《易》象雖包《六藝》，與《詩》之比興，尤爲表裏。」〔註36〕對經書語言的理解必須結合其象徵維度而非拘泥於字義的詁訓，「蓋《易》之有象，猶《詩》之有興也，《易》無達象，《詩》無達興，《春秋》無達辭，謂學者當引伸觸類，不可泥於言辭之末也。」〔註37〕六經作爲學術之源，對春秋戰國之後的人文學術發展起到了重要的影響，語言的這種象徵意義也在戰國諸子的文體中得到了一定的展示：「戰國之文，深於比興，即其深於取象者也。《莊》、《列》之寓言也，則觸、蠻可以立國，蕉、鹿可以聽訟；《離騷》之抒憤也，則帝闕可上九天，鬼情可察九地。他若縱橫馳說之士，飛箝捭闔之流，徙蛇引虎之營謀，桃梗土偶之問答，愈出愈奇，不可思議。」〔註38〕諸子的文章中充滿了寓言和想像，凡此都充分體現了語言的「象徵」和「隱喻」功能，不但如此，甚至從異域傳來的佛教也體現了《易經》「以象爲教」的特色，「至於丈六金身，莊嚴色相，以至天堂清明，地獄陰慘，天女散花，夜叉披髮，種種詭幻，非人所見，儒者斥之爲妄。不知彼以象教，不啻《易》之龍血玄黃，張弧載鬼。是以閻摩變相，皆即人心營構之象而言，非彼造作誑誣以惑世也。」〔註39〕儒者將佛教的言說理解爲一種「事實」，是一種偏執的見解，這是由於未能理解語言的象徵功能所導致的。由此也可以得出結論，較之語言所指向的「事實」而言，語言的象徵意義是其更爲根本的意義，它是破譯經書語言的一把鑰匙，由此打開通往「道」的途徑，「言——象——道」構成了章學誠特有的求道程序，而「象」則是「言」與「道」之間的重要媒介。

4、章學誠語言觀的歷史淵源和時代意義

　　從思想史的線索來看，儒家的傳統認爲語言與事實之間存在著固定的聯繫，針對春秋時期禮崩樂壞的社會現狀，孔子認爲重建社會秩序的要點在於「正名」，即使「君臣父子」的事實重新納入其語言所規定的範圍內，馮友蘭指出孔子「正名」思想的涵義是「蓋一名必有一名之定義，此定義所指，即

〔註36〕章學誠：《易教》下，《文史通義新編新注》，16 頁。
〔註37〕章學誠：《清漳書院留別條訓》，《文史通義新編新注》，620 頁。
〔註38〕章學誠：《易教》下，《文史通義新編新注》，17 頁。
〔註39〕章學誠：《易教》下，《文史通義新編新注》，17 頁。

此名所指之物之所以爲此物者，亦即此物之要素或概念也。」〔註40〕所謂「名」即是語言，所謂「定義」則是語言所指代的「事實」，惟有當「名」與「定義」，也就是「語言」與「事實」相吻合時，「天下有道」的理想才能夠得以實現。與儒家的態度相比，道家則對語言懷有一種不信任的態度，《莊子·天道》指出：「語之所貴者意也。意有所隨。意之所隨者，不可以言傳也。」〔註41〕語言不能傳達全幅的意義，意義隨語境的轉換而改變（意有所隨），因而膠執於語言必然會妨害意義的表達。而受到道家語言觀影響的魏晉玄學則在「言——象——意」的關係上提出：「故言者所以明象，得象而忘言。象者所以存意，得意而忘象。」〔註42〕「言」在三者的關係中被置於最低的層次。佛教東傳後，「中觀」學派「雙破雙遣」的思維方式也對這種語言觀產生了重大影響，禪宗以「不立文字，直抵心源」爲其宗教的表達方式，「言語道斷」「不落言銓」的表述方法表達了禪宗對語言傳達意義的深刻質疑。受禪宗佛學影響而興起的宋明新儒學（理學）也接受了這種對語言的不信任態度，明代心學甚至將經書的語言視爲「糟粕」，「六經一糟粕耳，……蓋以我觀書，隨處得益；以書博我，則釋卷而茫然。」〔註43〕明代心學的語言觀造成了倪德衛所說的「理性神秘主義的困境」〔註44〕，這一語言觀可以追溯到魏晉玄學乃至先秦道家，因此明清之際的思想家也往往將陽明心學與魏晉玄學相提並論，認爲二者共同破壞了儒家的「正名」原則，造成了社會秩序的解體。

　　梳理中國思想史上語言觀的發展，可以看出的是，自先秦之後，對語言的不信任態度逐漸成爲中國哲學的主流，尤其是融會儒、釋、道而建立起來的宋明新儒學（理學），更將這種語言觀發展到了登峰造極的地步，在一定程度上，清代考據學「因言以明道」的學術方法是對這一語言觀的反撥，重新將語文意義確立爲經典詮釋的中心，**龔鵬程**認爲：「乾嘉樸學這種語言觀與釋義活動，與西方近代哲學的『語言轉向』頗有異曲同工之處。」〔註45〕但龔氏同時也指出，經典詮釋同時牽涉到「語言的理解」和「歷史的理解」，前者

〔註40〕馮友蘭：《中國哲學史》上，86頁，北京：中華書局，1992年。

〔註41〕《莊子·天道》。

〔註42〕王弼：《周易略例·明象》，見樓宇烈《王弼集校釋》，北京：中華書局，1999年。

〔註43〕陳獻章：《白沙子全集》卷一《道學傳序》，乾隆辛卯碧玉樓藏版。

〔註44〕參見【美】倪德衛著、【美】萬白安編、周熾成譯：《儒家之道》第十六章《章學誠的哲學》。

〔註45〕龔鵬程：《語文意義的詮釋》，見楊晉龍主編：《清代揚州學術》上，28頁。

關乎文字語句，後者則涉及語境的認識。而清代考據學的發展則窄化了這一詮釋主張，將「語言的理解」視爲經典詮釋中心的、也是唯一的目標。東原之學猶重視「典章制度」之「歷史的理解」，並試圖以訓詁字義、考釋典章制度以「聞道」，而東原後學之段玉裁、王念孫則將「經學訓詁」變爲一種純粹技術性的「小學」，「聞道」的目標則棄之蔑如，因而造成了「理解的迷失」。章學誠作爲乾嘉樸學的批判者，對這一「理解的迷失」有著深刻的認識，他以史學家的慧識敏銳地意識到只有整合「語言的理解」和「歷史的理解」，才能使「言」與「意」之間不發生背離；同時語言除了指陳事實之外，還具有象徵的維度，「象」是「言」與「道」之間的媒介，只有當「語言的理解」進入境域化的動態結構而脫離了與具體事實的固定、單義聯繫時，「道體」才能以一種「恍若有見」的方式呈現自身，換言之，「道體」是非實體性的，它本身不是普通日常知識活動的認知對象，如果認定語言只存在「表述事實」這一知識性的機制，那麼「言」與「道」之間也必然發生背離現象。而唯一的途徑在於「化言爲象」，使語言脫離事實進入「境域化」的動態領域，「道」通過「象」以象徵和「隱喻」的方式呈現自身。如果說乾嘉樸學的客觀實證主義是一種「科學化」的思維，那麼章學誠的「易象論」體現的則是一種詩性的「藝術化」思維。章學誠並不諱言這一點，他從文學評論中得到啓示，認爲詩文的評點如果拘於字義，則不能領會其神妙之處，這與經書的詮釋是相通的：「就詩文而加評點，如就經傳而作訓故，不能無強求失實之弊，以人事有意爲攻取也。離詩文而爲評論，如離經傳而說大義，雖諸子百家，未嘗無精微神妙之解，以天機無意而自呈也。」〔註46〕章學誠語言觀的遠源在於道家以及魏晉玄學的「言意之辨」，而浙東王學一脈重心性體悟、輕語言表達的學術方法也對他產生了重大影響，同時也與他獨特的精神氣質相關聯。但這同時也預示著乾嘉樸學「因言求道」的學術方法本身已陷入迷失的困境而在尋求出路，常州學派的今文經學作爲乾嘉樸學的支緒，以「微言大義」相標榜，在一定程度上便是對這一困境的突破。宋學、漢學、浙東史學、今文經學在清中期的思想史舞臺上交相出現，構成了一幅迷離的歷史圖景，而思想史的發展也由此進入了一個新的時期。

〔註46〕章學誠：《吳澄野太史〈歷代詩鈔〉商語》，《文史通義新編新注》，600頁。

第二節　章學誠的知識人格論

1、兩種知識活動：眞知與僞學

　　章學誠在知識的建構過程中注重「知識主體」的作用，這也是他與乾嘉樸學迥異的一個特點。清儒在批判宋學的過程中，注意到了宋儒在解經過程中過於發揮義理、主觀任意的錯誤，因而提倡一種客觀性的實證主義方法，「主體性」被視爲「主觀性」的同義語，在經典文本的詮釋過程中過於強調主體不涉入和價值中立，「知識主體」站在文本的外部，以一種「主客分離」的二元論態勢，通過工具性的「小學」方法對文本進行客觀的分析和評判，以求得經書的原始意義。清儒雖自稱「由訓詁以通義理」，但對大多數考據學者而言，這僅是一句空泛的門面話，考據學者的主要興趣和精力用於語文字義的辨析和歷史事實的考證，這實際上與清初「經史考證」之學興起時所內含的「經世致用」精神已逐漸疏離。所謂「乾嘉樸學」的出現標誌著經學（包括史學）研究的專業化趨向，學者考經辨史，以「實事求是」相標榜，對一切思想性的議題均表現出極度的冷漠。這裏的原因在於，樸學對於知識的看法和近代實證主義的觀點有著相近之處，即強調知識是純粹客觀的外在對象，在求知的過程中，求知者的主體必須處於一個冷靜旁觀的地位，而不能對知識的形成有一絲干擾，此之謂「主體不涉入」；同時知識既是客觀性的，則主觀性的「價值判斷」尤爲大忌，學者必須讓事實自己說話，而避免讓自己的主觀性影響知識的客觀實在性，此之謂「價值中立」。「主體不涉入」和「價值中立」這二者共同構成了乾嘉樸學的方法論特徵，而其背後蘊含的則是一種「主客分離」的二元論心態。〔註47〕

　　但這一對經典的解讀方法在實際運用中儘管取得了輝煌的學術成就，但也蘊含了一個不可解的死結，那就是，這一方法無法促發眞正思想的產生，「通經明道」、「由訓詁以通義理」的理想與考據學的實際成就之間存在著令人尷尬的距離。這裏的原因在於，「主體不涉入」則詮釋對象（經書）與詮釋者的歷史境遇與生存處境了不相關，從而詮釋者僅以解詁文句爲己任，經書的意義封閉在文本中而無法開放爲一個廣闊的場域，以供詮釋者形成「問題焦點」，此爲「經世精神」之遺落；「價值中立」則使乾嘉學者對「義理之學」

〔註47〕參見龔鵬程：《語文意義的詮釋》，見楊晉龍主編：《清代揚州學術》上。

諱莫如深，一切哲理方面的探討都被視爲「宋學風氣」而遭到詬病，戴震和章學誠均因其義理思想而招致乾嘉考據學界的排斥，易言之，考據學發展至乾嘉時期已喪失其「明道」的目標而淪爲單純的「名物器數」之學，此爲「義理追求」之遺落。而這兩方面的「遺落」，均與「知識主體」的不明朗化有關，龔鵬程論述乾嘉樸學的基本性質時說：「學者不復明道，亦不言義理，於古人之道，若視越人之瘠腴，與自己身心和存在境遇皆不相干，考校於一字一句之微，求索及於孤本秘笈，而漸至海外佚珍、地下文物。這當然促使文字、聲韻、語法、訓詁、校勘、輯佚、考古等學問有了長足的發展，但考文之功多，求道之意寡，終至完全逆轉了明道的目標。」〔註48〕樸學發展過程中這種日趨專門化的趨勢是和儒學的總體精神相背離的，這一點甚至乾嘉樸學中的一些傑出人物也逐漸有了清醒的意識，如段玉裁晚年在《朱子小學跋》中檢討生平學問時說：「喜言訓詁考覈，尋其枝葉，略其根本，老大無成，追悔已晚。」〔註49〕

　　與乾嘉樸學在知識論上的客觀實證主義相比較，章學誠更爲重視存在於知識根基處的「知的主觀契機」，換言之，文本的意義並非是封閉性地存在於經書語句中的客觀對象，與認識者的主體不發生直接關聯；而恰恰相反，正是由於文本與認識者主體在歷史世界中的相遇、激發，才使文本的意義得到「顯現」，要達到對意義的理解，或者更爲準確地說，是「領會」，必須樹立認識者的主體地位，主體與文本的交互循環是領會意義的唯一途徑，否則只是「名物度數」之學。這樣的認知活動超越了考據學所預設的文本與主體的二元對立，引領人們達到了對於知識縱深理解的「神妙之境」，章學誠稱這樣的知識活動爲「眞知」：「學術文章，有神妙之境焉。末學膚受，泥迹以求之。其眞知者，以謂中有神妙，可以意會而不可以言傳者也。」〔註50〕「眞知」區別於「僞學」，「眞知」之「眞」是由於有主體「性情」的參與，「夫學有天性焉，讀書服古之中，有入識最初，而終身不可變易者是也，學又有至情焉，讀書服古之中，有欣慨會心，而忽焉不知歌泣何從者是也。」〔註51〕而「僞學」則是離開了主體「性情」的參與，趨向於風會循環的學術：「不問天質之

〔註48〕龔鵬程：《語文意義的詮釋》，見楊晉龍主編：《清代揚州學術》上，42頁。
〔註49〕段玉裁：《博陵尹師所賜朱子小學恭跋》，《經韻樓集》，《續修四庫全書》集部第1434～1435冊，影印清嘉慶19年刻本。
〔註50〕章學誠：《辨似》，《文史通義新編新注》，158頁。
〔註51〕章學誠：《博約》中，《文史通義新編新注》，117頁。

所近，不求心性之所安，惟逐風氣所趨而徇當世之所尙，勉強爲之，固已不若人矣；世人譽之則沾沾以喜，世人毀之則戚戚以憂，而不知天質之良，日以離矣。……且亦趨風氣者未有不相率而入於僞也，其所以入於僞者，毀譽重而名心亟也。」〔註 52〕如果說乾嘉樸學主流的「訓詁考證」從積極的意義上可以「存爲求知之功力」，作爲知識活動的初步階段：「學問之始，未能記誦；博涉既深，將超記誦。故記誦者，學問之舟車也。人有所適也，必資乎舟車；至其地，則舍舟車矣。」〔註 53〕但乾嘉樸學將「記誦博覽」作爲知識活動的全部和唯一內容，則造成了「僞學」的泛濫，章學誠譏之爲「竹頭木屑之僞學」〔註 54〕，並指出「僞學」是由「風尙」所造成的：「故以學問爲銅，文章爲釜，而要知炊黍爨之用，所謂道也。風尙所趨，但知聚銅，不解鑄釜；其下焉者，則沙礫糞土，亦日聚之而已。」〔註 55〕乾嘉樸學由於將「知識主體」（性情）排斥在知識建構的過程之外，知識與主體分離爲二，從而使知識成爲一種純客觀的、分析性的局部細節知識，既缺乏對知識整體的統貫瞭解，也缺乏與主體生存處境的有機聯繫，因而造成了學術風尙的愈趨愈下。乾嘉樸學這一「泛濫無歸」的發展趨勢，是乾嘉知識界亟需面對的理論困境，而造成這一學術風尙的原因，則是由於樸學知識論切斷了知識與主體之間的關聯。

2、天質之良：知識的主觀傾向

就章學誠思想體系的整體傾向而言，他始終以「明道」爲目標，「道體」體現於三代「治教合一」的理想知識狀態中，由於「道體」在歷史世界中的解體，知識遂分化爲各種具體的門類。但從「道」的高度來評判，則各項具體的知識門類不分軒輊，都分別體現了「道體」的一個方面。「蓋學問之事，非以爲名，經經史緯，出入百家，途轍不同，同期於明道也。」〔註 56〕而由於時代風氣的循環，各個時代都會產生突出的、代表性的學術，漢代的經學訓詁、唐代的古文辭、宋代的性理學都是它們那個時代在學術上的傑出代表，它們分別體現了考據、辭章和義理這三個不同的知識方向。在清代的歷史環

〔註 52〕章學誠：《答沈楓墀論學》，《文史通義新編新注》，713 頁。
〔註 53〕章學誠：《辨似》，《文史通義新編新注》，158 頁。
〔註 54〕章學誠：《與邵二雲書》，《文史通義新編新注》，677 頁。
〔註 55〕章學誠：《與邵二雲書》，《文史通義新編新注》，677 頁。
〔註 56〕章學誠：《與朱滄湄中翰論學書》，《文史通義新編新注》，708 頁。

境下，考據學受到了特別的重視，但這只是由於風氣循環的因緣際會，而並不表示考據學在價值上要優越於義理和辭章之學，「大約服、鄭訓詁，韓、歐文辭，周、程義理，出奴入主，不勝紛紛，君子觀之，此皆道中之一事耳。未窺道之全量，而各趨一節以相主奴，是大道不可見，而學士矜爲見者，特其風氣之著於循環者也。」〔註57〕「風氣論」是章學誠特有的論點，其前提背景是三代以後知識世界的分裂，「三代以還，官師政教不能合而爲一，學業不得不隨一時盛衰而爲風氣。」〔註58〕因此，學術的此興彼衰是與知識的分裂相爲表裏的，在無法恢復「治教合一」理想知識狀態的情況下，惟有通過整合不同的知識門類，探究其背後的「所以然」，才能達到「明道」的目的，「學術當然，皆下學之器也；中有所以然者，皆上達之道也。器拘於迹而不能相通，惟道無所不通，是故君子即器以明道，將以立乎其大也。」〔註59〕「道混沌而難分，故須義理以析之；道恍惚而難憑，故須名數以質之；道隱晦而難宣，故須文辭以達之。三者不可有偏廢也。」〔註60〕

　　知識世界的分裂是一項既成的歷史事實，義理、辭章、考據三者的循環即是這一分裂的知識世界的表徵。但是風氣循環造成的後果是學者主體性的喪失，「夫風氣所在，毀譽隨之，得失是非，豈有定哉！辭章之習既盛，輒詆馬、鄭爲章句；性理之焰方張，則嗤韓、歐爲文人；循環無端，莫知所底，而好名無識之徒，乃謂託足於是，天下莫能加焉，不亦惑歟！」〔註61〕由此章學誠認爲要在當下的歷史世界中達到對「道」的認識，必須樹立學者的主體性地位，以對抗風氣的干擾，並通過主體的參與達到對知識的深化理解，「道」即呈現於這種知識理解的「神妙之境」中。在章學誠的語彙中，主體性被稱爲「神解」、「別識」、「心裁」，借助於「神解別識」，認識者可以達到對事物統貫的瞭解。「神解別識」的形成在於「煉氣養識」，而其發端則在於「天質之良」，即每個人天生的資性，也就是個體直覺性的知識傾向，作爲個體的知識潛能有三種：記性、作性和悟性，它們分別代表了才、學、識三種具體的知識能力，並發展爲考訂、詞章、義理三種不同的知識領域。但每一個體的「天質之良」只傾向於其中的一種，因此章學誠一方面強調義理、考

〔註57〕章學誠：《答沈楓墀論學》，《文史通義新編新注》，712頁。
〔註58〕章學誠：《答沈楓墀論學》，《文史通義新編新注》，712頁。
〔註59〕章學誠：《與朱滄湄中翰論學書》，《文史通義新編新注》，709頁。
〔註60〕章學誠：《與朱少白論文》，《文史通義新編新注》，769頁。
〔註61〕章學誠：《答沈楓墀論學》，《文史通義新編新注》，713頁。

據、辭章三者不可偏廢，但另一方面也不得不承認，由於個體的「天質之良」不盡相同，因此每個人所專注的知識領域也是不同的，「夫風氣所趨，偏而不備，而天質之良，亦曲而不全，專其一則必緩其二，事相等也。」〔註62〕「天質之良」或「性情」與「風氣」相對應，構成了「眞知」和「僞體」的區別特徵，凡「眞知」都發端於「天質之良」，與主體的「性情」相配合，「即其天質之良，而懸古人之近己者以爲準，勿忘勿助，久之自有會心焉。」〔註63〕「夫學貴專門，識須堅定，皆是卓然自立，不可稍有遊移者也。至功力所施，須與精神意趣相爲浹洽。」〔註64〕而「僞體」則循於風氣之變，而缺乏學術主體的自主性，「不問天質之所近，不求心性之所安，惟逐風氣所趨而徇當世之所尚，勉強爲之，固已不若人矣；世人譽之則沾沾以喜，世人毀之則戚戚以憂，而不知天質之良，日以離矣。」〔註65〕「天質之良」是知識主體的根基，知識之建構是否以「天質之良」作爲切入的契機，決定了知識的「誠僞之分」。章學誠並非一味地貶低考據學的價值，在「三代之知」無法恢復的現實形勢下，學者在現有的知識格局中循自身的「資性」進行追求，「高明者由大略而切求，沉潛者循度數而徐達。資之近而力能勉者，人人所有，則人人可自得也，豈可執定格以相強歟！」〔註66〕知識的探求本有「高明」和「沉潛」兩種不同的路徑，如果說「讀書求大義」這一整體主義的方法適合天性「高明」的學者，那麼「《爾雅》注蟲魚」之類局部分析性的求知方法則適合天性「沉潛」的學者，二者形成相互補充的態勢而共同達到「明道」的目的，「立言之士，讀書但觀大意；專門考索，名數究於細微；二者之於大道，交相爲功。」〔註67〕如果學術的建立是遵循主體的「誠意」，那麼考據學的客觀價值也是不容磨滅的，「然而考索之家，亦不易易，……治經而不究於名物度數，則義理騰空而經術因以鹵莽，所繫非淺鮮也。」〔註68〕在這個意義上，他盛讚戴震之學「深識古人大體，進窺天地之純」，這是因爲「戴氏深通訓詁，長於制數，又得古人之所以然，故因考索而成學問」，「非徒矜考訂而求博雅

〔註62〕章學誠：《答沈楓墀論學》，《文史通義新編新注》，713頁。
〔註63〕章學誠：《與朱滄湄中翰論學書》，《文史通義新編新注》，709頁。
〔註64〕章學誠：《家書四》，《文史通義新編新注》，821頁。
〔註65〕章學誠：《答沈楓墀論學》，《文史通義新編新注》，713頁。
〔註66〕章學誠：《博約》下，《文史通義新編新注》，119頁。
〔註67〕章學誠：《答沈楓墀論學》，《文史通義新編新注》，714頁。
〔註68〕章學誠：《答沈楓墀論學》，《文史通義新編新注》，714頁。

也。」〔註69〕但當考據學形成潮流和「風氣」之後，學者喪失了主體的「誠意」而追隨風氣的變遷，則使考據學降格爲一種無主體性的瑣碎之學，「尊漢學，尚許、鄭，今之風尚如此，此乃學古，非即古學也，居然唾棄一切，若隱有所恃。」〔註70〕「古學」期於經世，有著學者的主體性作爲知識架構的支撐，而「學古」則僅爲無主體性的摹擬聲調、追隨風尚，二者的區別是顯而易見的。章學誠由此認爲，凡是在歷史上留下卓越聲名的知識類型，如漢代服虔、鄭玄的經學，唐代李白、杜甫的詩賦，之所以不爲時間所磨滅，是由於這些知識類型有著主體性的「誠意」作爲支撐，「夫學至於千百年後，世變風移，一時趨向所不在是，而聲施卓然，不可磨滅，則精神周而當日所謂發於意之誠然者，有至理也。」〔註71〕而主體的「誠意」則以「天質之良」爲牽引，「天質之良」是主體的求知傾向，它宛如知識活動的機括，決定了知識活動向哪個方向發展。只有在「天質之良」的牽引下，知識活動才能獲得主體「誠意」的保證，從而成爲「自得之學」；而反之，學術則會淪爲無主體性的「僞學」。在章學誠的知識論中，「天質之良」居於中心樞紐的地位，它直接關係著知識活動能否達到它的既定目標，也就是「明道」。在童蒙知識初啓時期的「天質之良」中，往往蘊涵著「道」的端倪，順此主體對於知識方向的指引而達到「事物之所以然」，即意味著「明道」目標的完成。「人之性情才質必有所近，……此即道之見端。」〔註72〕「博覽以驗其趣之所入，習試以求其性之所安，旁通以究其量之所至，是亦足以求進乎道矣。」〔註73〕

3、質性論：知識的人格特徵

章學誠提出「天質之良」作爲知識的主觀傾向，實寓有與時代風氣相抗衡之意。乾嘉學術以經學訓詁定於一尊，學者不論自己的才質性情，盲目追隨這一風氣，以至於許（慎）、鄭（玄）之學風靡天下。章學誠則認爲人的性情才質既萬變不同，爲學之途轍也就千變萬化，無法雷同一致，重要的是在學問中要體現性情之眞，這是區分「俗尙」和「道眞」的唯一標誌。「性情之眞」以個人的主觀知識傾向「天質之良」爲發動的樞機，而經過知識的錘鍊，

〔註69〕章學誠：《又與正甫論文》，《文史通義新編新注》，807頁。
〔註70〕章學誠：《說林》，《文史通義新編新注》，226頁。
〔註71〕章學誠：《與錢獻之書》，《文史通義新編新注》，794頁。
〔註72〕章學誠：《與朱滄湄中翰論學書》，《文史通義新編新注》，710頁。
〔註73〕章學誠：《答沈楓墀論學》，《文史通義新編新注》，713頁。

最終凝結爲學者的獨特的精神意趣，這與淹沒在時代風氣之中、毫無個性特徵的「俗學」是迥乎不同的，「薄俗好名，爭爲無本之學，如彼草木榮華，紛紜莫定，然一旦落其實而取其材，必其精神所獨結者也。」〔註74〕「性情之眞」有著鮮明的個體人格特徵，章學誠有時借用傳統文學理論中的「性靈」一詞描述求知者的個體人格特徵：

> 王懷祖氏嘗言，不暇著書，欲得能文之士授以所學，俾自著爲書，不必人知出於王氏。僕亦嘗欲倩人爲《通義》外篇，亦不願人知所授宗旨本之於僕。然竟不得其人，則學問中之曲折，非一時授受所能盡也。夫有心傳授，尚不能得其曲折，而賓筵燕談之間，行文流露之語，偶然得之，便可掩爲己有，而人遂不能分別，有是理乎？僕嘗謂功力可假，性靈必不可假，性靈苟可以假，則古今無愚智之分矣。〔註75〕

「性靈」說作爲一種文學理論最早是由明末「公安派」的袁宏道提出的，袁宏道深受陽明學「良知」觀念的影響，在詩文創作中提倡獨抒胸臆，反對明代文壇「前後七子」的復古作風，他認爲優秀的文學作品「大都獨抒性靈，不拘格套，非從自己胸臆流出處，不肯下筆。」〔註76〕這一重視作品人格特徵的思想與章學誠有著潛在的相通之處。在章學誠的時代，詩人袁枚因提倡「性靈」說而成爲詩壇的風雲人物，章學誠雖對袁枚多有鄙棄，但二者的思想卻在很多地方若合符節，其中尤爲一致的地方即在於對「性靈」的提倡和重視，錢鍾書曾在《談藝錄》中比較二人的思想觀點：「蓋並生乾嘉樸學大盛之日，而皆特立獨行，未甘比附風會，爲當世之顯學；所學不同，而所不學同，宜其響應於不自覺。隨園主性靈爲詩，而曰：『識力最難。』實齋主識力爲學，而曰：『性靈獨至。』一以爲無性靈而持模擬堆砌，不足爲詩；一以爲無識力而持記誦才辯，不足爲學。皆欲以內持外，實寓於虛，老子所謂：『無之以爲用』也。」〔註77〕

　　章學誠提出「性情之眞」、「性靈獨至」，主張通常所認爲的客觀性知識其實是「作者」內面人格的反映，因而在理解作品文本時，就不但要就其語言

〔註74〕章學誠：《侯國子司業朱春浦先生書》，《文史通義新編新注》，752頁。
〔註75〕章學誠：《與周永清論文》，《文史通義新編新注》，725～726頁。
〔註76〕袁宏道：《序小修詩》，袁宏道著、錢伯城箋校：《袁宏道集箋校》卷4，上海：上海古籍出版社，1981年。
〔註77〕錢鍾書：《談藝錄》補訂本，263頁。

文字進行理解，同時也包含著對作者內面人格的理解。章學誠認為這是一項
極其艱難的工作：

> 為之難乎哉？知之難乎哉？夫人之所以謂知者，非知其姓與名也，
> 亦非知其聲容之與笑貌也。讀其書，知其言，知其所以為言而已矣。
> 讀其書者天下比比矣，知其言者千不得百焉。知其言者天下寥寥矣，
> 知其所以為言者百不得一焉。然而天下皆曰：我能讀其書，知其所
> 以為言矣。此知之難也。〔註78〕

對於一件具體的作品而言，語言文字僅是它外在的形貌，作者的心志和人格
潛藏在語言文字之下，語言文字往往並不直接反映作者的心聲，而是「旁申
反託，側出互見」，以委婉曲折的方式表述作者的意旨。「三代以上」的作者
是據事直書，「三代以下」的作者則除了表述事實以外，還要在作品中體現「文
採」。因此對文本的理解就不能僅僅依靠文字的訓釋，而必須進一步探求作者
的心意，「是以讀古人書，貴能知其意也。」〔註79〕章學誠舉屈原的《離騷》
為例，《離騷》在歷史上有著無數的讀者，但由於穿鑿字義，為《離騷》曲折
婉轉的「文採」所迷惑，往往不能真正理解屈原在作品中要表達的「心志」：

> 太史公曰：「余讀《離騷》，悲其志。」夫讀屈子之文而知悲其志，
> 可謂知屈子矣；然未明言其志，而後人懸揣其意而為之說者，則紛
> 如也。蓋求寄託之志而不得，則遂至於太過，猶夫習《春秋》者，
> 求褒貶之志而不得，則穿鑿而不可通也。夫屈子之志，以謂忠君愛
> 國，傷讒疾時，宗臣義不忍去，人皆知之；而不知屈子抗懷三代之
> 英，一篇之中，反覆致意，其孤懷獨往，不復有春秋之世宙也。故
> 其行芳志潔，太史推與日月爭光，而於賈生所陳三代文質，終見讒
> 於絳灌者，同致弔焉，太史所謂悲其志歟！〔註80〕

屈原高潔的志向在於「抗懷三代之英」，而並不是一般性的對個人在春秋亂世
中的身世離合表示傷感，因此朱熹也曾經說過：「《楚詞》不甚怨君。」〔註81〕
《離騷》之所以在文學史上具有不朽的價值，主要是由於作品中所散發出的作
者人格魅力所致，司馬遷稱之為：「其志潔，其行廉，皭然泥而不滓，雖與日

〔註78〕章學誠：《知難》，《文史通義新編新注》，232 頁。
〔註79〕章學誠：《為謝司馬撰〈楚辭章句〉序》，《文史通義新編新注》，515 頁。
〔註80〕章學誠：《為謝司馬撰〈楚辭章句〉序》，《文史通義新編新注》，515 頁。
〔註81〕朱熹：《朱子語類》卷 139，3297 頁，北京：中華書局，1988 年。

月爭光可也。」〔註82〕後世的作者並不具有屈原的志向和人格，卻自命為《離騷》這一文學傳統的繼承者，這一類作品在語言和形式上與《離騷》極為形似，但究其意旨卻大相徑庭，這是因為二者在內面的人格層次上相差甚遠：

> 若夫託於《騷》以自命者，求其所以牢騷之故而茫然也。嗟貧歎老，
> 人富貴而己貧賤也，人高第而己擯落也，投權要而遭按劍也，爭勢
> 利而被傾軋也，為是不得志而思託文章於《騷》、《雅》，以謂古人
> 之志也；不知中人而下，所謂「齊心同所願，含意而未伸」者也。
> 〔註83〕

作品必須體現作者的人格特徵，這一點章學誠在其《質性》篇中有著詳細的敘述。所謂「質性」，其實指的就是知識的內面人格特徵。章學誠論述《質性》篇的撰述宗旨說：

> 前人尚論，情文相生，由是論家喜論文情。不知文性實為元宰，離
> 性言情，珠亡櫝在。撰《質性》篇。〔註84〕

《質性》篇論述的文學理論中的「文性」和「文情」的關係問題，但同時也關涉到章學誠的文本詮釋思想。具體來說，章學誠認為，歷代的文論家都樂於討論文學作品中體現的情感，但是很少關注作為情感主宰的「文性」，而實際上，「文性」是更為根本性的問題，所謂「文性」其實就是反映在作品中的作者之人格特徵，與「文情」相比較，它在一部作品中居於更為隱微和樞紐性的地位。因此在對文本進行詮釋的時候，由於「文性」隱微而難見，讀者往往會為其表面的語言形式所欺騙，而不理解在同一語言形式下，往往隱藏著作者不同的「意圖」：

> 有志之士，矜其心，作其意，以謂吾不漫然有言也。學必本於性天，
> 趣必要於仁義，稱必歸於《詩》、《書》，功必及於民物，是堯、舜而
> 非桀、紂，尊孔、孟而拒楊、墨。其所言者，聖人復起，不能易也。
> 求其所以為言者，宗旨茫如也。譬如《彤弓》、《湛露》奏於賓筵，

〔註82〕這段話是章學誠對司馬遷的原文的節錄，見《質性》篇，《文史通義新編新注》178頁，司馬遷的原文是：「（屈原）其志潔，故其稱物芳；其行廉，故死而不容自疏；濯淖污泥之中，蟬蛻於塵穢，以浮游塵埃之外，不獲世之滋垢，皭然泥而不滓者也。推此志也，雖與日月爭光可也。」，見《史記》卷84《屈原賈生列傳》。

〔註83〕章學誠：《質性》，《文史通義新編新注》，178頁。

〔註84〕章學誠：《質性》，《文史通義新編新注》，177頁。

> 聞者以謂肆業及之也。或曰：宜若無罪焉。然而子莫於焉執中，鄉
> 愿於焉無刺也。惠子曰：「走者東走，逐者亦東走，東走雖同，其東
> 走之情則異。」觀斯人之言，其為走之東歟，逐之東歟？是未可知
> 也，然而自此又紛紛矣。〔註85〕

當儒家學說在思想界定於一尊之後，學者著書立說無不以孔孟為依歸，這幾乎成了一種普遍的現象。但在這一普遍性的現象下面，隱藏的是作者各自不同的「意圖」，因此必須對不同作者的「心術」（人格）進行仔細的辨析。按照儒家傳統看法，人格類型大致可分為中行和狂、狷三種，這和《尚書洪範》中的「三德」（正直、剛克、柔克）基本相應。中行是最高的德性，狂和狷則次之。孔子曾經說過：「不得中行而與之，必也狂狷乎！狂者進取，狷者有所不為。」〔註86〕肯定了狂、狷作為次等的品性也有其可取之處。如果按照這三種人格類型來作為衡量著述的標準，那麼無疑只有孔子的著述稱得上「中行」，而莊周和屈原則分別體現了「狂」和「狷」這兩種品性，「莊周、屈原，其著述之狂狷乎？屈原不能以身之察察受物之汶汶，不屑不潔之狷也；莊周獨與天地精神相往來而不傲倪於萬物，進取之狂也。」〔註87〕古人的著述大致可分為這三種類型，因此可以很明白地從作品中體察作者的人格特徵。但春秋以後的著述則超出了這三者的範圍，首先是「鄉愿」貌似「中行」而心迹迥異，接著甚至連「狂」、「狷」也出現了偽冒者，這就使著述的範圍擴大到了六種：中行、狂、狷、偽中行（鄉愿）、偽狂、偽狷，後三者摻入了著述的範圍，一方面使著述的「宗旨」不明，不能鮮明地體現作者的人格特徵，同時也造成了後世讀者在理解上的困難。章學誠認為這就是孟子論「知言」的寓意所在：

> 孟子之論知言，以為生心發政，害於其事。吾蓋於撰述諸家，深求
> 其故矣。其曼衍為書，本無立言之旨，可弗論矣。乃有自命成家，
> 按其宗旨，不盡無謂；而按以三德之實，則失其本性，而無當於古
> 人之要道，所謂似之而非也。學者將求大義於古人，而不於此致辨
> 焉，則始於亂三而六者，究且因三偽而亡三德矣。嗚呼！質性之論，
> 豈得已哉！〔註88〕

〔註85〕 章學誠：《質性》，《文史通義新編新注》，177～178 頁。
〔註86〕 《論語・子路第十三》。
〔註87〕 章學誠：《質性》，《文史通義新編新注》，179 頁。
〔註88〕 章學誠：《質性》，《文史通義新編新注》，177 頁。

由此可以總結《質性》篇的思想要點：章學誠主張著述應當體現作者內面的人格特徵，這一人格特徵是作者的「性情之眞」，同時也是著述的「立言宗旨」。即使作品不能體現「中行」這一最高的人格類型，那麼能做到「狂」、「狷」也足以使作品不朽，「昔人謂莊、屈之書，哀樂過人。蓋言性不可見，而情之奇至如莊、屈，狂狷之所以不朽也。」〔註89〕在某種程度上，章學誠認爲自己的《文史通義》就是這樣一部有著奇情奧旨的不朽之書：

> 鄙著《通義》之書，諸知己者許其可與論文，不知中多有爲之言，
> 不盡爲文史計者，關於身世有所悵觸，發憤而筆於書。嘗謂百年而
> 後，有能許《通義》文辭與老杜歌詩同其沉鬱，是僕身後之桓譚也。
> 〔註90〕

第三節　章學誠的詮釋學思想特徵

1、別識心裁：章學誠文本詮釋思想的中心概念

　　章學誠的「道論」以「六經皆史」說的形式指出了「道」並非封閉於六經文本中的靜態、客觀認知對象，而是在歷史的流變過程中顯現自身。對「道」的認知不僅依賴於語言文字的分析，更重要的是，以個體的求知傾向「天質之良」爲主觀契機，通過心靈的直覺感悟，繞開語言文字的屏障，以一種詩性的方式直接契入「道」之本身。歷史學家何兆武認爲，歷史本身包含兩個層次，一是對史實和史料的認知（歷史學Ⅰ），二是對前者（歷史學Ⅰ）的理解和詮釋（歷史學Ⅱ）。歷史學Ⅰ是科學的層次，歷史學Ⅱ則是藝術的境界。前者通過史料的嚴格篩選、語言文字的細緻分析以重建一個客觀的「歷史世界」；而後者則通過主體性的人生體驗、「慧眼靈心」賦予前者以「意義」和「同情的瞭解」。就歷史的兩個層次而言，前者是形體，後者才是靈魂，只有通過主體性的引領和關心，對於歷史的認知才能上昇到哲學的高度而不僅僅局限於「客觀實證」的層次。〔註91〕對於章學誠來說，乾嘉樸學在訓詁考據、文本還原的基礎上所重建的「歷史世界」正是「歷史學Ⅰ」，而他本人以「別

〔註89〕章學誠：《質性》，《文史通義新編新注》，179 頁。
〔註90〕章學誠：《又與朱少白》，《文史通義新編新注》，774 頁。
〔註91〕參見何兆武：《歷史與歷史學》，見何著：《歷史理性的重建》，北京：北京大
　　　　學出版社，2005 年。

識心裁」爲基準所要達到的「通史家風」、「專家之學」則是「歷史學II」。二者的區別在於有沒有主體性的「慧眼靈心」的參與，而「慧眼靈心」也就是章學誠所一再強調的「別識心裁」。

　　章學誠對於「別識心裁」的強調體現於他對鄭樵和馬端臨的評價上。在對「三通」的評價上，清代考據學的意見認爲杜佑《通典》的價值最高，其次爲馬端臨的《文獻通考》，而以鄭樵《通志》的質量爲最劣：「樵當宋之南渡，局於見聞，又草創成書，無所質證，故舛駁至於如斯。」〔註 92〕而馬端臨《文獻通考》則「雖稍遜《通典》之簡嚴，而詳贍實爲過之，非鄭樵《通志》所及也。」〔註 93〕四庫館臣的評論是建立在考據學的理論基礎之上的，鄭樵《二十略》中事實考據方面的疏漏爲清代學者留下了攻擊的口實。而章學誠的觀點卻與時流不同，主張「申鄭而屈馬」，「鄭樵無考索之功，而《通志》足以明獨斷之學，君子於斯有取焉。馬貴與（馬端臨）無獨斷之學，而《通考》不足以成比次之功，謂其智既無所取，而愚之爲道又有未盡也。」〔註 94〕馬端臨《文獻通考》僅就杜佑《通典》分門別類，方便學者翻檢，而沒有透露出作者主體的「別識心裁」，而這一點恰是鄭樵《通志》的長處：「若鄭氏《通志》，卓識名理，獨見別裁，古人不能任其先聲，後代不能出其規範；雖事實無殊舊錄，而辨正名物，諸子之意寓於史裁，終爲不朽之業矣。」〔註 95〕「別識心裁」是史學家的主體意識，惟有「別識心裁」才能賦予具體的歷史事件以「意義」。乾嘉樸學的方法只能達到何兆武所說的「歷史學I」，即具體的歷史知識和對歷史的「認識」；而要達到「歷史學II」，即抽象的歷史精神和對歷史深度的「理解」，也就是章學誠所說的「道」或「事物之所以然」，則離不開認知者主體心靈活動的參與。如果沒有主體心靈活動的參與，那麼「歷史學I」充其量只是一堆零散的材料，而無法形成可理解的意義系統。換言之，知識只是骸骨，而認知者的主體意識才是使這一「骸骨」行動起來並充滿生氣的「神智」，「著述」的標準在於以學問爲統領、文辭爲潤飾、經驗性考證知識爲材料的完美統一體，「比如人身，學問，其神智也；文辭，其

〔註92〕《四庫全書總目》卷 81「《欽定皇朝通志》」條，701 頁，北京：中華書局，1983 年。
〔註93〕《四庫全書總目》卷 81「《文獻通考》」條，697 頁。
〔註94〕章學誠：《答客問》中，《文史通義新編新注》，257 頁。
〔註95〕章學誠：《釋通》，《文史通義新編新注》，240 頁。

肌膚也；考據，其骸骨也；三者備而後謂之著述。」〔註96〕在《文史通義》
另一篇雜感性的文章《說林》中，章學誠一連用七組比喻來象徵「志識」和
「文辭」之間的關係：「文辭，猶三軍也；志識，其將帥也。」「文辭，猶舟
車也；志識，其乘者也。」「文辭，猶品物也；志識，其工師也。」「文辭，
猶金石也；志識，其爐捶也。」「文辭，猶則貨也；志識，其良賈也。」「文
辭，猶藥毒也；志識，其醫工也。」〔註97〕在這七組比喻中，「志識」對於「文
辭」始終處於統領性的地位，正是由於「志識」對於「文辭」和「考據」的
統領作用，「獨斷於心」的「專家之學」才有可能形成：「所以通古今之變而
成一家之言者，必有詳人之所略，異人之所同，重人之所輕，而忽人之所謹，
繩墨之所不可得而拘，類例之所不可得而泥，而後微茫秒忽之際有以獨斷於
一心。及其書之成也，自然可以參天地而質鬼神，契前修而俟後聖，此家學
之所以可貴也。」〔註98〕

2、章學誠文本詮釋思想的內容

　　「別識心裁」的概念在章學誠的思想體系中佔據著中心的地位，它寄寓
著章學誠的史學理想，同時也體現了章學誠獨特的文本詮釋思想。在筆者看
來，章學誠的文本詮釋思想包含著三個層面，第一層是對於客觀事實的認定，
「然而典章事實，作者之所不敢忽，蓋將即器而明道耳。」〔註99〕第二層則
是「知人論世」，重在對所認知的歷史對象所處「歷史情景」的體驗和理解，
「孟子曰：『頌其詩，讀其書，不知其人可乎！』……蓋學者能讀前人之書，
不能設身處地，而論前人之得失，則其說未易得當也。」〔註100〕他舉明清之
際的劉宗周為例，「蓋先生之學，在良知誠意絕續之交，而先生之行，則先歷
清流，後遭易代，為常變並涉之境。」〔註101〕因此，對於劉宗周「誠意慎獨」
之學的理解，必須結合其所處的「歷史情景」，從心理層面進行一種「移情的
瞭解」。這一「移情的瞭解」旨在「通作者之心志」，以使作者和讀者的心靈
發生共鳴，因此，真正的理解發生在具有共同「心志」的作者和讀者之間，

〔註96〕章學誠：《詩話》，《文史通義新編新注》，295頁。
〔註97〕章學誠：《說林》，《文史通義新編新注》，223～224頁。
〔註98〕章學誠：《答客問》上，《文史通義新編新注》，252頁。
〔註99〕章學誠：《答客問》上，《文史通義新編新注》，253頁。
〔註100〕章學誠：《〈劉忠介公年譜〉敘》，《文史通義新編新注》，537頁。
〔註101〕章學誠：《〈劉忠介公年譜〉敘》，《文史通義新編新注》，537頁。

屈原的《離騷》和賈誼的《鵬鳥賦》在普通人心目中都是哀怨悲憤之作，但在具有「共同心志」的司馬遷眼中，卻都表達了作者恢復「三代之治」的社會政治理想，「此賈之所以弔屈，而遷之所以傳賈也，斯皆三代之英也。」〔註102〕對於歷史對象所處「歷史情景」的體驗並由此「通作者之心志」，是「知人論世」的重要內涵。章學誠詮釋學思想的第三層則是主體心靈活動「別識心裁」對於歷史事實的重新建構。如果說「知人論世」所面對的是認知對象所處的「歷史情景」，那麼「別識心裁」更多地則牽涉到認知主體所處的「生存處境」。認知者的心靈並不是如鏡子那樣空無一物地反射著純粹客觀的歷史知識，而是有著主體的存在感受，在理解和詮釋歷史時，這種主體的存在感受往往發揮著積極的作用。章學誠用「天性」和「至情」描繪這種主體的生存感受：「夫學有天性焉，讀書服古之中，有入識最初，而終身不可變易者是也，學又有至情焉，讀書服古之中，有欣慨會心，而忽焉不知歌泣何從者是也。」〔註103〕「天性至情」這種主體的生存感受制約著知識的發展方向，但同時也是理解──客觀歷史對主體形成意義──達成的基本要件，臺灣學者龔鵬程說：「每個人都有他的存在處境以及對此處境而生的存在感受，在他詮釋歷史時，乃是以這種感受去理解歷史，歷史也回應其感受，對他形成意義。因此，詮釋者與詮釋對象、存在的感受與歷史之敘述，是滾動合為一體的。」〔註104〕在章學誠的語境中，「存在的感受」是所謂「性情」，而「歷史的敘述」是所謂「功力」，而展示了二者合為一體的則是孔子所代表的理想境界：「夫子曰：『發憤忘食，樂以忘憂，不知老之將至。』不知孰為功力，孰為性情，斯固學之究竟。」〔註105〕日本學者山口久和認為章學誠這段話所指出的是：「當發自內心的『好古』這種『性情』和所謂『敏以求之』的『功力』發生渾然一體的關係時，即知的主觀契機成為探求客觀知識的原動力並發生作用時，就實現了學術的終極理想狀態。」〔註106〕從前面的分析可以看出，所謂「知的主觀契機」實際上就是主體的生存感受，它與知識的客觀探索（功力）交織在一起，重新建構了一個有意義、可理解的「歷史世界」，而這一詮釋學意義上的理想態勢即體現於孔子「憤樂相尋」的究竟境界中。

〔註102〕章學誠：《質性》，《文史通義新編新注》，178頁。
〔註103〕章學誠：《博約》中，《文史通義新編新注》，117頁。
〔註104〕龔鵬程：《語文意義的詮釋》，見楊晉龍主編：《清代揚州學術》上，56頁。
〔註105〕章學誠：《博約》中，《文史通義新編新注》，118頁。
〔註106〕【日】山口久和著、王標譯：《章學誠的知識論》，173頁。

　　就章學誠詮釋學思想的三層涵義而言，第一層是歷史的理解；第二層是心理的理解；第三層則是存在論（本體論）的理解。這三層涵義環環相扣，組成了一個嚴密的詮釋學理論體系。從當代哲學詮釋學理論的發展而言，古典詮釋學以中世紀流傳的「解經七藝」為代表，著重於通過語言學、校勘學等文獻學技術手段探究歷史事實，在型態和方法上頗類似於乾嘉樸學；而施萊爾馬赫和狄爾泰則將「心理解釋」的原則引入詮釋學領域，理解就是通過「重新體驗」以克服詮釋者和詮釋對象之間的歷史跨度和時間距離，以主體性的介入為特徵，重新建構詮釋對象的「歷史經驗」。但是值得注意的是，「心理解釋」原則下的主體性是脫離了生存處境的「非歷史化」主體，也就是說，詮釋者當下的「歷史處境」被視為一種消極性的障礙必須予以克服，「對於施萊爾馬赫和狄爾泰，認識者自身當時的情景只具有消極的價值。作為偏見和曲解的根源，阻礙了正確的理解，這正是解釋者必須超越的。……施萊爾馬赫和狄爾泰仍然表現了對笛卡爾主義和啟蒙運動理想的尊敬，這種理想認定有一種自主的主體，它能成功地使自己從歷史的直接纏繞和伴隨這種纏繞的偏見中解脫出來。」〔註 107〕隨著海德格爾之後哲學解釋學的「存在論（本體論）」轉向，伽達默爾對這種先驗哲學意義上的「無情景、非歷史」的主體提出了極大的質疑，「如果我們的歷史性並非僅僅是偶然的和主觀的條件而是一種本體論的條件，那末在理解的一切過程中就早已本質地包含了認識者自己的當前情景。……當前的情景以無數未經考察的方式受過去影響而形成，它是『理解』植根於其中的『給定』的東西，它永遠不可能被反思在一種批判的距離中完全把握住並予以客觀化。」〔註 108〕伽達默爾認為，不存在那種「無情景、非歷史」的主體，這一如同「鏡相」的純粹認知主體只是啟蒙哲學所遺留的「幻影」，人的存在紮根於其歷史性中，「歷史性」就人的存在而言，是一項「存在論（本體論）」地被「給定」了的事實，無論通過何種方式都無法消弭。對理解而言，「歷史性」不僅一件消極的事實，相反，它是理解得以達成的先決條件。事實上這一層意義海德格爾在《存在與時間》中對「此在」生存方式的描繪中就已展露無遺，陳嘉映就此評述說：「具體到解釋問題，海

〔註 107〕【美】戴維‧E‧林格：《〈哲學解釋學〉編者導言》，見【德】加達默爾著、夏鎮平、宋建平譯：《哲學解釋學》序 4 頁，上海：上海譯文出版社，2004 年。

〔註 108〕【美】戴維‧E‧林格：《〈哲學解釋學〉編者導言》，見【德】加達默爾著、夏鎮平、宋建平譯：《哲學解釋學》，序 4～5 頁。

德格爾的基本辯護則是：人從其特定的歷史環境來領會其存在，這是生存的實情，既不主觀也無所謂客觀。……有時我們辯不過某些如簧之舌或持刀的辯士，會說：『隨你怎樣解釋，事情還是那麼一回事情』。海德格爾指的就是這類現實」。〔註109〕就「本體論」詮釋學而言，人作為「歷史性」的存在是一項「本體論」的事實，主體性的「生存處境」在理解活動中處於優先的地位。相對於「心理解釋」原則下「無情景、非歷史」的主體而言，「本體論」詮釋學對主體的「歷史性」和「情景化」予以了格外的重視。

3、清代考據學的文本詮釋思想：作為章學誠的參照物

我們可以對在此西方哲學解釋學的發展歷史作一簡要的總結，古典詮釋學重語義和事實的辨析，屬於文獻學領域的一種技術方法；而施萊爾馬赫和狄爾泰則將詮釋學引入哲學領域，建立了「語法解釋」和「心理解釋」兩大原則，但在認識論上仍然遵循主、客分立的二元框架，以作者和文本的「原義」為追求目標，這一詮釋學理論可以名之為「認知詮釋學」；海德格爾和伽達默爾則力圖打破主觀和客觀的對立，視人的「歷史性」為一項「本體論」事實，而將詮釋者的「歷史性」，也就是其當下的「生存處境」，融入理解過程以形成「視域融合」，作者和文本的「原義」無處追詢，可追詢的只是在「視域融合」中呈現的「意義」。這一詮釋學理論可以名之為「本體詮釋學」。
〔註110〕

從哲學解釋學的發展歷史觀照清代儒學經典詮釋的理論和方法，可以看出的是，在一定意義上，清代儒學也經歷了一個從「古典的語義詮釋」到「認知詮釋」的轉向過程，惠棟和戴震分別是這兩種詮釋理論的代表人物，而章學誠的思想則將體現了「本體詮釋學」的特色。早期學者如梁啓超、章太炎在論述清代思想史時，多持「吳、皖分派」說，而隨著近年來清學史研究的發展，陳祖武等人逐漸修正了這一理論，將吳派和皖派視為一個前後相繼的動態發展過程，這一觀點對於我們澄清乾嘉樸學在「經典詮釋」方面的理論向度有著重要的啓示作用。〔註111〕從吳、皖相繼的觀點來看，吳學尊經尚古，

〔註109〕陳嘉映：《海德格爾哲學概論》，228 頁，北京：三聯書店，1995 年。
〔註110〕將哲學解釋學區分為「認知詮釋學」和「本體詮釋學」，這一觀點出於潘德榮：《知識論與詮釋學》，見洪漢鼎、傅友軍主編：《中國詮釋學》第三輯，56～65 頁，濟南：山東人民出版社，2006 年。
〔註111〕參見陳祖武：《乾嘉學派吳皖分野說商榷》，《貴州社會科學》，1992 年第 7 期。

墨守漢學，惠棟曾自述其學術方法：「漢人傳經有家法，當時備五經師訓詁之學，皆師所口授，其後乃著竹帛，故經師之說之於學官，古經出於屋壁，多古字古言，非經師不能辨，經之義存乎訓，識字審音，乃知其義，是以古訓不可改也，經師不可廢也。」〔註112〕李海生以二十字概括惠棟「漢學」範型的學風特色：「明源流、篤信漢、從古字、審古音、謹遵古訓、鮮下己見。」〔註113〕吳派漢學以「語義詮釋」為中心，基本上局限於文獻學的層面，而沒有涉及到文本所蘊涵的思想意義，這一點是符合「古典詮釋學」的特徵的。事實上戴震在 1757 年揚州之行惠、戴相見後致錢大昕的信中即對此微露不滿：「晤惠定翁，讀所著《明堂大道錄》，真如禹碑商彝，周鼎齊鍾，霾藏千載，斑斑復睹。微不滿鄙懷者，好古太過耳。」〔註114〕而真正將經典詮釋理論引入哲學領域的正是以「求是」為旨歸的皖派樸學。戴震接受了惠棟「語義詮釋」的方法，但更重要的是，戴震將「語義詮釋」推展到了「通作者之心志」的層次，「由文字以通乎語言，由語言以通乎古聖賢之心志。」〔註115〕這就在「語義詮釋」的範圍之外，加入了「心理詮釋」的方法，從而將文獻學意義上的「古典詮釋學」轉化為哲學層面上的「認知詮釋學」。戴震作為乾嘉樸學的傑出代表，在語文考證方面有著卓越的貢獻，戴氏後學如段玉裁、王念孫等人也是順著這個方向發展。因此，在對戴震學術方法的評述上，後人也多注意其「語義詮釋」的層面而忽視其「心理詮釋」的層面，如洪榜在《戴先生行狀》中說：「先生以為經之至者道也，所以明道者其辭也，所以成辭者字也。必由字以通其辭，由辭以通其道，乃可得之。」〔註116〕但實際上在戴震的經典詮釋思想中，「語義詮釋」和「心理詮釋」二者是合為一體的。經書文本與讀者之間存在著巨大的時間間隔，而這一時間間隔所造成的今古語言文字的差異導致了理解的困難，「故訓」（詁訓）則是溝通時間距離的橋梁，「語義詮釋」實際上是一種翻譯活動，「（而）遺文垂絕，今古懸隔。時之相去，殆無異地之相遠，僅僅賴夫經師故訓乃通，無異譯言以為之傳導也者。」

〔註112〕惠棟：《經義考序》，見盧見曾：《雅雨堂文集》卷 1，《續修四庫全書》集部第 1423 冊，影印清道光二十年盧樞清雅堂刻本。
〔註113〕李海生：《清初學術的兩次轉變及其思想史意義》，《學術月刊》，2003 年第 4 期，77～82 頁。
〔註114〕轉引自蔡錦芳著：《戴震生平與作品考論》，81 頁，桂林：廣西師範大學出版社，2006 年。
〔註115〕戴震：《古經解鉤沈序》，《戴震文集》，146 頁。
〔註116〕洪榜：《戴先生行狀》，見《戴震文集》，252 頁。

〔註117〕但「語義詮釋」並不能克服時間距離所造成的全部理解障礙，必須依靠「知人論世」的「心理詮釋」方法作為「語義詮釋」的補充，戴震舉《詩經》為例：「蓋字義名物，前人或失之者，可以詳而知，古籍具在，有明證也。作詩之意，前人既失其傳者，非論其世，知其人，固難以臆見定也。」〔註118〕名物字義的「語義詮釋」並不足以傳達作者的內心世界，而對作者「心志」的確認則必須通過「知人論世」這一「心理移情」的方法，重新體驗作者的「歷史世界」和「生活經驗」，以克服時間距離、語言差異給理解帶來的障礙。事實上在戴震的詮釋思想中始終存在著「心理詮釋」這一向度，在《春秋究遺序》中他指出：「讀《春秋》者，非大其心無以見夫道之大，非精其心無以察乎義之精。」〔註119〕而在《鄭學齋記》中更明確提出：「是故由六書、九數、制度、名物，能通乎其詞，然後以心相遇。」〔註120〕也就是說，在「通乎其詞」的「語義詮釋」層面之後，還存在著一個「以心相遇」的「心理詮釋」層面。「語義詮釋」並不足以保障知識的客觀性，因為「語義詮釋」作為一種翻譯活動，翻譯者的主觀性起著很大作用，其中最主要的是「緣詞生訓」和「守訛傳謬」，如何能夠確保翻譯者在翻譯活動中最大程度地忠實於「原義」呢？這就需要通過「心理詮釋」的「心理移情」方法，將詮釋者的主體移入詮釋對象的生活環境和心理情景，重新體驗和洞察「作者之心志」，以克服「語義詮釋」過程中的主觀隨意性，「余私謂《詩》之詞不可知矣，得其志則可以通乎其詞。」〔註121〕與通常人們所熟知的「由詞通志」不同，戴震的詮釋方法中還蘊涵著「由志通詞」這一層意思，錢鍾書認為這是戴震詮釋理論中的矛盾之處，「顧戴氏能分見兩邊，特以未能通觀一體，遂致自語相違。」〔註122〕事實上這兩層意思體現的正是戴震詮釋學理論的兩重原則，「由詞通志」是「語義詮釋」，「由志通詞」則是「心理詮釋」，「語義詮釋」是基礎，而「心理詮釋」則進一步保證了「語義詮釋」的客觀性，這兩重原則的交互循環構成了戴震詮釋理論的全貌。

〔註117〕戴震：《古經解鉤沈序》，《戴震文集》，145頁。
〔註118〕戴震：《毛詩補傳序》，《戴震文集》，147頁。
〔註119〕戴震：《春秋究遺序》，《戴震文集》，149頁。
〔註120〕戴震：《鄭學齋記》，《戴震文集》，177頁。
〔註121〕戴震：《毛詩補傳序》，《戴震文集》，146頁。
〔註122〕錢鍾書：《管錐編·左傳正義·隱公元年》，171～172頁，北京：中華書局，1986年。

　　戴震的文本詮釋思想有「語文詮釋」和「心理詮釋」兩個層面，這是戴震區別於乾嘉時期一般考據學者之所在。戴震的「語文詮釋」爲人們所熟知，乾嘉學者所認可、戴震後學所繼承的也主要是其「語文詮釋」的方法，而對其「心理詮釋」的方法則缺乏認識，這也是乾嘉漢學以小學方面的成就而著稱、缺乏義理思想的原因。現代學者在西方詮釋學理論的啓發下，對戴震的文本詮釋思想有了較前人更爲深入的瞭解，如周光慶在《中國古典解釋學導論》中論及戴震的文本詮釋思想時曾提出：「在戴氏的心目中，自兩漢以來直到他所在的雍乾時期，學者們解釋儒家經典在方法上常常存在著兩種相對立的偏差：一種偏差是『鑿空言理』，『語言文字實未之知』，疏於語言解釋。這種偏差主要出自宋明的許多理學家；他與當時的多數學者對此都有共同的認識。而另一種偏差則是不注重闡發義理，不注重『以心相接』，略於心理解釋。這種偏差往往出自當時的考據學者，而恰恰是他與當時許多學者學術思想分歧之所在。……總之，無論從理論內涵還是從運作方式來看，語言解釋與心理解釋都各有其特性和功能，二者的有機結合，便構成了戴震經典解釋方法論的主體。」〔註123〕臺灣學者龔鵬程也認爲，戴震理解和詮釋經典的方法包含著語文、歷史和心理幾個層面，但由於戴震在言談、文章中偏重就語言這一點理論，因此加強了人們對其「語文詮釋」方法的印象，而段玉裁、王念孫等人則將戴震的方法完全簡化爲「聲音文字之學」，導致乾嘉漢學僅能「識字」而不能「明道」。〔註124〕

　　在一定程度上，戴震的詮釋理論與狄爾泰等人所奉行的「認知詮釋學」在內涵上是相通的。潘德榮概括「認知詮釋學」的基本信念爲：「（1）堅信文本中的作者原意是客觀存在的，是惟一的；（2）作者原意可以通過不斷完善的方法被揭示出來。」〔註125〕這也正是乾嘉樸學的基本信念。由於堅信經書中的原意是客觀存在的，因而通過「語義詮釋」、「心理詮釋」等諸種方法以揭明其原意就成了樸學的中心任務。在對經典的詮釋活動中，要求詮釋者「去私」、「去蔽」，將詮釋者的主觀性降到最低層次，以獲取對經典原意的客觀瞭解。戴震認爲，宋明理學的失誤就在於學者的主觀性太強，以至無法獲得關於經典的客

〔註123〕周光慶：《中國古典解釋學導論》，443～445頁，北京：中華書局，2002年。

〔註124〕參見龔鵬程：《語文意義的詮釋》，見楊晉龍主編：《清代揚州學術》。

〔註125〕潘德榮：《知識論與詮釋學》，見洪漢鼎、傅永軍主編：《中國詮釋學》第三輯，61頁。

觀知識：「宋以來儒者，以己之見，硬坐爲古聖人立言之意。」〔註126〕在「語義詮釋」中，「宜平心體會經文，有一字非其的解，則於所言之意必差，而道從此失。」〔註127〕而在「心理詮釋」中，同樣需要詮釋者拋離自身的存在狀態而進入古聖賢的「心志」。換言之，在戴震的詮釋理論中，一切存在者的主觀狀態都被視爲理解的障礙而必須予以克服，「眞理」（作者的原意）立於詮釋者的主體之外與其形成一種二元性的對立關係，而詮釋者的主體則必須在「去私」、「去蔽」的基礎上保持一種「無成見」的狀態，理解過程是主體與眞理的「外在相遇」而非「內在融合」。在戴震的詮釋學理論中始終蘊涵著一個「認識論」的框架，李澤厚曾經說：「戴（震）的特點正在於表現了中世紀倫理學向近代認識論的過渡。它的實質是倫理學（反理學禁欲主義），它採取的角度卻是認識論。」〔註128〕這一「認識論」角度的實質在於認爲眞理、經典之原意、作者之心志都是客觀存在的，而問題在於採取何種方法予以認識，一切主體的成見都會造成對認識的干擾，因而理想的主體狀態應當是排除了一切「成見」的純粹認知主體，惟有如此，才能保證知識的客觀性和純潔性。

4、存在論的詮釋方法：章學誠文本詮釋思想的特徵

但對於章學誠來說，這一自明的、客觀存在的「眞理」是值得懷疑的。「道」並非是封閉於六經中的客觀認知對象，而是在歷史變遷中不斷顯現的「生活經驗」自身，「夫道備於六經，義蘊之匿於前者，章句訓詁足以發明之。事變之出於後者，《六經》不能言，固貴約《六經》之旨隨時撰述以究大道也。」〔註129〕錢穆認爲章學誠言「理」（道）多就「事變」而言：「實齋以事物言理，事物之變，多出《六經》之外，宜不得執《六經》而認爲理之歸宿矣。」〔註130〕「理」既以「事變」而言，那麼清儒考據學試圖以文字訓詁的方法求得六經的「原意」便顯然是一條行不通的道路，對「事變」中透顯出來的「理」之領悟顯然結合著主體自身的生存處境和感受，這一理解過程不是「認知」（主體對客體的把握）而是「領會」（主體和客體的交融）。章學誠特別強調了在理解過程中「初見」的重要地位：

〔註126〕戴震：《與某書》，《戴震全集》（第一冊），211 頁。
〔註127〕戴震：《與某書》，《戴震全集》（第一冊），211 頁。
〔註128〕李澤厚：《中國古代思想史論》，289 頁，合肥：安徽文藝出版社，1994 年。
〔註129〕章學誠：《原道》下，《文史通義新編新注》，104 頁。
〔註130〕錢穆：《中國近三百年學術史》上，426 頁。

理之初見，毋論智愚與賢不肖，不甚遠也；再思之，則恍惚而不可恃矣；三思之，則眩惑而若奪之矣。非再三之力，轉不如始也。初見立乎其外，故神全；再三則入乎其中，而身已從其旋折也。必儘其旋折，而後復得初見之至境焉。故學問不可以憚煩也。然當身從旋折之際，神無初見之全，必時時憶其初見，以爲恍惚眩惑之指南焉，庶幾哉有以復其初也。吾見今之好學者，初非有所見而爲也，後亦無所期於至也，發憤攻苦，以謂吾學可以加人而已矣。泛焉不繫之舟，雖日馳千里，何適於用乎？乃曰學問不可以憚煩。故君子惡夫似之而非也。〔註131〕

「初見」在理解中有著非常特殊的地位，它居於整個理解過程之先，對理解活動起著指引性的作用，而整個理解活動經過曲折、反覆的過程，最後要達到的還是對這一「初見」的領會。這不禁讓我們想起了海德格爾對於「此在」的論述，「此在」在其生存結構中天然地蘊涵有對自身的領會，這是一種「先行具有」的能力，王晴佳說：「實際上，領會本身就是這一『先行具有』能力的集中表現。換言之，人們生活在這個世界中，自然而然地對自己所處的位置有所領悟，並有一種把這一位置改善的願望，因此人們在認識和解釋世界時，便會將那種改善生存的願望投射到詮釋過程中。解釋因此就是把這一存在論的願望概念化而已。」〔註 132〕在這裏，理解被視爲一種詮釋學的活動，理解的目標也不再是外在的客觀世界而是自身在這一世界中的位置，也就是「存在」本身，由此海德格爾實現了詮釋學的「哥白尼式倒轉」。這一「哥白尼式的倒轉」與章學誠對「初見」的強調有著共通之處，對於章學誠而言，「初見」由於其「神全」本身就是一種十分完善的理解，而在認識過程的旋折中，由於認知對象的強大作用，認知者的主觀精神被吸附於認知對象所造成的「知識漩渦」中，易言之，認知對象對認知主體產生了一種「異化」的作用，而在這一過程中，必須以「初見」爲指南，經過再三的努力，回到「初見」的基礎之上，才能完成理解的全部過程。「初見」是理解的起點，同時也是理解的終點，理解活動經過「旋折」、「眩惑」一系列曲折、複雜的過程，最後達到了「復初」的目標。與宋明理學的「復其初」不同，

〔註131〕章學誠：《辨似》，《文史通義新編新注》，158 頁。
〔註132〕王晴佳：《章學誠與現代詮釋學》，華東師範大學中國現代思想文化研究所編《思想與文化》（第三輯），上海：華東師範大學出版社，2003 年。

「初見」不是先驗的道德本體，而是作為歷史性存在的人對於其自身存在的「先行領會」，而一切知識活動都是為了展露、揭示這一存在論意義的「先行領會」。這一「先行領會」包含了主體的歷史際遇和生存感受，也就是哲學詮釋學中的「前見」，日本學者山口久和說：「實齋的『初見』，和方東樹所說的引導訓詁的『義理』是同一種東西，即所謂引導認識的主體性關心。德國解釋學派所強調的認識中的『前見』（Vorurteil）也是和它比較接近的概念。」〔註133〕正因為「前見」是主體所固有的，因而在整個知識活動中起著積極的作用，章學誠也因此說：「故士希賢，賢希聖，希其效法於成象，而非舍己之固有而希之也。」〔註134〕

　　從章學誠的詮釋學思想來說，呈現出與清儒考據學經典詮釋理論的極大差異。在一定程度上，他汲取了考據學的「語義詮釋」和「心理詮釋」，將其構築為自身詮釋學理論的基礎，但更重要的是章學誠從史學角度出發，對人的存在之「歷史性」的根本思考。「道」是考據學和章學誠所共同追求的目標，對於考據學而言，「道」就是經典的原意；而對於章學誠而言，「道」更多地與歷史和人性有關，倪德衛說：「（因此）章學誠的道似乎是人類本性中傾向於一種有秩序的、文明的生活的基本潛能，這一潛能在歷史中逐漸將自己寫出，在那些人們必將認為是正確的和真實的東西中實現自身。……道植根於歷史進程中。道是個別事件和事物背後的『所以然』。但它自身並不是一個外在於歷史的非時間性的價值模型或標準。」〔註135〕「道」是人性中的基本潛能，而這一潛能又隨著歷史的進程而逐步展現自身。這也就同時意味著，「道」並不外在於人性，人是通過認識自身而認識「道」的，對「道」的領悟也就是對人性自身的領悟；而這一人性的「潛能」又是歷史性的，對它的理解或領悟無可避免地捲入了理解者本身的歷史處境和生存感受。在這個意義上，章學誠所設想的詮釋者主體是一個充滿了「歷史性」和「情景化」的主體，他以「性情」為導向，「功力」為工具，對知識進行完善的加工，最終達到不可言喻的「神妙之境」。也只有在這樣的知識活動中，知識才不是與主體漠不相關、冷冰冰的外在客觀知識，而是與主體的生存感受痛癢相

〔註133〕【日】山口久和著、王標譯：《章學誠的知識論》，255頁。
〔註134〕章學誠：《原學》上，《文史通義新編新注》，108頁。
〔註135〕【美】倪德衛著、楊立華譯：《章學誠的生平與思想》，190頁。

關，從而發揮儒學積極入世的「經世之學」本色。〔註136〕

王晴佳說：「我們可以說章學誠對『道』的詮釋，採取的是一種存在論的取徑，與海德格爾有神似之處，而與中國傳統的詮釋學傳統甚至清代的學術思想，都有顯著的差別。」〔註137〕之所以會出現這一差別，事實上從章學誠本人對思想史的描述中可以看出。以戴震爲代表的清代考據學繼承的是程朱理學的傳統，而這一傳統的最大特徵是「理」的形上化，在一種知識論（主客對峙）的框架下展開對「理」的認識；而章學誠所認同的浙東學術上承陸王心學，一方面史學始終是浙東學術中重要特色，另一方面，陸王心學與禪宗、道家有著較深的淵源，「理」更多地被視爲主體的「心」，而在認識方法上，則注重主客觀交融的直覺體驗，對世界的認識被轉化爲對自身「心」的認識，因而在一定意義上具有「存有論」的特點。章學誠的詮釋學思想應當被視爲陸王心學在清代的轉化，這一轉化由道德領域轉入知識領域，正如陸王心學在與朱熹的爭議中同時也吸收了朱學的長處，章學誠在對乾嘉樸學的批判中也吸納、轉化其經典詮釋思想，並最終將其由「認知詮釋學」轉進到「本體詮釋學」的型態。這同時也印證了余英時的推論，戴（震）、章（學誠）之學作爲清代儒學「智識主義」的理論高峰，是朱（熹）、陸（象山）之爭在清代「移步換形」的再現。在某種意義上，「認知詮釋學」和「本體詮釋學」的型態區分，就是這一「移步換形」的最佳注腳。

〔註136〕在這方面，黃俊傑的意見似乎值得注意。黃俊傑認爲儒家經典中的普遍之「理」不是「抽象的普遍性」，而是一種「具體的普遍性」，這就意味著在儒家透過歷史敘述以證立普遍理則的過程中，經典的解讀者實居於樞紐之地位，因爲只有經典解讀者才能體認聖人的行誼，也只有經典解者才能開發出潛藏的「道」或「理」。事實上章學誠一再強調的正是在詮釋過程中詮釋者的樞紐地位，而考據學者強調的則是「文本原義」的樞紐地位，這兩種詮釋思想的差異是章學誠與考據學者的根本矛盾所在。黃俊傑並認爲理想的詮釋方法是「經史通貫」、「理事並觀」、「求一貫於多識之中」，在特殊而具體的歷史經驗中尋求普遍而抽象的理則，這一論點與章學誠所言：「言性命者必究於史」似乎存在著某種神似之處。總之，章學誠的文本詮釋思想與儒家傳統有著深厚的關係，這一點值得我們繼續推論研究。參見李清良：《黃俊傑論中國經典詮釋傳統：類型、方法與特質》，洪漢鼎主編：《中國詮釋學》（第一輯），濟南：山東人民出版社，2003年。

〔註137〕王晴佳：《章學誠與現代詮釋學》，華東師範大學中國現代思想文化研究所編：《思想與文化》（第三輯）。

第六章　章學誠的考證學批判

第一節　《朱陸篇》與《浙東學術》──衡論戴震

1、章學誠與戴震的交往史跡

　　章學誠由「文史校讎」之學凝練出的一整套哲學思想，其主旨是爲了批判風行於乾嘉之世的經學考證，而乾嘉考據學的領軍人物戴震遂成爲他批判的主要目標。在《文史通義》中，除《朱陸》、《書朱陸篇後》之外，另有大量與友人的書信涉及對戴震的評價，如《答邵二雲書》、《與史餘村》、《又與朱少白書》、《又與正甫論文》等，此外，《記與戴東原論修志》則記錄了章學誠與戴震關於地方志的不同觀點。而最能顯示出戴、章之分歧的，則爲章學誠晚年論定的《浙東學術》，在此文中，章學誠通過思想史的追溯，將戴震之學納入以「博雅」爲特色的「浙西之學」，而將自身歸於以「專家」爲旨歸的「浙東之學」。「浙西之學」溯源於朱子學的「通經服古」；「浙東之學」則溯源於陸王心學，並結合了南宋以來浙學重視史學的傾向，以「言性命者必究於史」爲特點。「浙東」、「浙西」之學並行而不悖，而「浙東之學」較之「浙西之學」尤爲源遠流長。通過這一思想譜系的建立，章學誠爲自己以「文史校讎」抗衡「經學考證」找到了歷史的根據和思想的立足點。

　　根據余英時先生的研究，章學誠在乾嘉時期的知識界孤傲自許而又落落寡合，惟期許邵晉涵爲其「身後之桓譚」〔註1〕，而戴震的經學考證在知識界

〔註 1〕 見章學誠：《答邵二雲書》，《文史通義新編新注》，684 頁。

的普遍影響對其構成了巨大的心理壓力，成爲章學誠潛意識中畢生抗爭的對象，《朱陸》及《浙東學術》都是這一「對抗意識」的反映。就章學誠對戴震之學的具體評論而言，倉修良在《章學誠評傳》中曾總結爲三個方面，一是批評戴震誇大考據學的作用；二是批評戴震「心術未醇」；三是批評戴震在修志（地方志）上的觀點。但倉修良先生認爲總體而言章學誠對戴震褒大於貶，批評戴震是爲了突出戴震學術中眞正有價值的東西，「攻瑕而瑜亦粹」，這些批評符合戴震的實際情況，因而不存在門戶之見，而「浙東史學」則是歷史上眞實存在的學術流派，章學誠本人便是這一思想派別的「集大成者」和最後的「殿軍」〔註2〕。上述二人的結論頗有差異之處，但共同之處是揭示了戴震之學對於章學誠的巨大影響。在此處姑且先將評論擱置一邊，看一看章學誠與戴震交往的史迹，以期從歷史的脈絡中探究章學誠對戴震的眞實看法以及這種看法的思想史意義。

根據胡適、姚名達的《章實齋先生年譜》，戴、章會面共有三次，第一次爲乾隆三十一年丙戌（1766），是年戴震入都會試，居新安會館，章學誠由鄭虎文介紹往見戴震，關於這一次會面，章學誠有《與族孫汝楠論學書》記敘其事，在東原卒後並有《答邵二雲書》追記其事；第二次會面則是乾隆三十八年癸巳（1773），戴、章相遇於寧波道署，二人就地方志修撰的觀點發生爭論，章學誠有《記與戴東原論修志》記敘其事；第三次則是同年在杭州吳穎芳的住所，戴震與吳穎芳痛詆鄭樵《通志》，章學誠事後有《答客問》和《申鄭》駁斥了戴震的觀點。關於這三次會面，戴震的《文集》中沒有相關的記錄，而章學誠則每一次都詳述其始末，足見戴震之學在章學誠心目中有著相當重要的地位。關於《朱陸》的著述年份，胡適、錢穆均繫於戴震卒年之乾隆四十二年丁酉（1777），唯錢穆從語氣推斷，認爲是在戴震生前所作，《書朱陸篇後》則作於乾隆五十四年己酉（1789），此外還有一些零星的書信記錄了章學誠對戴震的評價。章學誠認爲自己對戴震的學術思想知之深切，因而能夠洞徹其隱微，而乾嘉時期學術界對於戴震的評價則有失實之處，「有如戴東原氏，非古今無其偶者，而乾隆年間未嘗有其學識，是以三四十年中人，皆視以爲光怪陸離，而莫能名其爲何等學；譽者既非其眞，毀者亦失其實，

〔註2〕參見倉修良、葉建華著：《章學誠評傳》第十一章「浙東史學的殿軍」，南京：南京大學出版社，2002年。

強作解事而中斷之者，亦未有以定其是也。」〔註3〕章學誠自許「辯論學術精微，實有離朱辨色、師曠審音之妙」〔註4〕，因此其對戴震的評論與時人有著大相徑庭之處，但卻反映了戴震在思想史上的眞實地位；並且通過對戴震歷史地位的論斷，章學誠也爲自身的思想找到了恰當的定位。

　　從章學誠與戴震的會面史迹以及就此而作出的歷次評論來看，章學誠對戴震經歷了一個由欽佩而逐漸失望的過程，早期持基本肯定的態度，而後期則論鋒轉爲嚴厲，批評的態度逐漸佔了上風。在戴、章初次相見的當年，章學誠在《與族孫汝楠論學書》中談到戴震時說：

　　　　往僕以讀書當得大意，又年少氣銳，專務涉獵，四部九流，泛覽不見涯涘，好立議論，高而不切，攻排訓詁，馳騖空虛，蓋未嘗不憪然自喜，以爲得之。獨怪休寧戴東原振臂而呼曰：「今之學者，毋論學問文章，先坐不曾識字。」僕重駭其說，就而問之。則曰：「予弗能究先天后天，河、洛精蘊，即不敢讀元亨利貞；弗能知星躔歲差，天象地表，即不敢讀欽若敬授；弗能辨聲音律呂，古今韻法，即不敢讀關關雎鳩；弗能考三統正朔，《周官》典禮，即不敢讀春王正月。」僕重愧其言！因憶向日曾語足下所謂「學者只患讀書太易，作文太工，義理太貫」之說，指雖有易，理實無殊。充類至盡，我輩於四書一經，正乃未嘗開卷卒業，可爲慚惕，可爲寒心！〔註5〕

而在《答邵二雲書》中則云：

　　　　丙戌春夏之交，僕因鄭誠齋太史之言，往見戴氏休寧館舍，詢其所學，戴爲粗言崖略，僕即疑鄭太史言不足以盡戴君。時在朱先生門，得見一時通人，雖大擴生平聞見，而求能深識古人大體，進窺天地之純，惟戴氏可與幾此。而當時中朝薦紳負重望者，大興朱氏，嘉定錢氏，實爲一時巨擎。其推重戴氏，亦但云訓詁名物，六書九數，用功深細而已，及見《原善》諸篇，則群惜其有用精神耗於無用之地，僕當時力爭朱先生前，以謂此說似買櫝而還珠，而人微言輕，不足以動諸公之聽。足下彼時，周旋嘉定、大興之間，亦未聞有所抉擇，折二公言，許爲乾隆學者第一人也。〔註6〕

〔註3〕　章學誠：《與史餘村》，《文史通義新編新注》，686頁。
〔註4〕　章學誠：《與史餘村》，《文史通義新編新注》，687頁。
〔註5〕　章學誠：《與族孫汝楠論學書》，《文史通義新編新注》，800頁。
〔註6〕　章學誠：《答邵二雲書》，《文史通義新編新注》，683頁。

從這兩封書信中可以看出,章學誠初見戴震時,其思想型態尚未確定,因而爲戴震浩博無涯的考證學知識所懾服,但同時也敏感地意識到戴震的學術型態與一般的考據學者不同,在考據學的層面之上尚有自己的義理追求,戴氏的「義理追求」這一層面則爲當時的考據學界所漠視,而戴氏之學正是由於「考據」和「義理」的結合才成爲「乾隆學者第一人」。余英時認爲戴、章初見時論學的內容即包括考證和義理,甚至有可能章學誠讀到的《原善》稿本即直接得之於戴震。〔註7〕因此可以斷定的是,在戴、章初次見面時,戴震對於章學誠的影響是雙重的,一是考據學的壓力,章學誠一生在學術方面的奮鬥都是爲了對抗這一「考據學的壓力」;二是義理的追求,也就是從各種各樣的具體經驗知識中尋求其一以貫之的線索,用章學誠的話來說,也就是尋求事物「當然」背後的「所以然」,這與章學誠「讀書通大意」的思想方法是一致的。因此他不僅當時就意識到了戴震「義理之學」在乾嘉學術界的特有意義,稱許其爲「求能深識古人大體,進窺天地之純,惟戴氏可與幾此。」〔註8〕即使在晚年對戴震肆意譏評的時候,也依然不乏敬意地指出:「凡戴君所學,深通訓詁,究於名物制度,而得其所以然,將以明道也。」〔註9〕可以說,對戴震「義理之學」的尊崇,在章學誠的一生中是一以貫之的,這一點迄至其晚年也沒有改變。

　　章學誠對戴震的認識是從其「義理之學」的角度來認識的,這一點與乾嘉時期知識界的主流觀點相異。就此點而論,應當說章學誠是戴震的學術知己,章學誠對於這一點也自居不疑:「惟僕知戴最深,故勘戴隱情亦最微中。」〔註10〕但對於戴震而言,章學誠則不過是當時學術界的一名無名小卒,並非是理想中「可與論天人性命之學」的對象,身處乾嘉考據學實證主義的風氣之下,其「義理之學」既不爲人所認可,則戴震仍不得不以考據學家的面目示人,因此時隔七年之後(乾隆三十八年,1773)戴、章於寧波、杭州再次會面時,其言論的根據完全是從純粹考據學的立場出發,而沒有涉及「義理

〔註7〕余英時曾對此分析推斷說:「實齋丙戌年在朱筍河、錢曉徵面前極力爲東原的《原善》辯護,顯見他已讀過《原善》稿本。我相信實齋之知有《原善》其書或即直接得之東原。甚至東原當天在修寧會館中即出示實齋以原稿,亦爲情理所可有之事。」見余著:《論戴震與章學誠》,15頁。
〔註8〕章學誠:《答邵二雲書》,《文史通義新編新注》,683頁。
〔註9〕章學誠:《書〈朱陸〉篇後》,《文史通義新編新注》,132頁。
〔註10〕章學誠:《答邵二雲書》,《文史通義新編新注》,683頁。

之學」。而章學誠已於前一年開始著作《文史通義》，並在《和州志例》中初步提出了「六經皆史」的概念，﹝註11﹞當然無法接受戴震關於地方志唯重「地理沿革」的考據學觀點，而認爲應將「文獻」納入方志的範圍，以作爲歷史撰述的材料。因此章學誠在記敘這次會面時，以「經術」和「史學」區分戴震和自己的學術型態，已有與戴震分庭抗禮之勢：「戴君經術淹貫，名久著於公卿間，而不解史學。聞余言史事，輒盛氣淩之。」﹝註12﹞而在晚年對戴震「蓋棺論定」的《書〈朱陸〉篇後》中則直斥戴震「其於史學義例，古文法度，實無所解，而久遊江湖，恥其有所不知，往往強爲解事，應人之求，又不安於習故，妄矜獨斷。如修《汾州府志》，乃謂僧僚不可列之人類，因取舊志名僧入於古迹。又謂修志貴考沿革，其他皆可任意，此則識解漸入庸妄。」﹝註13﹞戴、章最後一次會面是在杭州吳穎芳座次，吳穎芳也是一名考據學者，曾作《吹幽錄》五十卷以駁難鄭樵《通志》，﹝註14﹞鄭樵是清代考據學批評的主要對象之一，四庫館臣認爲《通志》在「三通」中質量最爲下乘，而其原因則在於考證方面的疏漏，戴震1753年《與是仲明論學書》中論及鄭樵時說：「前人之博聞強識，如鄭漁仲、楊用修諸君子，著書滿家，淹博有之，精審未也。」﹝註15﹞將鄭樵與明代的楊慎相提並論，而楊慎是被清代考據學奉爲先導之一的：「明之中葉以博洽著者稱楊慎，……風氣既開，國初顧炎武、閻若璩、朱彝尊等沿波而起，始一掃懸揣之空談。」﹝註16﹞將鄭樵與楊慎等量齊觀尤其是清代考據學者的共識，四庫館臣在論及楊慎的《丹鉛錄》時說：「（楊慎）然漁獵既富，根柢終深，故疏舛雖多，而精華亦復不少，求之於古，可以位置鄭樵、羅泌之間。」﹝註17﹞因此戴震和吳穎芳等人是從考據學的角度

﹝註11﹞ 章學誠在《和州志·藝文書序例》中說：「六經皆屬掌故，如《易》藏太卜，《詩》在太師之類。」見《文史通義新編新注》，912 頁。

﹝註12﹞ 章學誠：《記與戴東原論修志》，《文史通義新編新注》，884 頁。

﹝註13﹞ 章學誠：《書〈朱陸〉篇後》，《文史通義新編新注》，132 頁。

﹝註14﹞ 倉修良在章學誠《答客問》一文的注釋中說：「吳穎芳（1702～1781），清朝文人。字西林，號樹廬，浙江仁和（今杭州市）人。博覽群籍，『常怪鄭樵《通志》，務與先儒爲難，於是取《六書》《七音》《樂略》，一一尊先儒而探其源，成《吹幽錄》五十卷，《說文理董》四十卷，《音韻討論》四卷，《文字源流》六卷，《金石文釋》六卷。』又有《臨江鄉人詩集》四卷。」見《文史通義新編新注》，254 頁。

﹝註15﹞ 戴震：《與是仲明論學書》，《戴震文集》，141 頁。

﹝註16﹞ 《四庫全書總目》卷 119《通雅》條，1028 頁。

﹝註17﹞ 《四庫全書總目》卷 119《丹鉛錄》條，1026 頁。

來看待鄭樵的，認爲其考證雖勤，但疏漏亦多，從清代樸學的觀點來看，是一名不太合格的考據學者。而在章學誠看來，以考據學作爲衡量一切學術的標準，這一觀點是十分狹隘的。鄭樵的學術價值在於其「別識心裁」所創造的通史體例，而非其考據方面的成就，戴震等人以考據的得失作爲準繩以糾量鄭樵，非但失其公允，而且反映了清代考據學主流的一種偏頗意見，即視考據爲唯一的學術型態，並將經學訓詁的方法與標準延伸入一切的學術領域之中。從章學誠的觀點來看，經學訓詁固然重要，但經、史有別，作爲與經學不同的領域，史學有其特有的體例和方法，這是作爲經學家的戴震所無法理解的，在《說林》中他以不指名的方式批評戴震：「人各有能有不能，充類至盡，聖人有所不能，庸何傷乎！今之僞趨逐勢者，無足擇矣。其間有所得者，遇非己之所長，則強不知爲知，否則大言欺人，以謂此外皆不足道。……曾見其人，未暇數責。」〔註18〕在戴、章杭州晤面的當年，章學誠即作《申鄭》以駁斥戴震的論點〔註19〕，《文史通義》的校注者葉瑛曾指出《申鄭》篇的主題是：「當章氏之世，王鳴盛則指鄭樵爲妄人，戴震則斥之爲陋儒，準經衡史，語有過當。章氏心不能平，特著此篇。」〔註20〕可見經、史畛域的劃分是當時章學誠對抗考據學的主要理論武器，而戴震以考據學家的面目出現指斥一切的態度則尤令其反感。余英時曾考察章學誠的成學歷程，認爲章學誠在 1773 年戴、章二度相見時已有一成熟的史學見解蘊於胸中，「故是年兩度與東原會晤都能本其所學所信，與東原的經學考證之見分庭抗禮。」〔註21〕這一分析大體反映了章學誠當時的眞實思想狀況，其已從考據學的壓力下解脫出來，基本確立了自己的思想規模和學術領域，而戴震是時以舉人入四庫館，〔註22〕爲舉世學人所欽慕，故其言談間對自己的「義理之學」深藏如晦，

〔註18〕 章學誠：《說林》，《文史通義新編新注》，229 頁。

〔註19〕 胡適《章實齋年譜》：「先生（章學誠）由寧波返和州，道過杭州，聞戴震與吳穎芳談次痛詆鄭樵《通志》。其後學者頗有訾謷。先生因某君敘說，辨明著述源流。其文上溯馬、班，下辨《文獻通考》，皆史家要旨，不盡爲《通志》發。初名《〈續通志〉敘書後》，後易名《申鄭篇》。」見胡適著：《章實齋年譜》，49 頁。

〔註20〕 章學誠著、葉瑛校注：《文史通義校注》，465 頁。

〔註21〕 余英時：《論戴震與章學誠》，42 頁。

〔註22〕 據段玉裁編：《戴東原先生年譜》：「乾隆三十八年巳，五十一歲。……上開四庫館，……上素知有戴震者，故以舉人特召，曠典也。」見《戴震文集》，233 頁。

而一以考證學權威的面目示人，戴、章的分歧即源於此二度和三度的會面，由此章學誠對戴震的評論開始轉入批評一途。

　　由戴、章三度會面的史跡以及章學誠的事後評論可以看出，作爲「乾隆學者第一人」的戴震，其學術本有「義理」和「考據」兩個方面，「考據」和「義理」在戴震本是綰合爲一的，這一點作爲戴震論敵的章學誠尤爲清楚：「凡戴君所學，深通訓詁，究於名物制度，而得其所以然，將以明道也。」〔註23〕但清代考據學者所重戴震者僅在其名物訓詁，而對於其「義理之學」則置之弗講，且有加以抨擊者，如清末李慈銘記載翁方綱評論戴震之「義理學」說：「惟評其論性諸篇，謂立意在駁朱子性即理也，常聞其口說縷縷矣，其實無所見；又云不過不甘以考訂自居，欲顯其進窺聖道耳，到底一字講不出；又云此等文字頗與惠定宇《易述》後幅亦性相似，實皆與經義無涉。」〔註24〕在這種考證／義理的緊張關係中，戴震必須有意識地隱晦其「義理之學」而凸顯其「考據學者」的身份，由此而出現章學誠所記述的「筆舌分施」的現象：「抑知戴氏之言，因人因地因時，各有變化，權欺術御，何必言之由中。」〔註25〕根據章學誠的分析，戴震的言論約有三種情況：「與中朝顯官負重望者，則多依違其說，間出己意，必度其人所可解者，略見鋒穎，不肯竟其辭也；與及門之士，則授業解惑，實有資益；與欽風慕名而未能遽受教者，則多爲慌惚無據，玄之又玄，使人無可捉摸，而疑天疑命，終莫能定。」〔註26〕從戴震的角度而言，章學誠無疑是屬於第三種的「欽風慕名」之士，既不足與深論「天人理氣」之「義理之學」，則惟有張大考據學的立場，使對方仰慕信從而已。戴、章初見時，戴震即告以「今之學者，毋論學問文章，先坐不曾識字」；二度相見之「方志唯重沿革」；三度相見時之譏彈鄭樵，所抱持的都是純粹考據學者的立場，而絲毫沒有涉及「義理之學」的藩籬，這對章學誠而言是不能令人愜意的，由此也埋下了戴、章關係破裂的根源。章學誠後來對戴震的一系列批評，其矛頭指向都是針對戴震的考據學理論。在章學誠看來，戴震「口談」中流露出的對考據學無節制的推崇，割斷了其「義理之學」和「考據學」之間的有機聯繫，而貶斥朱熹，則是遺忘了考據學與宋學

〔註23〕章學誠：《書〈朱陸〉篇後》，《文史通義新編新注》，132 頁。
〔註24〕李慈銘撰、由雲龍輯：《越縵堂讀書記》中，760 頁，北京：中華書局，2006年。
〔註25〕章學誠：《答邵二雲書》，《文史通義新編新注》，683 頁。
〔註26〕章學誠：《書〈朱陸〉篇後》，《文史通義新編新注》，133～134 頁。

之間的學統關係，而企圖掩宋學以代之，將考據學建立爲唯一的學術「範式」。章學誠由此將戴震視爲清代考據學的代言人而對其展開批判。

2、章學誠批評戴震的具體內容

系統梳理章學誠對戴震的批判，大致可以分爲三個方面，（一）是對戴震「以考據明道」的學術方法及其「義理之學」的推崇，章學誠認爲在這一層面上戴震有別於清代考據學的主流，是高於一般的考據學者的；（二）是批評戴震將考據學的方法無限誇大，甚至以此作爲標準來衡量史學，這是不明經、史之流別，反映了戴震作爲經學家的狹隘立場，同時也反映了清代考據學經學訓詁方法的局限性；（三）批評戴震貶斥朱熹是出於「心術未醇」，自忘其學統源流，這一方面是清代考據學純粹「道問學」的精神導致了道德踐履的失衡，同時也將考據學的發展方向引入了「狹窄化」的方向，「小學化」的經學研究取代了「明道」的要求，考據學與義理學徹底脫鉤，從而成爲乾嘉樸學發展中的隱憂。從章學誠的視野中來看，戴震之學從早期的「義理」「考據」通貫而走向了後期「義理」「考據」相分離的單純考據學立場，而這一走向也反映了乾嘉樸學的歷史發展方向。客觀公允地說，「章學誠視野中的戴震」與「思想史上的戴震」是有區別的，「思想史上的戴震」直至晚年仍堅持其「明道」的方向而發展其「義理之學」，卒年（乾隆四十二年，1777）丁酉五月二十一日與段玉裁書云：「僕生平著述最大者，爲《孟子字義疏證》一書，此正人心之要。今人無論正邪，盡以意見，誤名之曰理，而禍斯民。故《疏證》不得不作。」〔註27〕這是與「及門之士」而言，所謂「授業解惑，實有資益」，是戴震眞誠心聲的祖露。而「章學誠視野中的戴震」則主要從其「口談」出發，「獨至戴氏，而筆著之書與口騰之說，或如龍蛇，或如水火，不類出於一人，將使後人何所準也！」〔註28〕「由其筆著之書，證其口騰之說，不啻相爲矛盾。」〔註29〕戴震「口談」中流露最多的當爲「闢宋儒」，「闢宋儒」正是清代考據學的一貫見解，當「四庫館」開的清學全盛時期，「漢宋之分」的壁壘已隱然可見，余英時認爲：「東原平時昌言排斥程、朱而復詆彈逾量，並

〔註27〕戴震：《與段若膺書》，《戴震全集》（第一冊），228頁。亦見於段玉裁編：《戴東原先生年譜》，載《戴震文集》，241頁。

〔註28〕章學誠：《答邵二雲書》，《文史通義新編新注》，684頁。

〔註29〕章學誠：《與史餘村》，《文史通義新編新注》。

不反映程、朱思想的勢力如何浩大；相反地，這恰表示當時的學術界中正激盪著一股反宋的暗流，東原雖標榜『空所依傍』的精神，但也不能不依違其間，以爭取考證學家的同情與支持。」〔註30〕就戴震而言，對程朱的「昌言排斥」一方面是基於其哲學理念與程朱的差異，另一方面則是爲了突出考證學的地位。而就戴氏後學的發展來看，則由於鄙棄程朱而完全拋棄了義理學的追求，將樸學引入了「小學化」的實證研究一途。由於戴震「口談」對乾嘉樸學整體走向所產生的巨大影響力，因此章學誠不得不對此進行辯駁：「不知誦戴遺書而得其解者，尚未有人，聽戴口說而益其疾者，方興未已，故不得不辨也。」〔註31〕

以下就章學誠「戴震批評」的三個方面進行具體分析。

（一）戴震在乾嘉學界以名物訓詁見重於時，而其「義理之學」並不爲人所重視，推原乾嘉學者的看法，是認爲「考據」（漢學）和「義理」（宋學）屬於兩個不同的獨立領域，考據學的任務唯在於知識「量」的擴充，而不是從雜多的經驗事實中追尋其一貫的線索，戴震的「義理學」研究在他們看來便是超越了「考據」的界限，這一態度有些類似於當代分析哲學中唯重分析語詞意義而「拒斥形而上學」的立場。戴震之所以能夠超越「考據」的界限而進入「形而上學」的哲學領域，則在於其獨到的詮釋學方法，即本文第五章中所論述的「語義詮釋」和「心理詮釋」的相結合，也就是說，戴震的「考據」不止於語詞意義的分析，而且通過心理體驗的方式重構作者的「歷史世界」以通乎「古聖賢之心志」。黃愛平指出：「戴震既重視經書文字、音韻、訓詁本身的客觀考證，又強調並最終歸結到個人心志的主觀認同，並且把二者巧妙地結合起來，形成了其學術主張的獨特風格。」〔註32〕由「心志」的強調就突出了個人理性判斷的作用，因而能對歷史上存在的各種學說「空所依傍」而折衷其是，並進而貫通其線索上昇到理性思考的哲學層次。戴震曾以「轎夫」和「轎中人」設喻，說明其「六書九數之學」與「義理之學」的關係，「六書九數」是客觀實證之學，而「義理之學」則牽涉到個人的主觀判斷，客觀實證的知識最終而服從於個體的主觀判斷，這就如同「轎夫」要服

〔註30〕余英時：《論戴震與章學誠》，127 頁。
〔註31〕章學誠：《答邵二雲書》，《文史通義新編新注》，684 頁。
〔註32〕黃愛平：《乾嘉漢學治學宗旨及其學術實踐探析》，《清史研究》，2002 年第 3 期。

從「轎中人」的指揮一樣,這一比喻所暗示的無非是學者之主體對於客觀知識的統率作用。這一見解與章學誠對知識主體的強調是一致的,章學誠曾以類似的比喻指出,「文辭」猶如三軍,而「志識」則為其將帥,「考據」的知識經過「文辭」的潤色,在「志識」的統領下才能紐合為一個「一貫」的系統而呈現「立言宗旨」。章學誠認為戴震有別於一般考證學家的地方即在於,在客觀實證的「考據」上面設置了「心志」的作用,從而能夠擺脫「墨守」,發揮出其獨到的「義理」,在評論戴震的《鄭學齋記》時,他認為戴震對於「鄭學」(東漢鄭玄之學)的態度是「會通」而非「墨守」,「大約學者於古,未能深究其所以然,必當墨守師說。及其學之既成,會通於群經與諸儒治經之言,而有以灼見前人之說之不可以據,於是始得古人大體而進窺天地之純。故學於鄭而不敢盡由於鄭,乃謹嚴之至,好古之至,非蔑古也。」〔註33〕而一般的清儒考據學者則唯以「古義」為尚而毫無心得:「乃世之學者,喜言墨守,墨守固專家之業,然以墨守為至詣,則害於道矣。」〔註34〕考據學的「墨守」、「泥古」傾向導致其只注重語詞意義而不關注觀念之間的內在聯繫,這是由於缺乏主體之「心志」對於經驗知識的統合作用,由此知識遂成為缺乏意義關聯的「碎義逃難」,僅有「局部」而無「整體」,僅有「下學」而無「上達」。戴震在這一點上超越了考據學之局限,由客觀實證之「考據」知識中凝煉出一套系統的哲學觀念,而又「文筆清堅,足以達其所見。」〔註35〕因此章學誠認為:「近日言學問者,戴東原氏實為之最。以其實有見於古人大體,非徒矜考訂而求博雅也。」〔註36〕

「博雅」是章學誠對乾嘉考據學的定評,但他認為戴震「實有見於古人大體,非徒矜考訂而求博雅」,可見章學誠是將戴震區別於一般的考證學者的。而戴、章在學術理念上的相通之處即在於「求見古人之大體」,而在這一點上他們又共同遭到了清代考據學者的非難。洪榜在戴震身後為其作《行狀》,將戴震與彭紹升論學的《與彭進士尺木書》全文錄入,朱筠則以為:「可不必載,性與天道不可得聞,何圖更於程、朱之外復有論說乎?」〔註37〕而其理由據洪榜推測則是:「經生貴有家法,漢學自漢,宋學自宋,今既詳度數,

---

〔註33〕章學誠:《〈鄭學齋記〉書後》,《文史通義新編新注》,581 頁。
〔註34〕章學誠:《〈鄭學齋記〉書後》,《文史通義新編新注》,581 頁。
〔註35〕章學誠:《答沈楓墀論學》,《文史通義新編新注》,715 頁。
〔註36〕章學誠:《又與正甫論文》,《文史通義新編新注》,807 頁。
〔註37〕江藩:《國朝漢學師承記》,98 頁,北京:中華書局,1998 年。

精訓故，乃不可復涉及性命之旨意，反述所短以掩所長。」〔註38〕可見當時的考據學者是將戴震的「義理之學」作爲「宋學」來看待的。而章學誠討論其哲學觀念的《原道》在當時也同樣被目爲「宋學」，據邵晉涵說：「是篇（《原道》）初出，傳稿京師，同人素愛章氏文者皆不滿意，謂蹈宋人語錄習氣，不免陳腐取憎，與其平日爲文不類，至有移書相規誠者。」〔註39〕正是由於章學誠與戴震在爲學取向上的一致，才使他能夠看出戴震之學的底蘊和眞正價值不在於「考據」而在於「義理」：「世人方貴博雅考訂，見其訓詁名物有合時好，以謂戴之絕詣在此。及戴著《論性》、《原善》諸篇，於天人理氣，實有發前人所未發者，時人則謂空說義理，可以無作，是固不知戴學者矣。」〔註40〕

　　（二）章學誠欣賞戴震的「義理之學」，主要是認爲戴震擺脫了一般考據學者的成見，將「考據」和「義理」合一，以「考據」而「明道」。但章學誠同時認爲，「明道」的途徑並非只有「考據」一途，一切的知識門類，如史學、古文辭，只要深究其背後的「所以然」，都可以達到「明道」的目的，同時由於人的「天質之良」不同，也就是天性中的知識傾向和稟賦不同，客觀上也造成了「明道」的途徑不同。而戴震誇大考據學的作用，將「考據」視爲「明道」的唯一途徑，則是出於一種狹隘的考據學者的偏見，而無視於人類文化的豐富性：「其自尊所業，以謂學者不究於此，無由明道；不知訓詁名物，亦一端耳。」〔註41〕

　　倪德衛曾指出，戴震與章學誠對自己的定位是不同的，戴震自認爲是經學家，「道」雖然不離人倫日用，但其作爲「必然之理」已經由古聖賢歸納爲經典之命題，而語言學的方法（訓詁）則是解開經典命題的鑰匙。章學誠則認爲自己是史學家和古文辭家，他必須思考自己的知識領域與「道」的關聯，章學誠的思考結果是，「道」不能被歸結爲經書中的「命題陳述」（statement），而是與「事」結合在一起對終極價值的「表達」（expression），也就是所謂「即器以明道」。「道」不能脫離「事」而成爲先驗的抽象命題，而直接就是「事」的「表達」。因此一切作爲「下學之器」的知識門類，都直接「表達」了作爲

〔註38〕江藩：《國朝漢學師承記》，98 頁，北京：中華書局，1998 年。
〔註39〕章學誠著、葉瑛校注：《文史通義校注》，140 頁。
〔註40〕章學誠：《書朱陸篇後》，《文史通義新編新注》，132 頁。
〔註41〕章學誠：《書朱陸篇後》，《文史通義新編新注》，132 頁。

「所以然」的「道」，而考據學只是其中之一種，並不佔有特殊的地位。〔註42〕針對戴震對考據學的誇大之詞，章學誠反駁說：

> 戴氏深通訓詁，長於制數，又得古人之所以然，故因考索而成學問，其言是也。然以此概人，謂必如其所舉，始許誦經，則是數端皆出專門絕業，古今寥寥不數人耳，猶復此糾彼訟，未能一定，將遂古今無誦五經之人，豈不誣乎！孟子言井田封建，但云大略；孟獻子之友五人，忘者過半，諸侯之禮，則云未學，爵祿之詳，則云不可得聞。使孟子生後世，戴氏必謂未能誦五經矣！馬、班之史，韓、柳之文，其與於道，猶馬、鄭之訓詁，賈、孔之疏義也。戴氏則謂彼皆藝而非道，此猶資舟楫以入都，而謂陸程非京路也。〔註43〕

戴震說「誦《堯典》，至乃命羲和，不知恒星七政，則不卒業；誦《周南》、《召南》，不知古音則失讀；誦古《禮經》，先士冠禮，不知古者宮室衣服等制，則迷其方。」〔註44〕這一說法與章學誠在〈與族孫汝楠論學書〉中所記述的戴震論學語相符，而更早則是見於戴震乾隆二十二年丁丑（1757）所作的《與是仲明論學書》。據段玉裁《戴東原先生年譜》記錄：「仲明名鏡，是姓，江陰人，客遊於揚者。欲索先生《詩補傳》觀之，先生答此書。『平生所志，所加工，全見於此』，亦以諷仲明之學非所學也。仲明築室於江陰舜過山講學，其人不為先生所重，故諷之。」〔註45〕乾隆二十二年戴震與惠棟於揚州相見，論學由「漢宋並舉」轉入「尊漢反宋」，〔註46〕是仲明是一名不為戴震所重視的學者，其論學似乎有「宋學」的傾向，是故戴震在書末結語中謂：「如宋之陸，明之陳、王，廢講習討論之學，假所謂『尊德性』以美其名，然舍夫『道問學』，則惡可命之『尊德性』乎？」〔註47〕是仲明與章學誠都是考據學圈外

〔註42〕參見【美】倪德衛著、【美】萬白安編、周熾成譯：《儒家之道》，322～323頁。

〔註43〕章學誠：《又與正甫論文》，《文史通義新編新注》，808頁。

〔註44〕章學誠：《又與正甫論文》，《文史通義新編新注》，807頁。

〔註45〕段玉裁：《戴東原先生年譜》，見《戴震文集》，223頁。

〔註46〕余英時論述戴震在1757年的學術轉向時說：「1757年東原遊揚州，識定宇於都轉運使盧雅雨見曾署中，論學極為相得，這是乾、嘉學術史上一件大事……積極方面，定宇是否影響了東原此後在義理方面的發展，是別一問題。但消極方面，惠、戴1757年揚州之會，彼此曾默默地訂下了反宋盟約大概是可以肯定的。」見余著：《論戴震與章學誠》，121～122頁。

〔註47〕戴震：《與是仲明論學書》，《戴震文集》，141頁。

的學者，思想傾向也都帶有「尊德性」的宋學氣質，故戴震對二人論學的口氣如出一轍，顯示了考據學的絕對立場。

　　章學誠初見戴震時頗爲這種精密的考據方法所震動，但是這一精密的考據方法與章學誠的氣質與學術路向並不一致，章學誠經過長期思索確立了自己以「文史校讎」明道的方式，並對戴震的考據學理論進行了反思。他指出，乾嘉考據學中的大多數學者只是「器數之學」而沒有一定的祈向和宗旨，即使像戴震這樣通過「考據」而「得其所以然」，也只是因爲戴震是屬於天性「沉潛」的學者，「考據」這一知識類型和戴震的「資性」相吻合，無法強求所有的學者都按照戴震所設計的途徑以求「明道」。如果以戴震的理論作爲標準，那麼數千年來的學者都將被摒棄於經學的大門之外，甚至連孟子也不能例外，這對以「直承孟子」自命的戴震而言無疑是一個巨大的反諷。而更重要的是，如果將「經學考據」樹立爲唯一的知識「範式」，那麼史學和文學則將喪失其作爲學問的根基，對章學誠而言，這將意味著他所從事的學術領域失去了「合法性」的根據，這是章學誠所無法接受的。因此章學誠一方面指出，就清儒考據學的一般型態而言（戴震似應除外），拘泥於「器數之學」的層面而缺乏心靈的會通並不足以「明道」，「曾子之於聖門，蓋篤實致功者也，然其言禮，則重在容貌、顏色、辭氣，而籩豆器數，非君子之所貴。」〔註 48〕另一方面，「考據」即使作爲「明道」的有效工具，也僅是「道中之一事」，其地位與史學、文學相等，因爲「經學訓詁」的對象「經」也只是「器」而非經學家認爲的「載道之書」，在這一點上「經」與諸子百家之書以及後世的一切著述、學術都是相同的，「經經史緯，出入百家，途轍不同，同期於明道也。」〔註 49〕「學術當然，皆下學之器也；中有所以然者，皆上達之道也。器拘於迹而不能相通，惟道無所不通，是故君子即器以明道，將以立乎其大也。」〔註 50〕經、史之學的劃分是從其外部型態著眼的，而就其內在精神而言，則是「同期於明道」而無分軒輊：「經史者，古人所以求道之資，而非所以名其學也。經師傳授，史學世家，亦必因其資之所習近而勉其力之所能爲，殫畢生之精力而成書，於道必有當矣。」〔註 51〕乾嘉樸學崇尚經學而卑視史

〔註 48〕章學誠：《又與正甫論文》，《文史通義新編新注》，808 頁。
〔註 49〕章學誠：《與朱滄湄中翰論學書》，《文史通義新編新注》，708 頁。
〔註 50〕章學誠：《與朱滄湄中翰論學書》，《文史通義新編新注》，709 頁。
〔註 51〕章學誠：《與朱滄湄中翰論學書》，《文史通義新編新注》，709 頁。

學和辭章之學，是狃於風氣循環的拘墟之見，而對作爲學術「所以然」的「道」沒有眞正的認識。

對「考據學」絕對性地位的強調導致了學術的分歧，乾隆年間的學風即陷於義理、考據、辭章三者的彼此消長和糾纏中，「而近人所謂學問，則以《爾雅》名物，六書訓故，謂足盡經世之大業，雖以周、程義理，韓、歐文辭，不難一唌置之。其稍通方者，則分考訂、義理、文辭爲三家，而謂各有其所長。不知此皆道中之一事耳，著述紛紛，出奴入主，正坐此也。」〔註52〕這一分歧的局面與戴震對「考據」的片面強調是分不開的，章學誠通過對戴震的批判，揭示了考據學理論的片面性和局限性，同時將史學擡高到了與經學並列的位置，（而其晚年的「六經皆史」說則有將史學凌駕於經學之上的趨勢）以爲其「文史校讎」之學張目，這應當說是章學誠對戴震考據學批判的中心要旨所在。

（三）章學誠對戴震批評最爲嚴厲的則是有關於戴震的「心術」，這與章學誠對戴震學術的一個基本判斷有關，即以「反宋學」面目出現的戴震，其學統源流正是出於朱熹的「道問學」系統。在《朱陸》篇中，他將這一學術譜系描繪爲：「朱熹－黃幹、蔡沈－眞德秀、魏了翁、黃震、王應麟－金履祥、許謙－宋濂、王禕－顧炎武、閻若璩－（戴震）」，在另一處《又與朱少白書》中，則將黃宗羲也列入這一譜系中。〔註53〕戴震之學出於朱熹，但卻「飲水忘源」，對朱熹口誅筆伐，流風所及，「至今徽歙之間，自命通經服古之流，不薄朱子，則不得爲通人，而誹聖排賢，毫無顧忌，流風大可懼也。」〔註54〕

《朱陸》作於戴震生前，其中對戴震並未指名道姓，直到戴震去世十餘年後的《書〈朱陸〉篇後》中才明言《朱陸篇》的宗旨在於批評戴震。仔細分析《朱陸》篇的結構，應當分爲前、後兩個層次，前一層次是批判有一種「僞陸王」的學者自命朱學以攻擊陸王，而其實空疏不學，應當摒棄於朱學的源流之外而名之爲「僞陸王」；後一層次則指出在乾嘉之世，眞正出自朱學

〔註52〕章學誠：《與陳鑑亭論學》，《文史通義新編新注》，717頁。
〔註53〕章學誠：《又與朱少白書》：「（朱子之教）一傳而爲蔡九峰、黃勉齋，再傳而爲眞西山、魏鶴山，三傳而爲黃東發、王伯厚，其後如許白雲、金仁山、王會之，直至明初宋潛溪、王義烏，其後爲八股時文中斷。至國初而顧亭林、黃梨洲、閻百詩皆俎豆相承，甚於漢之經師譜系。戴氏亦從此數公入手，而痛斥朱學，此飲水而忘其源也。」見《文史通義新編新注》，783頁。
〔註54〕章學誠：《書朱陸篇後》，《文史通義新編新注》，133頁。

源流、承襲了朱子治學精神的學者則已忘卻了自身的學術源流，反而因為考據精密程度的提高而貶斥朱熹，是「慧過於識而氣蕩乎志」，這一層次即是指戴震而言。歷來學者對後一層次把握較為分明，而對前一層次的「僞陸王」學者則不知所指，葉瑛僅含糊認為：「於當日騖博而學無歸宿，快抨擊以赴一閧之市者，實欲有所折衷而救其偏也。」〔註 55〕日本學者山口久和也認為，章學誠這一段文字的創作意圖「非常難以理解」，因為康、乾之世的朱子學者並沒有特別批判過陸王心學。〔註 56〕但是衡諸章學誠本人和當時人的記錄，我們發現，康、乾之世的朱子學還是有著很大的勢力，朱子學者對陸王的批判在一定的層面上還在進行。這裏我們舉三條史料為證據：

1、盧文弨批判李紱（陸王學者）：「陸氏之學實出於禪，蓋終其身弗變也。……吾怪夫人之惑，固有不可解者。近時人又有為《陸子學譜》及《朱子晚年全論》、《朱子不惑錄》等書，不過復襲程、王之唾餘而少變其說，以為朱子晚年其學與陸氏合，其論與陸氏異。此語更齦齦不足辨，顧反痛詆此書。無知之人道聽途說，是誠何心哉！」〔註 57〕

2、章學誠論張良御：「《依歸草》十卷，揚州張符驤良御所撰古文辭也。……學問墨守朱子，然識見猥陋，至論《毛詩》名物、叶韻，務守朱子之說，一字不容變通，可為顓且愚矣。其詆訶陸王，全是村學究講章習氣，其與陳大始書，至於惡聲詈罵，彼此俱全失斯文雅道，講朱學者，尤不應蹈此等氣象。……且觀符驤氣象，全是當時趨風氣而僞張紫陽幟者。」〔註 58〕

3、章學誠論陸隴其：「程朱之學，乃為人之命脈也。陸王非不甚偉，然高明易啓流弊。若謂陸王品遜程朱，則又門戶之見矣。但程朱流弊，雖較陸王為輕，而迂怪不近人情，則與狂禪相去亦不甚遠。如陸當湖，最為得程朱之深矣，猶附和砒霜可吃之謬論，況他人遠不若當湖先生者乎？余干貢生張時，亦講程朱，而荒陋不學，又喜附會穿鑿，言之令人噴飯滿案，程朱有靈，則當操杖而搏逐之矣。……然此等不足貶損程朱，則狂禪末流，又豈足貶損陸王乎？」〔註 59〕

〔註 55〕章學誠著、葉瑛校注：《文史通義校注》，266 頁。
〔註 56〕詳見【日】山口久和著、王標譯：《章學誠的知識論》，56～57 頁。
〔註 57〕盧文弨：《書學蔀通辨後》，見盧文弨著、王文錦點校：《抱經堂文集》，144 頁，北京：中華書局，2006 年。
〔註 58〕章學誠：《信摭》，《章學誠遺書》，370 頁。
〔註 59〕章學誠：《乙卯札記》，《章學誠遺書》，393 頁。

　　盧文弨是與乾嘉時期著名的考據學者，爲學則不廢程朱而非難陸王，亦可見當時的漢學陣營中程朱學還存在著一定的影響力。而從章學誠的論述中則可以看出，張良御、陸隴其等程朱學者即是他在《朱陸》篇前一段中所指斥的自命朱學而實無心得的「僞陸王」學者，《朱陸》篇稱：「今得陸、王之僞而自命朱學者，乃曰：『墨守朱子，雖知有毒，猶不可不食。』」〔註 60〕這顯然指的就是陸隴其的「砒霜可吃之謬論」。康熙年間，就理學與心學的地位問題曾引起過激烈的爭論，在《明史》是否應設「道學傳」以及王陽明是否應入「道學傳」的問題上，程朱學者（如張烈）和陸王學者（如毛奇齡）持論互不相下，最後由於清聖祖傾向於程朱理學，程朱理學遂被定爲官學而風靡一時，陸王心學則日漸微弱。〔註 61〕在當時由於清廷文化政策的影響，出現了一大批如張良御這樣的「趨風氣而僞張紫陽幟」的學者，他們自命朱學，對陸王橫加詆斥，「乃有崇性命而薄事功，棄置一切學問文章，而守一二章句、集注之宗旨，因而斥陸譏王，憤若不共戴天，以謂得朱之傳授。」〔註 62〕在章學誠看來，這批僞冒的程朱學者「村陋無聞，傲狠自是」，甚至連「僞朱」也談不上，只能名之爲「僞陸王」。由此可見，《朱陸》篇的前半段實際針對的是康熙至乾隆初年學術界「崇朱貶陸」的風氣而言，這也是《朱陸》篇部分的命意所在。

　　「僞陸王」實際是僞冒的程朱學者，應當摒棄於朱學的源流之外，揭示這一點是爲了暗示，進入清代以後，眞正承襲了朱學統緒的是以「經學訓詁」面貌出現的考據學者，其中尤以戴震爲首選的代表人物，「今人有薄朱氏之學者，即朱氏之數傳而後起者也。其與朱氏爲難，學百倍於陸、王之末流，思更深於朱門之從學，充其所極，朱子不免先賢之畏後生矣。然究其承學，實自朱子數傳之後起也，其人亦不自知也。」〔註 63〕所謂「其人」即指戴震。戴震之學出於新安理學的婺源江愼，李慈銘說：「蓋戴氏師江氏，而江氏之學由性理以通訓詁，戴氏之學則由訓詁以究性理。」〔註 64〕則戴震之學確有其理學的根源，但戴震中年以後論學轉入考據一途，在義理上也逐漸與程朱發

〔註 60〕章學誠：《朱陸》，《文史通義新編新注》，127 頁。
〔註 61〕參見汪學群：《關於清前期學術思想的爭論》第二節《理學與心學之爭》，《清史論叢》2001 年號，202～207 頁，北京：中國廣播電視出版社，2001 年。
〔註 62〕章學誠：《朱陸》，《文史通義新編新注》，127 頁。
〔註 63〕章學誠：《朱陸》，《文史通義新編新注》，128 頁。
〔註 64〕李慈銘撰、由雲龍輯：《越縵堂讀書記》中，760 頁。

生差異，因而無論在著作、「口談」中都對朱熹頗有微詞。章學誠並不以戴震的義理爲非，「其《原善》諸篇，雖先夫子（朱筠）亦所不取。其實精微醇邃，實有古人未發之旨，鄙不以爲非也。」〔註65〕同時他也承認，宋學確有可議之處，「第其流弊，則於學問、文章、經濟、事功之外，別見有所謂『道』耳。……無怪通儒恥言宋學矣。」〔註66〕但章學誠同時認爲，朱學的眞正面目是「求一貫於多學而識，寓約禮於博文，是本末之兼該也。」〔註67〕戴震的學術正是從這一點上深得朱學之本源，但是戴震卻因爲自己在「訓詁考據」方面的成就超越了朱熹，因而在「口談」中流露出對朱學的鄙薄，甚至有取代宋儒學統的想法，「戴君學術，實自朱子道問學而得之，故戒人以鑿空言理，其說深探本原，不可易矣。顧以訓詁名義，偶有出於朱子所不及者，因而醜貶朱子，至斥以悖謬，詆以妄作。」〔註68〕這是一種完全以考據論是非的立場。章學誠認爲，考據學正如天文曆法之學，後起者必然比前人精密，但卻不能因後人的精密而貶低前人的成就，「因後人之密而貶羲、和，不知即羲、和之遺法也。」〔註69〕戴震對朱熹的批評顯示了考據學家的偏執之見，而更爲嚴重的是，這一導向將使清代考據學進一步向狹義的「經學考證」的方向發展而失去義理追求，「以僕所聞，一時通人表表於人望者，有謂『異日戴氏學昌，斥朱子如拉朽』者矣。有著書闢宋理學，以謂六經、《論語》無理字，不難以《易傳》『窮理盡性』爲後儒之言，而忘『義理悅心』已見《孟子》者矣。」〔註70〕這裏所指的是戴震後學、揚州學派的凌廷堪，凌氏曾說：「《論語》皆孔門遺訓，其中無一『理』字。……至『天理人欲』四字，始見於《樂記》，亦漢儒採諸《文子》，去聖人則已遠矣。」〔註71〕可見戴震的「口談」對其承學者之影響。戴震身後，「其小學之傳，則有高郵王給事念孫、金壇段大令玉裁傳之；測算之學，則有曲阜孔檢討廣森傳之；典章制度之學，則有興化任

〔註65〕章學誠：《又與朱少白書》，《文史通義新編新注》，783 頁。
〔註66〕章學誠：《家書五》，《文史通義新編新注》，822 頁。
〔註67〕章學誠：《朱陸》，《文史通義新編新注》，127 頁。
〔註68〕章學誠：《書朱陸篇後》，《文史通義新編新注》，133 頁。
〔註69〕章學誠：《朱陸》，《文史通義新編新注》，128 頁。
〔註70〕章學誠：《答邵二雲書》，《文史通義新編新注》，684 頁。
〔註71〕張其錦：《凌次仲先生年譜》，見薛貞芳主編：《清代徽人年譜合刊》上，551 頁，黃山書社，2006 年。

御史大椿傳之：皆其弟子也。」〔註72〕惟獨「義理之學」寂寂無聞，凌氏也
僅委婉地指出：「而理義固先生晚年極精之詣，非造其境者，亦無由知其是非
也。其書具在，俟後人之定論云爾。」〔註73〕乾嘉樸學在戴震之後發展到了
極盛的地步，梁啓超論其學術方法與治學範圍：「其治學根本方法，在『實事
求是』、『無徵不信』。其研究範圍，以經學爲中心，而衍及小學、音韻、史學、
天算、水地、典章制度、金石、校勘、輯逸等等，……當斯時也，學風殆統
於一。」〔註74〕考據學學風「博而不約」，無法從繁多的事實中透顯出心靈的
「獨斷」，這與戴震「口談」中貶低宋儒有著極大的關係，因此章學誠慨歎：
「今日之患，又坐宋學太不講也。」〔註75〕對戴震「心術」的批判，不僅是
「知人論世」的道德評價，同時也結合著章學誠對時代風氣、學術路向的深
沉憂慮。

3、關於「浙東學派」的問題

在《朱陸》篇和《書朱陸篇後》中，章學誠爲戴震的朱學源流建立了一
個譜系，但對朱學的對立面陸王心學在清代的發展並沒有作出明確的表述，
並且從總體而言，認爲朱學的「流別」優於陸王。但在晚年的《浙東學術》
篇中，這一論點有了轉向，朱學在清代轉型爲以「博雅」見長的「浙西之學」，
被清代學者公認爲「開國儒宗」的顧炎武是「浙西之學」的代表人物，則不
言而喻戴震也應當屬於這一系統；陸王學在清代則轉型爲以「專家」爲特點
的「浙東之學」，這一系統上承陽明、蕺山，下啓萬氏兄弟（萬斯大、萬斯同）、
全祖望，而中間的樞紐人物則是與顧炎武並世齊名的黃宗羲，在另一處與友
人（胡洛君）的書信中，他提出邵晉涵應當是「浙東史學」的後續人物，「浙
東史學，自宋、元數百年來，歷有淵源。自斯人（邵晉涵）不祿，而浙東文
獻盡矣。」〔註76〕至此「浙東學術」有了一張清晰簡明的譜系，章學誠作爲
《浙東學術》的作者，無疑就站在這一譜系的終點，後人也由此推斷章學誠

〔註72〕凌廷堪：《戴東原先生事略狀》，見凌廷堪著、王文錦點校：《校禮堂文集》，
 316頁，北京：中華書局，2006年。
〔註73〕凌廷堪：《戴東原先生事略狀》，見凌廷堪著、王文錦點校：《校禮堂文集》，
 317頁。
〔註74〕梁啓超：《清代學術概論》，第4頁，上海：上海古籍出版社，2005年。
〔註75〕章學誠：《家書五》，《文史通義新編新注》，822頁。
〔註76〕章學誠：《與胡洛君論校〈胡稚威集〉二簡》，《文史通義新編新注》，703頁。

是「浙東學術」（或浙東史學）的「殿軍」和「集大成者」。〔註77〕

　　自章學誠提出「浙東學術」的概念之後，關於這一譜系是歷史上的眞實學統還是出於章學誠的「主觀虛構」，在學術史上眾說紛紜，引起了眾多爭議。早期學者從章太炎、梁啓超直至何炳松（《浙東史學溯源》）、杜維運（《黃宗羲與清代浙東史學派之興起》）等人都認可這一「學統」的存在，章太炎且將其下衍至清末的黃式三，何祐松則將其上溯至北宋的程頤（伊川）。金毓黻則持反對意見，謂「至於章、邵二氏，異軍突起，自致通達，非與黃、全諸氏有何因緣，謂爲壤地相接，聞風興起則可，謂具有家法互相傳受則不可。」〔註78〕錢穆初期在《中國近三百年學術史》中認可「浙東學派」的提法，後期在《中國史學名著》中則推翻前說，認爲章學誠「自居爲陽明傳統或浙東史學，則是不值得我們認眞的。」〔註 79〕現當代研究章學誠的學者，大都對「浙東史學」的譜系持懷疑態度，認爲是章學誠的「主觀虛構」。如倪德衛認爲，「章學誠對一個特殊的浙江傳統的自我認同是一種晚年的事後追思。」〔註 80〕余英時則從心理背景入手指出章學誠撰《浙東學術》是爲了抗衡戴震的經學考證，周積明分析了章學誠、章太炎、梁啓超、錢穆、何祐松等人不同的「浙東學派」說，指出「浙東學派」的譜系呈現出一個不斷構建的過程，而章學誠構建「浙東學派」的意圖除了與戴震的「朱學源流」相匹敵之外，也有突出史學地位、與當時盛極一時的經學分庭抗禮的企圖。〔註81〕

　　就以上諸種意見，作者認爲，如將「浙東學術」坐實視爲一個綿延不斷的「實體性」學派，確實會發生許多滯礙不通的現象。首先，（1）陽明、蕺山並不以史學見長，即使章學誠在《浙東學術》一文中也僅稱道其「事功」與「節義」，浙東之學以史學著稱是在黃宗羲之後，但黃宗羲的學問也包涵「經學」與「史學」兩個方面，而萬斯同除史學外，更以經學中的「禮學」見長，因此章太炎認爲「浙東學派」除了「史學」之外，還有「重視禮學」、「兼採漢宋」這兩個特點，凡此皆與章學誠所稱浙東學術「言性命者必究於史」不符。其次，（2）邵晉涵是章學誠論學摯友，章學誠似乎有意將邵也列入「浙

〔註77〕 參見倉修良、葉建華著：《章學誠評傳》第十一章「浙東史學的殿軍」。
〔註78〕 金毓黻：《中國史學史》，252 頁，北京：中華書局，1962 年。
〔註79〕 錢穆：《中國史學名著》，313 頁。
〔註80〕 【美】倪德衛著、楊立華譯：《章學誠的生平與思想》，374 頁。
〔註81〕 周積明：《清代學術研究若干領域的新进展及其述評》，人大複印資料《明清史》2006 年第 3 期。

東學術」的傳承譜系，這是因爲邵氏與章學誠有共同撰寫《宋史》的志願，而在許多細節處，章學誠對邵晉涵也有不滿之詞，如認爲邵氏「博綜」而缺乏「立言宗旨」，猶是考證家的面貌：「足下於文，漫不留意，立言宗旨，未見有所發明，此非足下有疏於學，恐於聞道之日猶有待也。足下博綜十倍於僕，用力之勤亦十倍於僕，而聞見之擇執，博綜之要領，尙未見其一言蔽而萬緒該也。」〔註82〕對邵錦涵的考據學名著《爾雅正義》則認爲未能深達「性命之故」：「足下《爾雅正義》，功賅而力勤，識清而裁密，僕謂是亦足不朽矣。抑性命休戚之故，亦有可喻者乎？」〔註83〕對於邵晉涵學術的總體評價，章學誠認爲是「君之於學，無所不通，然亦以是累志廣猝，不易裁見。」〔註84〕也即是邵晉涵的學術體現了清代考據學廣博的特點而沒有心靈的綜合裁斷，即章學誠最爲重視的「別裁心識」。從這一點上看，邵晉涵是否有當於浙東學術的「專家」之學，也是大有疑義的。最後一點，（3）章學誠言「浙東學術」在清代以前的傳承，雖以陸王心學爲主線，但在別處又認爲：「南宋以來，浙東儒哲講性命者，多攻史學，歷有師承，宋明兩朝，紀載皆稿薈於浙東，史館取爲衷據。」〔註85〕似乎將元、明以來浙東地區的史學家都牽扯入這一「浙東學術」的譜系，在與阮元的信中他進一步明確指出：「蓋元、明兩史，其初稿皆輯成於甬東人士。故浙東史學，歷有淵源。」〔註86〕此處的「浙東儒哲」、「甬東人士」是指元末的袁鸛、明初的宋濂、王禕和清初的萬斯同，〔註87〕其中宋濂、王禕是明初修《元史》的史館總裁，萬斯同則是清初《明史稿》

〔註82〕章學誠：《與邵二雲論學》，《文史通義新編新注》665 頁。
〔註83〕章學誠：《與邵二雲論學》，《文史通義新編新注》664 頁。
〔註84〕章學誠：《邵與桐別傳》，《章學誠遺書》，177 頁。
〔註85〕章學誠：《邵與桐別傳》，《章學誠遺書》，177 頁。
〔註86〕章學誠：《與阮學使論求遺書》，《文史通義新編新注》，755 頁。
〔註87〕杜維運在《黃宗羲與清代浙東史學派之興起》一文中指出：「元明之世，浙東史學雖趨衰微，而其統不絕。以元代而論，浙東學者講性理之學以外，往往兼治史學，如元末詔修宋遼金三史，甬人袁鸛出其先世遺書有關史事者上之，諸史之成，多所取資。袁氏當從王應麟遊，以學顯於朝。降至明初，浦江宋濂、義烏王禕、寧海方孝孺，危學篤行，見重於時，亦皆有其史學。明初以後，浙東史學誠衰，至清初黃宗羲出，則驟成中興之新局面，此下遂開寧波萬斯同、全祖望與紹興章學誠、餘姚邵晉涵之史學。數百年間，師教鄉習，濡染成風，前後相維，若脈可尋，此『浙東史學派』之可以成立者也。」以上轉引自何冠彪：《浙東學派問題平議》，《清史論叢》第七輯，221 頁，北京：中華書局，1986 年 10 月，惟何冠彪認爲此段文字抄襲自陳訓慈：《清代浙東之史學》。

的作者，他們在此處都被章學誠作爲「浙東史學，歷有淵源」的證據。但除萬斯同在《浙東學術》中作爲黃宗羲的傳人列入這一譜系之外，宋濂、王禕在《朱陸》篇中是作爲朱子學的第四代傳人（「四傳而爲潛溪、義烏」）出現的，這裏就出現了一個明顯的差異現象。此外，在嘉慶二年（1797）的《又與朱少白書》中，黃宗羲與宋濂、王禕一起被列爲朱學的傳人：「然通經服古，由博返約，即是朱子之教，……直至明初宋潛溪、王義烏，其後爲八股時文中斷。至國初而顧亭林、黃梨洲、閻百詩皆俎豆相承，甚於漢之經師譜系。」〔註88〕因此可以看出的是，在章學誠心目中，對於「浙東學術」的譜系並沒有一個固定的看法，如果將其拘泥執定爲一個「實體性」的學派傳承，則必然在解釋上會發生上述這些窒礙不通的現象。

此以上分析的三點來看，章學誠的「浙東學術」確實是一個主觀構建的譜系，如倪德衛所言，是「一種晚年的事後追思」（a lifetime afterthought），與其將其視爲思想史的眞實狀況，不如將其視爲章學誠「最後的思想宣言」。不可否認的是，浙東地區源遠流長的人文傳統對章學誠的思想產生了重大影響，而陸王心學「先立其大」的整體主義方法論尤與章學誠的精神氣質相吻合，因此章學誠在晚年孤寂的學術環境中，亟須爲自己的思想尋找一個精神傳統，以「陸王學」爲主幹的「浙東學術」便成了他最佳的選擇。「浙東學術」這一概念必須從章學誠與清代考據學、尤其是與戴震的錯綜複雜關係中去理解，其所透顯的創作意圖依然是對以戴震爲代表的清代考據學的批判。

總結《浙東學術》的創作意圖，其大旨大約有三：（1），以「博雅」爲特點的清代考據學源於朱子學「道問學」的精神，這就是以顧炎武爲代表的「浙西之學」，「浙西之學」所偏重於知識的量的擴充，於是形成了清代考據學的一般特點；「浙東之學」以「專家」爲旨歸，源於陸王學「尊德性」的精神，偏重於知識的質的深化。這兩種知識型態的對立源自於人性中「高明」、「沉潛」這兩種特殊的稟賦，因而應當並行而不悖。應當指出的是，章學誠的「尊德性」並沒有陸王心學傳統的倫理道德實踐含義，而是如山口久和所言，「章學誠試圖在清代尋求陸王後繼者的目的是，想恢復道問學中的尊德性精神──學術活動中的主體性。」〔註89〕（2），經學即史學。章學誠早年僅譏評戴震不通史學，並認爲經、史之學同趨於「道」因而不分軒輊，而在晚年「六經皆史」的理論

〔註88〕章學誠：《又與朱少白書》，《文史通義新編新注》，783 頁。
〔註89〕【日】山口久和著、王標譯：《章學誠的知識論》，61 頁。

形成之後，則有將史學凌駕於經學之上、并進而將經學消融於史學之中的趨勢。章學誠認爲「經術」就是「三代之史」，「三代學術，知有史而不知有經，切人事也。」〔註90〕清代考據學的理論基礎在於顧炎武所提倡的「經學即理學」，而在章學誠看來，清儒和宋儒雖然在學術方法上有著重大差異，但在對待「六經之道」的態度上是一致的，即都將「道」視爲「人事」之外的抽象存在，「儒者欲尊德性，而空言義理以爲功，此宋學之所以見譏於大雅也。」〔註91〕「近儒談經，似於人事之外別有所謂義理矣。」〔註92〕這兩種態度都忽視了「道器合一」的基本原理。「經學即理學」導致了訓詁考證的盛行，但如果脫離了「事」的範圍，則與理學同樣爲一種「支離」的「空言」，「今日性理連環，全藉踐履實用以爲金椎之解，博徵廣喻，愈益支離，雖夫子生於今日，空言亦不能取信於人也。」〔註93〕因而經學應當從史學的角度來理解，而所謂「史」就是「人事」。「經學即史學」抽空了清代考據學的理論基點，是清代考據學發展過程中的轉向標誌之一，同時也是章學誠晚年的思想要旨所在。（3）史學經世論。清代考據學沉溺於繁瑣而無主體性的訓詁考據之中，知識範圍被壓縮在狹小的「六經」範圍之內，〔註94〕已經喪失了「經世」的衝動。這是由於經學家視「六經」爲「空言著述」，而沒有與具體的人事聯繫起來。由此要扭轉這一方向，必須將經學還原爲史學，而史學的特點則在於「經世」，「史學所以經世，固非空言著述也。」〔註95〕六經中的《春秋》作爲「史學之祖」，「正以切合當時人事耳。」〔註96〕史學在事物的流變中闡發「道要」，而不「離事而言理」，這也正是史學能夠「經世」的原因所在。而浙東先賢，如陽明、蕺山、梨洲等，都以各自不同的生命型態踐行了這一「史學經世」的立場，故「浙東之學，言性命者必究於史，此其所以卓也。」〔註97〕

〔註90〕 章學誠：《浙東學術》，《文史通義新編新注》，121頁。
〔註91〕 章學誠：《浙東學術》，《文史通義新編新注》，121頁。
〔註92〕 章學誠：《浙東學術》，《文史通義新編新注》，121頁。
〔註93〕 章學誠：《書孫淵如觀察原性篇後》，《文史通義新編新注》，570頁。
〔註94〕 儘管清代考據學後期也將「諸子學」包含在內，並在一定程度上也發展了以錢大昕、王鳴盛等人爲代表的「歷史考據學」，但總的來說，對「諸子」和歷史的考證都是爲了「經學考證」而服務的，諸子和歷史只是用來「援引」以證明經義，本身並沒有獨立的地位。
〔註95〕 章學誠：《浙東學術》，《文史通義新編新注》，122頁。
〔註96〕 章學誠：《浙東學術》，《文史通義新編新注》，122頁。
〔註97〕 章學誠：《浙東學術》，《文史通義新編新注》，121頁。

　　綜章學誠所論，溯源陸王，以「尊德性」對照「道問學」，消弭學術上的門戶之見，同時亦暗喻清儒考據學主體性不足的理論弱點；以「經學即史學」取代「經學即理學」，消融經學於史學之中，體現「道器合一」的觀點；以「經世」為眼目點出史學的根本義旨，抨擊清儒考據學獨抱遺經而遺落世事的學術傾向。《浙東學術》繼續了《朱陸》篇對戴震的批判，而以「浙東」和「浙西」的地域區分隱喻了這種思想上的根本對立，以「思想史」的方式曲折隱晦地道出了章學誠對清代考據學、同時也是對戴震的批判，並完整地表達了章學誠晚年的思想全貌。

第二節　六經皆史──解構經學

1、「六經皆史」說的形成

　　「六經皆史」是章學誠思想的核心理論，歷來學者均無異說，唯關於「六經皆史」的內涵則有著不同的界說，這牽涉到對「史」的具體理解。「六經皆史」說在學術史上發源很早，錢鍾書在《談藝錄》中廣羅博搜，引證計有劉道原《通鑒外紀序》、王通《文中子·王道》、陸龜蒙《復友生論學書》、王陽明《傳習錄》卷一、王元美《藝苑卮言》、胡元瑞《少室山房筆叢》卷二、顧炎武《日知錄》卷三，與章學誠同時的袁枚在《小倉山房文集·史學例議敘》中也有類似的說法。〔註98〕錢鍾書最後認為「六經皆史」肇端於道家學說。山口久和以「道家、王充、王通、陸龜蒙、邵雍、南宋事功學派、劉因」作為章學誠「六經皆史」說的「前史」，並認為這些「前史」與章學誠學說之間的影響關係十分稀薄，「六經皆史」應當是人類思想史上反覆出現的那種「普世性觀念」。〔註99〕

　　從章學誠本身思想的形成過程來看，「六經皆史」說成型於他的晚年。陳祖武論述這一觀念的成型過程時說：「章學誠一經選定以史學為救正風氣之道，便義無返顧，矢志以往，傾注全身心於《文史通義》撰寫。從乾隆五十三年致函孫星衍，首次提出『盈天地間，凡涉著作之林，皆是史學』；中經五十四年至五十七年間所寫《經解》、《原道》、《史釋》、《易教》及《方志立三

〔註98〕錢鍾書：《談藝錄》，262～264頁。
〔註99〕【日】山口久和著、王標譯：《章學誠的知識論》，91頁。

書議》諸篇的系統闡釋而深化；至嘉慶五年撰成《浙東學術》，彰明『史學所以經世』的爲學宗旨，他完成了以『六經皆史』爲核心的史學思想的建設。」〔註100〕統計章學誠本人關於「六經皆史」的說法，約有以下幾種：

1、《報孫淵如書》（1788）：「愚之所見，以爲盈天地間，凡涉著作之林，皆是史學，六經特聖人取此六種之史以垂訓者耳。子集諸家，其源皆出於史，末流忘所自出，自生分別，故於天地之間，別爲一種不可收拾、不可部次之物，不得不分四種門戶矣。」〔註101〕

2、《方志立三書議》（1792）：「古無私門之著述，六經皆史也。後世襲用而莫之廢者，惟《春秋》、《詩》、《禮》三家之流別耳。」〔註102〕

3、《易教》上：「六經皆史也。古人不著書；古人未嘗離事而言理，《六經》皆先王之政典也。」〔註103〕

4、《浙東學術》：「三代學術，知有史而不知有經，切人事也。後人貴經術，以其即三代之史耳。……且如《六經》同出於孔子，先儒以爲其功莫大於《春秋》，正以切合當時人事耳。」〔註104〕

事實上「六經皆史」的觀念雖發自章學誠晚年，但在其早期思想中已見端倪，如乾隆三十八年（1773）在修《和州志》時，在《藝文書・序例》中即已提出：「三代之盛，法具於書，書守之官。天下之術業，皆出於官師之掌故，道藝於此焉齊，德行於此焉通，天下所以以同文爲治。……六經皆屬掌故，如《易》藏太卜，《詩》在太師之類。」〔註105〕所謂「掌故」也就是古代的官書，如《周禮》的《司馬法》和《考工記》之類，記載的是古代社會的政教和典章制度。劉歆在《七略》中認爲諸子百家都出於古代的王官之學，這一觀點爲班固的《漢書・藝文志》所沿用，章學誠認爲這一觀點同樣可以運用於「六經」的產生過程，也就是說，「六經」起源於古代的官書，是「三代之史」，「六經」之所以成爲中國文化的源泉而爲後人所珍視，是因爲「六經」體現了文明顛峰時期（「三代」）「治教合一」的理想知識狀態，而這一作

〔註100〕陳祖武：《讀章實齋家書札記》，《清史論叢》2001 年號，中國廣播電視出版社，221 頁。

〔註101〕章學誠：《報孫淵如書》，《文史通義新編新注》，721 頁。

〔註102〕章學誠：《方志立三書議》，《文史通義新編新注》，827 頁。

〔註103〕章學誠：《易教》上，《文史通義新編新注》，第 1 頁。

〔註104〕章學誠：《浙東學術》，《文史通義新編新注》，122 頁。

〔註105〕章學誠：《和州志・藝文書序例》，《文史通義新編新注》，912 頁。

為儒家烏托邦社會理想的「治教合一」，如果用哲學術語進行表述的話，也就是「道器合一」。章學誠「六經皆史」的觀念即建築在這一「道器合一」的哲學基礎之上，並由此對乾嘉考據學「經學至上」的觀念進行了反思性的批判。由此也可見，「六經皆史」雖然是章學誠晚年提出的命題，並且與歷史上諸思想家的命題有著重合之處，但章學誠賦予了這一命題更為深廣的哲學涵義，並且形成了章學誠一生思想的基調。這也是為什麼在歷史上存在的眾多「六經皆史」說中，惟獨章學誠的「六經皆史」產生了巨大的思想影響力的原因所在。

2、對於「六經皆史」的不同理解

在後人對「六經皆史」的理解中，對於「史」的內涵有著不同的界說。其中較具影響力的有胡適的「史料說」和錢穆的「史官說」，以及建立在這二者基礎之上的「調和說」（倉修良）。胡適對「六經皆史」的理解主要立足於《報孫淵如書》，章學誠在《報孫淵如書》中明確提出「凡涉著作之林，皆是史學」，胡適則認為這是「六經皆史」的根本涵義：「我們必須先懂得『盈天地間，一切著作，皆史也』這一句總綱，然後可以懂得『六經皆史也』這一條子目。……其實先生的本意只是說『一切著作，都是史料』。如此說法，便不難懂得了。先生的主張以為六經皆先王的政典；因為是政典，故皆有史料的價值。……以子、集兩部推之，則先生所說『六經皆史也』，其實只是說經部中有許多史料。」〔註106〕張舜徽的看法與胡適類似，也以「史料說」解釋「六經皆史」：「舉凡六籍所言，可資考古，無裨致用。六藝經傳以千萬數，其在今日，皆當以史料目之。」〔註107〕對於胡適以「史料說」解釋「六經皆史」，錢穆頗不以為然，錢穆認為章學誠寫作《報孫淵如書》時思想尚未臻於成熟的境地，故不足以成為「六經皆史」的解釋依據：「是書（《報孫淵如書》），實齋初發『六經皆史』之論，其時《文史通義》中重要諸篇均未作也。……近人皆以本篇義說『六經皆史』，實未得實齋淵旨。」〔註108〕關於「六經皆史」的「史」字，錢穆認為應當從章學誠的《史釋》篇中尋找答案，在晚年的《中國史學名著》中，他更進一步明確說：「（六經皆史）此四

〔註106〕胡適：《章實齋年譜》，119～120頁。
〔註107〕張舜徽：《張舜徽集・文史通義平議》，519頁。
〔註108〕錢穆：《中國近三百年學術史》上，465頁。

字中的這個『史』字，我們近代學者如梁任公，如胡適之，都看錯了。他們都很看重章實齋，但他們對實齋所說『六經皆史』這一個『史』字，都看不正。梁任公曾說：賣豬肉鋪櫃上的帳簿也可作史料，用來研究當時的社會經濟或其他情況。這豈是章實齋立說之原意？章實齋《文史通義》裏所謂的『六經皆史』這個『史』字，明明有一個講法，即在《文史通義》裏就特寫了一篇文章名《史釋》，正是來解釋這『史』字，並不像我們近人梁、胡諸氏之所說。……此『史』字猶如說『書吏』，他所掌管的這許多檔案也叫『史』，這即是『掌故』，猶說老東西叫你管著。六經在古代，便是各衙門所掌的一些文件，所以說是王官之學。那麼我們真要懂得經學，也要懂得從自身現代政府的官司掌故中去求，不要專在古經書的文字訓詁故紙堆中去求。這是章實齋一番大理論。清代人講經學卻都是講錯了路，避去現實政治不講，專在考據古經典上做工夫，與自己身世渺不相涉，那豈得謂是經學？」〔註 109〕錢穆認為按照章學誠《史釋》篇的提示，「六經皆史」的「史」字應當是指「史官」，「史官」所掌的官書也稱為「史」，這就是「六經」的起源。經書首先是記事之書，「理」即寓於「事」中，而所記之事多為古代先王「經綸治化」的實迹，因此從「六經皆史」可以自然地推導出「史學經世」的結論：「苟明六經皆史之意，則求道者不當舍當身事物、人倫日用，以尋之訓詁考訂，而史學所以經世，固非空言著述，斷可知矣。」〔註 110〕與錢穆持同樣看法的有日本學者島田虔次，島田虔次分析了中國傳統「史」的三種涵義：史實、史學和史官，並認為「其中最根本最原始的意思是所謂記錄者、史官」，〔註 111〕而章學誠「六經皆史」的「史」字所意指的就是這種原始意義上的「史官」。倉修良則在「史料說」和「史官說」的基礎上調和二者的說法，認為「六經皆史」的「史」字兼具「史料之史」和「經世之史」兩重涵義，「我們說章學誠『六經皆史』的『史』，既具有具體的歷史事實、歷史資料的『史』，又有抽象的、經世致用的『史』。正因為如此，我們才說它為歷史研究、史料搜集開闢了廣闊的天地。」〔註 112〕

綜合以上這三種說法，我們認為，「史料說」存在著明顯的誤讀，「調和

〔註 109〕錢穆：《中國史學名著》，255～256 頁。
〔註 110〕錢穆：《中國近三百年學術史》上，432 頁。
〔註 111〕【日】島田虔次：《六經皆史說》，劉俊文主編、許洋主等譯：《日本學者研究中國史論著選譯》第七卷思想宗教，190 頁，北京：中華書局，1993 年。
〔註 112〕倉修良、葉建華著：《章學誠評傳》，177 頁。

說」則有立場不夠分明的嫌疑，惟有「史官說」彰顯了章學誠「六經皆史」的深切涵義。按照胡適的「史料說」，則經部之書只是作為後人考訂古史的「史料」而存在，這顯然是二十世紀「古史辨」派的觀點，而非乾嘉時期的章學誠所可以想見。再次，章學誠的歷史編撰理論固然重視史料的搜集，但更為重要的是融通裁剪以透顯主體意識，他曾自述其撰寫《宋史》的意圖為：「余謂當取名數事實，先作比類長編，卷帙盈千可也。至撰集為書，不過五十萬言，視始之百倍其書者，大義當更顯也。」〔註 113〕單純將一切著述視為「史料」加以排比考訂，是乾嘉考據學「貪多務博」的風氣，這恰是章學誠所激烈反對的。在乾嘉時期由四庫館臣所引導的學術風氣，動輒以劉歆所謂「與其過廢，無寧過存」作為藉口，在「有益考訂」的旗號下，不加選擇地將一切文獻作為「史料」加以保存，章學誠歎息說：「真孽海也。夫千百年前物，可為千百年後之考訂者，雖市井簿帳，孺子塗鴉，胥吏案冊，夫婦家書，甚至井臼磚石，廁圂柱礎，無不可以取證，豈能賅存以待後哉？」〔註 114〕可見章學誠對「史料」的保存是有選擇的，將一切著作、包括經部之書作為「史料」來對待應當不是章學誠的觀點。

　　錢穆的「史官說」之所以切近章學誠的原義，是因為「史官說」揭示了「六經」作為「古史之遺」的地位，「六經皆史」並非是要將經書作為「史料」看待，從而徹底取消經學的地位；而毋寧說，是通過還原經學的本來面目，指出經書作為「三代之史」，其實質是典章制度的記錄而非「空言著述」，「六經」與史官記錄的「官司掌故」緊密地結合在一起，其特點是「事理合一」或者「道器合一」，這就是所謂「三代學術，知有史而不知有經，切人事也。」經學的根本意義應當從「事」的角度而非從「言」的角度來理解，而後世的儒者恰恰誤解了這一點，「學者崇奉六經，以謂聖人立言以垂教。不知三代盛時，各守專官之掌故，而非聖人有意作為文章也。」〔註 115〕從「言」的角度理解經學，從而認為語言學的方法是解讀經書的良法捷徑，是清代考據學的一貫態度。章學誠則認為經書所記錄的並不是聖人主觀的言論，而是古代社會的歷史事實，「道法」即寓於「事實」之中，因此「以史釋經」才是理解經學的正確途徑。

〔註 113〕章學誠：《邵與桐別傳》，《章學誠遺書》，177 頁。
〔註 114〕章學誠：《丙辰札記》，《章學誠遺書》，390 頁。
〔註 115〕章學誠：《史釋》，《文史通義新編新注》，271 頁。

3、「六經皆史」對於經學的解構

（一）經與史

在中國早期學術史上，經與史本無嚴格的區分。「經」的本義是用絲線聯綴簡冊，章太炎認爲，在古代一切官私文書皆可稱「經」，如兵書、法律、疆域圖志乃至諸子書，「此則名實固有施易，世異變而人殊化，非徒方書稱經云爾。」〔註116〕在《漢書·藝文志》中，《史記》被列入「六藝」的「春秋」類，而直至《隋書·經籍志》時，經、史才開始正式分途。而以經學凌駕於史學之上則是從宋明理學開始的，宋明理學將「理」本體化，認爲經書體現的是超越具體時空領域的「形上之理」，而史書所表現的則是「形下之迹」，二者有精粗之別。朱熹反對浙學的呂祖謙讀史，說「伯恭於史分外子細，於經卻不甚理會。……史甚麼學？只是見得淺。」〔註117〕對於呂祖謙推崇司馬遷的史學，朱熹也不以爲然，「伯恭子約宗太史公之學，以爲非漢儒所及，某嘗痛與之辨。……聖賢以《六經》垂訓，炳若丹青，無非仁義道德之說。今求義理不於《六經》，而反取疏略淺陋之子長，亦惑之甚矣。」〔註118〕清代考據學以顧炎武的「經學即理學」相號召，治學途徑群趨於經學一途，在經與史的關係上基本沿襲了宋明理學的看法，認爲經書中寄寓了聖人的「常道」，「道在六經」成爲了清代學者的普遍信念，「經稟聖裁，垂型萬世，刪定之旨，如日中天。」〔註119〕相形之下，史學只是有助於考訂事實，以幫助人們理解經書中抽象的義理觀念，「史之爲道，撰述欲其簡，考證欲其詳。」〔註120〕四庫館臣舉例說，《春秋》簡約而《左傳》詳贍，由《左傳》的事迹可以瞭解《春秋》的「褒貶義例」，這是史學「有資考證」的明證。換言之，史學本身並沒有獨立的地位，而只是經學的輔助工具，在「考證事實」方面幫助人們理解經書中的義理。在這一觀念的影響下，即使是一些專攻史學的學者，也自覺地將自身的史學研究與經學區別開來，如趙翼在《二十二史札記小引》中說：「閒居無事，翻書度日，而資性粗鈍，不能研究經學，惟歷代史書，事顯而義淺，便於瀏覽，爰取爲日課，有所得，輒札記別紙，積久遂多。」〔註121〕

〔註116〕章太炎：《國故論衡》，45 頁。
〔註117〕朱熹：《朱子語類》卷 122，2951 頁。
〔註118〕朱熹：《朱子語類》卷 122，2952 頁。
〔註119〕《四庫全書總目》卷 1「經部總敘」，第 1 頁。
〔註120〕《四庫全書總目》卷 45「史部總敘」，397 頁。
〔註121〕趙翼：《二十二史札記》，序 3 頁。

王鳴盛則認為，治經當墨守師說家法，治史則不妨大膽駁正前人，「治經斷不敢駁經，而史則雖子長孟堅，苟有所失，無妨箴而砭之。」〔註122〕由此也可以看出，在乾嘉學人的心目中，經與史的地位無論如何不可同日而語，「經精而史粗，經正而史雜」，經書體現的是義理，史書表現的是事迹，在乾嘉學術的語境中，經與史構成了一項二元對立的關係，而這一二元關係的結構隱涵的是「理」與「事」、「道」與「器」的區分，前者在價值上優越於後者，後者只是前者的一個不完整的表達，因此相應地經的地位要高於史。乾嘉考據學「經學至上」的觀念即源於這一形上學的「假定」。

對於這一「經學至上」的觀念，也有一部分清代學者表示不滿，錢大昕認為經與史在源初意義上並無區別，「經與史豈有二學哉！昔宣尼贊修六經，而《尚書》《春秋》實為史學之權輿。漢世劉向父子校理秘文為六略，而《世本》《楚漢春秋》《太史公書》《漢著紀》列於春秋家，《高祖傳》《孝文傳》列於儒家，初無經史之別。厥後蘭臺、東觀，作者益繁，李充、荀勖等創立四部，而經史始分，然不聞陋史而榮經者。」〔註123〕經學的地位凌駕於史學之上是從宋代開始的，這與王安石改革科舉制度、以《三經新義》取士以及理學的盛行有關，「自王安石以猖狂詭誕之學，要君竊位，自造《三經新義》，驅海內而誦習之，甚至詆《春秋》為斷爛朝報。章、蔡用事，祖述荊舒，屏棄《通鑒》為元祐學術，而十七史皆束之高閣矣。嗣是道學諸儒，講求心性，懼門弟子之泛濫無所歸也，則有詞讀史為玩物喪志者。又有謂讀史令人心粗者。此特有為言之，而空疏淺薄者，託以藉口，由是說經者日多，治史者日少。」〔註124〕王安石鄙薄史學，認為《春秋》是「斷爛朝報」，而在（宋）哲宗、徽宗年間的新、舊黨爭中，執政的新黨人士出於政治鬥爭的需要，禁燬舊黨領袖司馬光的《資治通鑒》，史學研究遂陷入一蹶不振的地步；而「道學諸儒」從哲學思辨出發，認為史書所記載的「事迹」無助於人們領會玄奧的「形上本體」，從而對史學地位的沒落起到了推波助瀾的作用。但是宋明理學雖然「尊經賤史」，其經學研究卻是通過「哲學思辨」的形式來進行的，因而遠離了人倫日用，成為一種「哲學玄談」，如果從經學「明倫」、「致用」的實用性角度出發，那麼經學和史學其實擔負著共同的社會功能，二者應當並行

〔註122〕王鳴盛：《十七史商榷》，序2頁。
〔註123〕錢大昕：《〈二十二史札記〉序》，見趙翼著：《二十二史札記》序1頁。
〔註124〕錢大昕：《〈二十二史札記〉序》，見趙翼著：《二十二史札記》序1頁。

而不悖，在知識格局中取得相同的地位：「太史公尊孔子爲世家，謂載籍極博，必考信於六藝，班氏古今人表，尊孔孟而降老莊，皆卓然有功於聖學，故其文與六經並傳而不愧。」〔註125〕乾嘉時期著名的「性靈派」詩人袁枚也有類似的議論：「古有史而無經，《尚書》、《春秋》，今之經，昔之史也；《詩》、《易》者，先王所存之言，禮、樂者，先王所存之法，其策皆史官掌之。」〔註126〕袁枚從文學發展的觀念出發，認爲「六經」是古今文章之源，但如果一味「尊經」，將知識範圍收縮於這一「源頭」，則無法領略江河湖海的氣象萬千，因此研究經學重在推陳出新而不在拘泥於經書本身。錢大昕、袁枚的觀點都從不同方面針砭了乾嘉考據學「獨尊經學」的立場，如何平衡經與史的地位，以糾正乾嘉考據學片面性的學術路向，已成爲當時知識分子思考的重要問題之一，章學誠的「六經皆史」論則爲這一思考提出了總結性的回答。

　　章學誠天性近於史學，經學則非所長，他自述早年的讀書經歷，「二十一二歲，駸駸向長，縱覽群書，於經訓未見領會，而史部之書，乍接於目，便似夙所攻習然者，其中得失利病，隨口能舉，舉而輒當。」〔註127〕在修撰地方志的過程中，他以地方志實踐自己的史學理論，「丈夫生不爲史臣，亦當從名公巨卿，執筆充書記，而因得論列當世，以文章見用於時，如纂修志乘，亦其中之一事也。」〔註128〕也正因爲如此，章學誠的學術路徑與乾嘉考據學有著極大的差異，在以經學爲風尙的乾嘉時期幾乎無人問津，即使與他交契甚密的劉端臨也無法確切瞭解他的學問眞相：「愛我如劉端臨，見翁學士詢吾學業究何門路，劉則答以不知，蓋端臨深知此中甘苦，難爲他人言也。故吾最爲一時通人所棄置而弗道。」〔註129〕乾嘉考據學以經學「明道」，而以史學爲「有資考證」，面對這種通行的觀念，章學誠提出了自己對「史學」的獨特定義。乾嘉考據學以訓詁考據治經，亦兼用其法治史，陳寅恪曾說：「清代之經學與史學俱爲考據之學，故治其學者亦並號爲樸學之徒。」〔註130〕「歷史考據學」在乾嘉之世曾興盛一時，而章學誠則認爲，史學的要旨在於「史義」，

〔註125〕錢大昕：《〈二十二史札記〉序》，見趙翼著：《二十二史札記》序1頁。
〔註126〕袁枚：《史學例議序》，見《小倉山房詩文集・文集》卷10，上海：上海古籍出版社，2006年。
〔註127〕章學誠：《家書六》，《文史通義新編新注》，823頁。
〔註128〕章學誠：《答甄秀才論修志第一書》，《文史通義新編新注》，842頁。
〔註129〕章學誠：《家書二》，《文史通義新編新注》，817頁。
〔註130〕陳寅恪：《陳垣〈元西域人華化考〉序》，見陳著：《陳寅恪史學論文選集》，505頁，上海：上海古籍出版社，1992年。

也就是通過史學著述所表現的作者之「別識心裁」，如果以「史義」作爲衡量標準的話，唐宋以來一直到清代的史著都沒有達到「史學」的水準：「世士以博稽言史，則史考也；以文筆言史，則史選也；以故實言史，則史纂也；以議論言史，則史評也；以體裁言史，則史例也。唐宋至今，積學之士，不過史纂、史考、史例；能文之士，不過史選、史評，古人所爲史學，則未之聞矣。」〔註131〕章學誠心目中的「史學」不是這類考據式的「史考」、「史纂」，也不是文學評論式的「史選」和「史評」，而是源於《春秋》家學、體現作者主體創造力的「撰述」，這一「史學」甚至和經學一樣，有著自身的學術系譜，「然古文必推敍事，敍事實出史學，其源本於《春秋》『比事屬辭』，左、史、班、陳家學淵源，甚於漢廷經師之授受。馬曰『好學深思，心知其意』，班曰『緯六經，綴道綱，函雅故，通古今』者，《春秋》家學，遞相祖述，雖沈約、魏收之徒，去之甚遠，而別識心裁，時有得其彷彿。」〔註132〕由於史學中蘊涵了「史義」，這就與清儒樸學式的「史考」截然不同，如果說「史考」只在考訂事迹上發揮作用，而將「明道」的知識目標讓渡給了經學，那麼以「史義」爲靈魂的「史學」則與經學不分軒輊而「同期於明道」，在這個意義上，章學誠認爲經與史沒有門戶之分，如果「史學不明」，那麼經學所明的「道」也是不完整意義上的「道」，「且古人之於經史，何嘗有彼疆此界，妄分孰輕孰重哉！小子不避狂簡，妄謂史學不明，經師即伏、孔、賈、鄭，只是得半之道。《通義》所爭，但求古人大體，初不知有經史門戶之見也。」〔註133〕

　　章學誠以「史義」作爲史學的標目，這與清代考據學視「史學」爲「史考」有著根本的不同。由「史考」說，「史學」僅是客觀歷史材料的排比纂輯，而「史義」則賦予了客觀的歷史材料以生動的靈魂。六經作爲「古史之遺」，本身是「事」與「義」的合一，孔子作《春秋》取材於魯史舊文，但孔子的「筆削大義」才是《春秋》的靈魂，因此後世的「載筆之士，有志於《春秋》之業，固將惟義之求，其事與文，所以藉爲存義之資也。」〔註134〕島田虔次就此評述說：「六經皆史說既如同把義（Bible）消解在事（History）中，又依然強烈地求『義』。……儘管《史記》是記載事（人事、行事、實事）的，但

〔註131〕章學誠：《上朱大司馬論文》，《文史通義新編新注》，767頁。
〔註132〕章學誠：《上朱大司馬論文》，《文史通義新編新注》，767頁。
〔註133〕章學誠：《上朱中堂世叔》，《文史通義新編新注》，760頁。
〔註134〕章學誠：《言公》上，《文史通義新編新注》，202頁。

偉大的史書同時必須包含對義的探究，亦即道的探究。」〔註135〕史既以「事」
爲表現，又以「義」爲蘊涵，就不能簡單地作爲「事迹」來對待，章學誠批
評宋代蘇轍的史論時說：

> 六藝皆古史之遺，後人不盡得其淵源，故覺經異於史耳。其云經文
> 簡約，以道法勝；史文詳盡，以事辭勝，尤爲冒昧。古今時異，故
> 文字繁簡不同，六經不以事辭爲主，聖人豈以空言欺世者耶？後史
> 不能盡聖人之道法，自是作者學力未至，豈有截分道法與事辭爲二
> 事哉？孟子言《春秋》之作，則云其事齊恒晉文，其文則史，孔子
> 曰：其義則某竊取之。然則事辭猶骸體也，道法猶精神也，苟不以
> 骸體爲生人之質，則精神於何附乎？〔註136〕

「尊經賤史」的核心是以經爲「常道」而史爲「事迹」，蘇轍的史論即集中體
現了這一觀點。章學誠認爲「道法」（義）與「事辭」（事）不能截然區分，
二者猶如「精神」與「骸骨」的關係，從這一點來看，六經並非「空言」，而
是「義由事顯」，「義」是「事」的靈魂；史書也並非單純的「事迹」彙編。
而是「以事寓義」，「事」是「義」的寄寓。經與史在這一點上毫無二致，經
即是原初的史，而史（後世之史）則以經爲源頭，二者是一元性的關係，而
非如後世所認爲的二元性結構對立。章學誠以「史義」說拔高了史學的地位，
又指出經書中的「義」是通過「事」來表達的，從而將經學還原爲史學。「六
經皆史」則正本清源，從學術源流的角度消融經、史之分，六經爲「三代之
史」，也是一切學術之源，從這個意義上講，史學也就是著述的源頭，「（似）
古人著述，必以史學爲歸。」〔註137〕經、史非但不應該分門別戶，而且經學
必須消融爲原本意義上的史學，而非僅自拘於詁訓字義、考證制度，才能體
現出經學的眞精神和原本底蘊。「六經皆史」是對清代考據學的極大批判，這
一理論不僅是爲史學研究爭取獨立地位，同時也爲經學考證指明了新的方
向，章學誠的「六經新論」（《易教》、《書教》、《詩教》、《禮教》，《樂經》本

〔註135〕【日】島田虔次：《六經皆史說》，劉俊文主編、許洋主等譯：《日本學者研究
中國史論著選譯》第七卷思想宗教，198～199 頁，北京：中華書局，1993
年。

〔註136〕章學誠：《丙辰札記》，《章學誠遺書》，388 頁。

〔註137〕章學誠：《上朱大司馬論文》，《文史通義新編新注》，767 頁。按：章學誠《報
孫淵如書》中所云：「盈天地間，凡涉著作之林，皆爲史學」，也應當從這個
意義上理解，所謂「史學」，是以「史義」爲中心的著述，而不是胡適所理解
的僅供纂輯考訂之用的「史料」。

佚,《春秋教》則未及完成）就是體現其「熔經入史」新型學術觀念的典範作品。

（二）道與器

章學誠對於「六經皆史」還有另一個表達方法，那就是「六經皆器」。如果說「六經皆史」是針對清儒通行的經、史分層觀念、填平了二者之間的鴻溝，那麼「六經皆器」則以「道器合一」的觀念闡述了「六經皆史」說的哲學義蘊。章學誠在《原道》中說：

> 《易》曰：「形而上者謂之道，形而下者謂之器。」道不離器，猶影不離形。後世服夫子之教者自六經，以謂六經載道之書也，而不知六經皆器也。〔註138〕

「道器之分」是中國哲學的傳統概念，其源頭即出於章學誠所引用的《易經》「繫辭傳」中的那段話。「道」與「器」的區分所隱含的是「形上世界」和「形下世界」的區分，這一區分類似於古希臘柏拉圖哲學中的「理念世界」和「現象世界」。但是與柏拉圖哲學不同的是，「道」與「器」之分在中國哲學傳統中並不是截然分明的「二元對立」，而是二者互為表裏，「道」並不是如「理念」一樣的實體性存在，而是寄寓於「器」中，以「器」作為載體和場域來展現自身，這也就是章學誠所說的「道不離器，猶影不離形」。但是宋明理學（程朱一系）所發展出的「本體論」哲學極大地扭轉了這種「道器一元」論，而將「理」（道）視為一種先驗的絕對性存在，從而「道」與「器」被割裂而處於一種「二元對立」的格局之中。由這一存在論上的「理氣（道器）二元觀」所引發的人性論上的「天地之性」與「氣質之性」，以及知識論上的「德性之知」與「聞見之知」，乃至學術分類上的「經」與「史」，這種種對立差別造成了知識界的極大困擾。自元、明以來，理學自身的反思漸漸觸及到了這一問題，並且發展出一條「理學思維去實體化的路向」〔註139〕，易言之，也就是將「理」由「先驗之理」重新詮釋為「事物之條理」。這一存在論上的「轉向」在思想史上有著重大的意義，晚明以來的思想家如黃宗羲、王夫之乃至陳確、顏元、戴震無不受其影響，章學誠的「道器觀」也是這一潮流中的產物。山口久和就此指出：「章學誠的『六經皆器』說必須放在明代中葉以

〔註138〕章學誠：《原道》中，《文史通義新編新注》，100 頁。
〔註139〕參見陳來：《元明理學的『去實體化』轉向及其理論後果》，見陳來著：《詮釋與重建》，北京：北京大學出版社，2004 年。

降，即王陽明出現以降越來越顯著的『唯名論』思潮中進行理解。實齋的唯名論傾向在顯示『道』與『器』關係的比喻中是很明顯的。」〔註140〕

胡適在《章實齋年譜》中說：「《原道·中》說：『道不離器，猶影不離形』，自是一種卓識。此意清初顏元、李塨、費密諸人皆主之，浙東學術亦與此派有相近處，但不必說實齋之論必本於前人耳。」〔註141〕可見「道器合一論」在清初是一種普遍的思潮。章學誠在《書〈貫道堂文集〉後》一文中稱費密父子「當風氣襌易之際，而卓然有守，能自信之於心，亦可爲豪傑士矣。」〔註142〕尤可值得注意的是，章學誠在文中引述費滋衡（字錫璜，費密之子）的經學理論：「聖人言事實，不言虛理，《易》言天地，不言天地之先；有物混成，先天地生，聖人之所不知則不言之，所以立教也。」〔註143〕這裏的意思有兩層，一是經書所言是「實事」而非「虛理」；二是經書所關注的是人類實際生活，「天地之先」等玄奧的形而上學觀念不在經書關注的範圍之內。這兩層意思也是章學誠「六經皆史」論的核心根柢，章學誠在《易教》中開宗明義就說：「六經皆史也。古人不著書；古人未嘗離事而言理，《六經》皆先王之政典也。」〔註144〕在《原道》中則闡述「道」產生於人類社會形成之後而不在「天地之先」：「天地之前，則吾不得而知也。天地聖人，斯有道矣，而未形也。」〔註145〕章學誠關於「經」與「道」的觀念與費密父子有明顯的類似之處，雖然如胡適所言，章學誠所論未必是本於前人，但這一「道器合一」的思潮對章學誠「六經皆史」論的形成有著相當的影響則是顯而易見的。

「道器合一」論的宗旨是認爲「器」在價值上優先於「道」，「道」依附於「器」而存在，「道」並不是永恒不變的絕對規範，而是隨著「器」的變動而適時地變化。明末清初的學者王夫之這樣表述說：

　　天下惟器而已矣。道者，器之道；器者，不可謂之道之器也。……
　　洪荒無揖讓之道，唐虞無弔伐之道，漢唐無今日之道，則今日無他

〔註140〕【日】山口久和著、王標譯：《章學誠的知識論》，82頁。唯名論是中世紀西方經院哲學的一種，認爲存在的都是個別事物，沒有作爲「實體」存在的「共相」；與之相對的是實在論，認爲「共相」是實體性的存在。參見趙敦華：《西方哲學簡史》，127頁，北京：北京大學出版社，2003年。

〔註141〕胡適：《章實齋年譜》，74頁。

〔註142〕章學誠：《書〈貫道堂文集〉後》，《文史通義新編新注》，561頁。

〔註143〕章學誠：《書〈貫道堂文集〉後》，《文史通義新編新注》，561頁。

〔註144〕章學誠：《易教》上，《文史通義新編新注》，第1頁。

〔註145〕章學誠：《原道》上，《文史通義新編新注》，94頁。

年之道者多矣。未有弓矢而無射道，未有車馬而無御道，未有牢醴
璧幣鍾磬管絃而無禮樂之道，則未有子而無父道，未有弟而無兄道，
道之可有而且無者多矣。故無其器則無其道，誠然之言也，而人特
未之察耳。〔註146〕

章學誠的「六經皆器」論正是從這一「道器合一」的觀念出發，認為六經所
記載的是典章制度的「事實」，因而是「器」而非「道」，「三代以前，《詩》、
《書》、六藝，未嘗不以教人，非如後世尊奉六經，別為儒學一門而專稱為載
道之書者。蓋以學者所習，不出官司典守、國家政教，而其為用，亦不出於
人倫日用之常，是以但見其為不得不然之事耳，未嘗別見所載之道也。」〔註
147〕所謂「六經」，事實上就是這樣一種「器」，「器」中固然蘊涵了「道」，但
「道」卻不可脫離「器」而存在，二者如同「形」和「影」的關係：「道不離
器，猶影不離形」。經書中的「道」是和三代社會中的政教制度緊密結合在一
起的，具有著強烈的現實意義。孔子刪述六經，也是從保存「器」的角度對
古代的典章制度進行整理：「夫子述六經以訓後世，亦謂先聖先王之道不可
見，六經即其器之可見者也。後人不見先王，當據可守之器而思不可見之道，
故表章先王政教，與夫官司典守以示人，而不自著為說，以致離器言道也。」
〔註148〕孔子的歷史地位決定了他不能實踐自己的政治理想，因而通過修訂、
整理六經的方式以昭示後人，這決非孔子的本來意願：「孔子不得位而行道，
述六經以垂教於萬世，孔子之不得已也。」〔註149〕但後世的儒者卻誤解了孔
子的本意，從「道」而非「器」的角度來理解經書，認為經書中所體現的「道」
是萬世不易的永恒規範，可以脫離具體的個別事物而獨立存在，並且認為闡
述這一「常道」就是孔子修訂六經的意旨所在：「然自孟子以後命為通儒者，
率皆願學孔子之不得已也。以孔子之不得已而誤謂孔子之本志，則虛尊道德
文章，別為一物，大而經緯世宙，細而日用倫常，視為粗迹矣。」〔註150〕六
經本是王官之學，當六經表現為王官的職掌時，「道」與「器」樸素地結合為
一體；而當六經由王官學演變為儒家的私家著述時，「道」與「器」就發生了

〔註146〕王夫之：《周易外傳》卷5，轉引自嵇文甫著：《王船山學術論叢》，51頁，北
　　　　　京：三聯書店，1962年。
〔註147〕章學誠：《原道》中，《文史通義新編新注》，101頁。
〔註148〕章學誠：《原道》中，《文史通義新編新注》，101頁。
〔註149〕章學誠：《與陳鑑亭論學》，《文史通義新編新注》，717頁。
〔註150〕章學誠：《與陳鑑亭論學》，《文史通義新編新注》，718頁。

分離，此時的「道」就如同失去了「形體」之依託的「影子」，只是儒者心目中的「幻影」而已，歷代儒者以經書爲「載道之書」，皓首窮經所追求的只是如水月鏡花般的「幻影」，「而儒家者流，守其六籍，以爲是特載道之書耳。夫天下豈有離器言道，離形存影者哉！彼舍天下事物人倫日用，而守六籍以言道，則固不可與言夫道矣。」〔註 151〕而這樣做的結果恰恰背離了六經「道器合一」的宗旨，對「道」的認識成了一種個人主觀的知識活動，「六經未嘗離器言道，道德之衰，道始因人而異其名。」〔註 152〕一句話，章學誠在這裏所要暗示的是，作爲歷史上王官之學的六經，本身是「道器合一」的體現，而儒家的經學研究恰恰違背了這一宗旨，「離器而言道」，因而造成了對「道」的遮蔽。經學這一形式的知識活動雖然以經書爲載體而壟斷了「道統」，但實際上不是「六經」這一王官學知識傳統的繼承者，對「道」的認識必須另闢蹊徑。「六經皆器」的中心意旨即凝結於此處。

〔註 151〕章學誠：《原道》中，《文史通義新編新注》，101 頁。
〔註 152〕章學誠：《與陳鑑亭論學》，《文史通義新編新注》，718 頁。

第七章 章學誠與清代思想史諸問題

第一節 章學誠與漢宋之爭

1、「虛理」與「實事」：漢宋之爭的思想內涵

在章學誠生活的年代，樸學是知識界的主流，樸學以考釋字義、辨正典章制度爲主，注重徵實而反對空談，因其奉漢人的訓詁之學爲宗主，因此又稱爲「漢學」或「考據學」。作爲學術形態而言，所謂「樸學」、「漢學」、「考據學」這三者是一體的，是同一事物的三種不同稱謂，「樸學」言其學風樸實無華，「漢學」言其學術趨向歸宗漢儒，「考據」則指出其方法進路。總之，這一學術形態與宋明理學有著極大的差異，宋明理學在思想淵源上源自思（子思）、孟（孟子）心學，同時又汲取了佛學的本體論觀念，是一套思辨性的形而上學體系，在學術方法上則擺脫漢唐箋注經學的形式，注重心性的直覺體悟，宋儒中的大程子明道先生曾說：「理之一字，是自家體貼出來。」因而考據在宋學的知識體系中僅具有輔助性的地位，

如以宋儒中最注重「道問學」的朱熹爲例，朱熹爲其「格物致知」的方法論提出了「理一分殊」的本體論依據，由於「理」散殊於萬物，因此爲了達到對「形上之理」的認識，必須深入探究事物的分殊之「理」，其中讀書、作文、考據都是這一認識過程中的必要環節，但是「格物致知」作爲一種修養工夫，最終是爲了達到對「本體之理」的認識，而這一「本體之理」則是一倫理道德的範疇。換言之，對於如朱熹一類的宋學家來說，「道問學」是手

段，「尊德性」才是目的，離開「尊德性」的單純「道問學」是沒有意義的。
而對於如戴震之類的「漢學家」而言，「道問學」本身就已是目的，所謂「德性」則是在知識探索過程中所產生的自然結果，《孟子字義疏證》就此問題闡發說：

> 試以人之形體與人之德性比而論之，形體始乎幼小，終乎長大；德性始乎蒙昧，終乎聖智。其形體之長大也，資於飲食之養，乃長日加益，非「復其初」；德性資於學問，進而聖智，非「復其初」明矣。
> 〔註1〕

戴震認為，所謂「德性」和人的「形體」一樣，是一個自然生長的過程，「形體」的生長有賴於飲食的滋養，而「德性」的生長則有賴於知識學問的灌沃，二者同為一個自然生命的成長過程，宋明理學家用「復其初」的方法追尋「先天地而存在」的超越本體，其結果只會廢棄知識學問，而所謂「德性」也終將淪於神秘空虛之域。戴震對此尖銳質問說：

> 如宋之陸，明之陳、王，廢講習討論之學，假所謂「尊德性」以美其名，然舍夫「道問學」則惡可命之「尊德性」乎？〔註2〕

「尊德性」與「道問學」是朱（熹）、陸（九淵）鵝湖之會的傳統論題，所討論的是道德實踐中知識的地位問題。在清代思想史的背景中，這一命題的「辯論境域」已有所轉換。在朱、陸之辨中，儘管就知識的地位問題論點有別，但道德的優先性卻是無可置疑的。而在清代思想的發展過程中，如龔自珍所總結的，就其整體而言，是一個「道問學」的時代，知識被置於優先的地位，而道德則必須附翼於知識之下，如余英時所論：「這是儒家智識主義發展至成熟階段才會出現的新觀點。這樣的觀點，在以『尊德性』為第一義的宋、明理學中，是難以想像的。」〔註3〕就此而言，知識和道德的衝突構成了清代「漢學」與「宋學」的主要分歧點，也是所謂「漢宋之爭」的核心問題。作為兩種相互競爭的知識體系，「漢學」與「宋學」的論辯採取了傳統的「尊德性」與「道問學」等命題形式，但其論辯的問題實質已經超出了理學的範圍，就「漢學家」而言，「道問學」才是實質，「尊德性」則不過是

〔註1〕 戴震：《孟子字義疏證》卷上「理」字條，《戴震全集》（第一冊），166～167頁。
〔註2〕 戴震：《與是仲明論學書》，《戴震文集》，141頁。
〔註3〕 余英時：《論戴震與章學誠》，26頁。

一句虛言而已；用淩廷堪的話來說，二者是「實事」與「虛理」的關係：

> 夫實事在前，吾所謂是者，人不能強辭而非之，吾所謂非者，人不
> 能強辭而是之也，如六書九數及典章制度之學是也。虛理在前，吾
> 所謂是者，人既可別持一說以爲非，吾所謂非者，人亦可別持一說
> 以爲是也，如理義之學是也。〔註4〕

此論推衍至極，清代的「漢學家」遂只承認「典章制度」、「字義訓詁」之類
「實學」的價值，而反對一切概括、總結性質的理論探討，將其一概斥之爲
「虛理」，如淩廷堪即對戴震的「義理之學」深不以爲然：

> 又吾郡戴氏，著書專斥洛閩，而開卷仍先辨「理」字，又借「體用」
> 二字以論小學，猶若明若昧，陷於阡攫而不能出也。〔註5〕

在淩廷堪看來，「理事」、「體用」等概念出自禪學，而建立在這些概念基礎之
上的宋明理學實際上是禪學的變種，無論是程朱還是陸王都是如此：

> 然則宋儒所以表章四書者，無在而非理事，無在而非體用，即無在
> 而非禪學矣。鄙儒執洛閩以與金溪爭，或與陽明爭，各立門戶，交
> 訐不已，其於聖學何啻風馬牛乎？明以來，講學之途徑雖多，總之
> 不出新安、姚江二派，蓋聖學爲禪學所亂將千年矣。自唐以後，禪
> 學盛行，相沿已久，視爲固然，竟忘「理事」、「體用」本非聖人之
> 言也，悲哉！……其餘學人，但沾沾於漢學、宋學之分，甚至有云
> 「名物則漢學勝，理義則宋學勝」者，寧識宋儒之理義乃禪學乎？
>
> 〔註6〕

淩廷堪將宋學視爲禪學，這樣宋學就被摒於儒學的門戶之外，而漢學「返諸
六經」則是再次體現了孔門「原始儒學」的純正精神，「漢宋之爭」的內涵被
轉化爲純眞儒學與異端之學的思想交鋒。這事實上是當時大部分漢學家的共
同看法，直到江藩的《國朝漢學師承記》出版，以學術史的方式記錄了清代
漢學的發展歷程，將「漢學」樹立爲清代學術的正統，漢學和宋學之間的門
戶壁壘遂堅不可破。盧鍾鋒在《中國傳統學術史》一書中曾這樣概括江藩的
編撰意圖：

> 如果說，《國朝漢學師承記》的編修是將漢學作爲清代學術史的主

〔註4〕淩廷堪：《戴東原先生事略狀》，《校禮堂文集》，317頁。
〔註5〕淩廷堪：《好惡説》，《校禮堂文集》，144頁。
〔註6〕淩廷堪：《好惡説》，《校禮堂文集》，143頁。

線，旨在重振漢學，突出漢學的地位；那麼，《國朝宋學淵源記》的
編修則是將宋學作爲清代學術史的輔線，旨在彰顯漢學，而不是突
出宋學。〔註7〕

「漢宋之爭」作爲清代思想史的一條主線，雖然自清初以來就已存在，但大
部分學者在崇尚漢學的同時，格於朝廷的功令（清政府始終以程朱理學作爲
官方學術）以及其他種種原因，對理學雖然疏離，但始終保持著表面上的尊
敬，即使被梁啓超譽爲「漢學思想的結晶體」的《四庫全書總目》，也以「漢
宋兼採」爲號召。但自戴震以後，漢學的發展進入高峰期，其思想分歧與宋
明理學日益明顯，「漢宋之爭」日趨表面化，漢學家的強勢地位也終於遭到宋
學家的挑戰，桐城派文人方東樹對漢學的思想方法作了全面清算：

顧、黃諸君，雖崇尚實學，尚未專標漢幟。專標漢幟，則自惠氏始。
惠氏雖標漢幟，尚未屬禁言「理」；屬禁言「理」則自戴氏始。自是
宗旨祖述，邪詖大肆，遂舉唐、宋諸儒已定不易之案，至精不易之
論，必欲一一盡翻之，以張其門戶。江氏作《漢學師承記》，阮氏集
《經解》，於諸家著述，凡不關小學，不純用漢儒古訓者，概不著
錄。……夫説經不衷諸義理，辨偽得眞，以求聖人之意，徒以門户
之私，與宋儒爲難，非徒不爲公論，抑豈能求眞得是？〔註8〕

夫漢學家，既深忌痛疾義理之學墮禪，申嚴屬禁。以行事易之，是
自爲一大宗旨門户矣。而夷考其人，居身制行，類皆未見德言之相
顧也。是其視講經本與躬行判而爲二，固不必與其言相應。原無意
於求眞得，是但務立説，與宋儒爭勝耳。〔註9〕

方東樹從宋學的立場出發，認爲漢學家反對宋學純粹是出於門戶「私見」而
非「公論」，而且漢學家的道德踐履也遠不及宋明學者，因而其學術的可信度
便發生了問題；同時方東樹認爲，治經必以義理爲先，而對義理的認識有時
不能用語言文字的眞偽作爲裁判的標準，因爲義理是超乎語言文字的，「義理
有時實有在語言文字之外者」〔註10〕漢學家以訓詁作爲其方法論的基礎是有
問題的。方東樹及其所從屬的桐城派以「程朱義理」作爲學問宗旨，在對漢

〔註7〕 盧鍾鋒：《中國傳統學術史》，385～386頁，鄭州：河南人民出版社，1998頁。
〔註8〕 方東樹：《漢學商兌》卷上，商務印書館，1937年。
〔註9〕 方東樹：《漢學商兌》卷中之上。
〔註10〕 方東樹：《漢學商兌》卷中之下。

學的批評中有時流露出極其狹隘的學術偏見，但不可否認的是，方東樹的漢學批評在一定程度上也擊中了漢學的要害，暴露出漢學偏重實證、缺乏形上思考的理論弱點，王汎森認爲《漢學商兌》的出版「打破了漢學一元壟斷之局。」〔註 11〕儘管據有關學者研究，此書在當時的影響並不大，〔註 12〕但方東樹對漢學的公開批評本身即已顯示，在清代中期的思想史上，「漢宋之爭」已由思想界的伏流而演化爲公開論爭的話題，漢學家儘管依然堅守「訓詁考據」的傳統方法，但也不得不面對宋學家的批評質疑，在學術方法和理論思維上醞釀著新的轉變，誠如王汎森所論，漢學的一統局面已經打破，各種新的思想、理論逐步出現，構成了清中期思想界的多元化局面，其中章學誠的史學思想便是其中的一種。

2、「因事寓理」：章學誠在漢宋之爭中的立場

從「漢宋之爭」的思想背景來觀察章學誠的歷史形象，有時會得出章學誠是一個宋學家的結論，如最早爲章學誠編撰年譜的日本學者內藤湖南即認爲章學誠的理論思維是一種宋學的思維方式，〔註 13〕柴德賡在比較章學誠與汪中的思想學術差異時也得出了同樣的結論。〔註 14〕但仔細探究章學誠的思想實質就會發現，儘管章學誠同當時的宋學家一樣，對考據學（也就是所謂「漢學」）有著種種責難，同時對宋學也表示出一定程度的認同，但其思想的構造與關注點與當時的「宋學」有著很大的不同，章學誠並無意要回歸宋明理學的本體論思維方式，他的「道論」以「事變」爲基礎，在時間性的框架下周流變化，實質上與王船山的「道器一元」、「勢變理亦變」的思想有著共通之處，而與宋明理學超越於時間之表的「形上之理」有著很大區別，反映出一種泛歷史主義的觀點。在漢學與宋學的關係上，章學誠也持有一種很特

〔註 11〕王汎森：《中國近代思想與學術的系譜》，24 頁，石家莊：河北教育出版社，2001 年。

〔註 12〕朱維錚說：「胡適當年的一個意見，還是有道理的。胡適不同意《漢學商兌》書出而漢學之焰『漸熄』的皮相見解，以爲咸豐以後，『漢學之焰確然漸熄』，但此中功罪，『不如歸到洪秀全和楊秀清的長髮軍』。」見朱維錚著：《中國經學史十講》，152 頁，上海：復旦大學出版社，2002 年。

〔註 13〕參見【日】山口久和著、王標譯：《章學誠的知識論》第一章《序說——兼研究史摘要》。

〔註 14〕參見柴德賡著：《章實齋與汪容甫》一文，文載於柴著《史學叢考》，北京：中華書局，1982 年。

殊的觀點，他從他慣有的考察學術源流的方法出發，認為清代考據學（漢學）實質上是宋學的支派，「空言義理」是宋學末流的流弊，「通經服古」才是程朱之學的本色，以戴震為代表的考據學者所繼承的實際上是「朱子之教」：

> 夫空談性理，孤陋寡聞，一無所知，乃是宋學末流之大弊。然通經服古，由博返約，即是朱子之教，一傳而為蔡九峰、黃勉齋，再傳而為眞西山、魏鶴山，三傳而為黃東發、王伯厚，其後如許白雲，金仁山、王會之，直至明初宋潛溪、王義烏，其後為八股時文中斷。至國初而顧亭林、黃梨洲、閻百詩皆俎豆相承，甚於漢之經師譜系。戴氏亦從此數公入手，而痛斥朱學，此飲水而忘其源也。然戴實有所得力處，故《原善》諸篇，文不容沒。〔註15〕

「東原出自朱子」的論點章學誠曾在《朱陸》篇以及《書〈朱陸篇〉後》中屢次加以闡發，在晚年的《浙東學術》一文中，更以自朱熹至顧炎武一系的學術為「浙西之學」，其隱涵的觀點即以戴震為「浙西之學」的後繼者，而自居為「浙東之學」的傳人。考據學（漢學）既為宋學的直線發展，則考據學者對宋學的批判是「飲水忘源」，這就是章學誠一再批評戴震的「心術」問題，其言下之意是戴震等漢學家的道德踐履遠不如程朱嚴謹。在這種情況下，漢學家對宋學的批評就成了「風氣」，只是為漢學爭地位，並不具有嚴肅的學術意義，章學誠批評戴震對學術風氣的影響說：

> 戴東原訓詁解經，得古人之大體，衆所推尊。其《原善》諸篇，雖先夫子亦所不取。其實精微醇邃，實有古人未發之旨，鄙不以為非也。（姚姬傳並不取《原善》，過矣。）戴君之誤，誤在詆宋儒之躬行實踐，而置己身於功過之外，至於校正宋儒之訛誤可也，並一切抹殺，橫肆詆訶，至今休、歙之間，少年英俊，不罵程、朱，不得謂之通人，則真罪過。戴氏實為作俑。其實初聽其說，似乎高明，而細核之，則直為忘本耳。〔註16〕

章學誠一方面不滿於戴震對宋儒「一切抹殺」，一方面又稱許戴震的《原善》諸篇「有古人未發之旨」，在訓詁和義理方面都取得了高度的成就，並表示不贊成桐城派姚鼐等人基於宋學義理對《原善》的批評。這表明章學誠在基本的義理思想方面與傳統的宋學是有距離的，其「道器一元」論的思想更接近

〔註15〕章學誠：《又與朱少白書》，《文史通義新編新注》，783頁。
〔註16〕章學誠：《又與朱少白書》，《文史通義新編新注》，783頁。

戴震而非宋學，但是章學誠認爲學術思想的發展是一個連續的過程，反對人爲地劃分畛域，漢學家依仗其考據訓詁方面的成就而譏評宋學，以至於發展到在戴震的家鄉，「休、歙之間，少年英俊，不罵程、朱，不得謂之通人」，這是章學誠所不能接受的。章學誠認爲宋儒的義理雖然有錯誤，考證也不夠細密，但其「躬行實踐」仍然值得後人取法，而不應該一概抹煞，這是章學誠在「漢宋關係」說方面與當時的漢學家之間的思想距離。

　　章學誠雖然肯定宋儒的「躬行實踐」，但並不認同於宋儒的「心性之學」，這與章學誠的經學觀點有關。章學誠認爲六經是「因事寓理」，而宋儒的「理學」則「離經言理」，「理」離開了其依託的歷史語境，轉化爲一套自明性的語言系統，這就是所謂的「空言義理」。章學誠認爲正是由於宋儒「專門說理」，「理」成了超越的觀念形態而與「事」發生了分離，這樣就違背了六經「道器合一」的原則，從而使「理」的眞正意義晦塞不明，造成了漢宋之學的對立以及理學內部的門戶分裂：

> 古無專門說理之書，說理有專書，理斯晦矣。六藝，先王舊典，聖人即是明理，而教亦寓焉。〔註17〕

> 宋儒專門說理，天人性命，理氣精微，辨別渺茫，推求銖黍，能發前人所未發矣。然離經而各自爲書，至於異同之爭，門戶之別，後生末學，各守一典，而不能相通，於是流弊滋多，而六經簡明易直，古人因事寓理之旨，不可得而知矣。故曰說理有專書，而理斯晦也。〔註18〕

章學誠認爲要發明六經之理，重要的是要認識到，「理」附著於「事」，「事」構成了「理」的語境，而且這一語境是歷史性的，因爲六經事實上就是歷史上某一特殊階段的產物，當作爲語境的「事」產生變化時，「理」自然也隨之變化。六經僅明三代之「理」，三代之後的「理」必須從三代之後的「事變」中進行歸納總結。漢宋之爭爭執於六經之是非，完全脫離了六經之「理」所依託的歷史語境，而純粹以字義的眞僞、考據的疏密來論斷義理之是非，是一種僵板拘執的做法，不足以達到六經的眞義。乾嘉時期的著名漢學家孫星衍在《問字堂集》中曾著有《原性》篇，雜引周秦古書，討論人性的善惡問題，並批駁反對宋明理學的人性論觀點，反映了漢宋之學在理論上的分歧。章學誠對這篇文章進行了系統的批駁：

〔註17〕章學誠：《〈四書釋理〉序》，《文史通義新編新注》，535 頁。
〔註18〕章學誠：《〈四書釋理〉序》，《文史通義新編新注》，535 頁。

> 夫言各有所謂，不可文義拘牽；同一夫子之言，又同出於經論，非
> 駁書雜記不可徵信者比，而拘文牽義，已不可通；況萃集百家，不
> 求所謂，但冀穿貫，謂非周納傅會，吾將誰欺！〔註19〕

> 宋儒輕實學，自是宋儒之病，孫君以謂三代之學異於宋學，當矣；
> 顧以性命之理，徒博堅白同異之辨，使為宋學者反唇相議，亦曰
> 但騰口說，身心未嘗體踐，今日之學，又異宋學；則是燕伐燕也。
> 〔註20〕

> 秦王遺玉連環，趙太后金椎一擊而解；今日性理連環，全藉踐履實
> 用以為金椎之解，博徵廣喻，愈益支離，雖夫子生於今日，空言亦
> 不能取信於人也。〔註21〕

在章學誠看來，漢宋之爭的要害是以語言文字爭義理之是非，將語言文字看成是一套自明性的系統，而沒有看到經書的語言文字都是「有為之言」，對語言文字的闡釋必須依據於其產生的語境，拘泥於語言本身必然會產生「理解的迷失」，也就是章學誠所謂的「空言義理」。在這一點上，漢宋學者都因循了同樣的錯誤，宋儒的弊病在於「輕實學」，心性之學的極端發展使宋儒的思想形態高度內斂，沉迷於哲學概念的思辨演繹，而缺乏對於生活世界的關注；漢學家看到了宋學的這一理論弱點，但卻繼續通過語言學的方法與宋儒爭辯概念的是非，這在章學誠看來，無異於「以燕伐燕」，難免會遭到宋學家的反唇相譏。比較而言，宋學對於義理是非的判斷是從心性的覺悟出發，而漢學對於義理是非的判斷則是從語言的真偽出發，這二者的共同之處是都沒有注意到義理所據以生長的生活土壤，這就使儒學失去了「經世」的依據。「性理」等概念的爭辯從宋明延續到了清代中期，已經成了一個不可解之局，無論從心性出發，還是從語言出發，都無法得到一個令人信服的最終答案，「博徵廣喻，愈益支離」，即使孔子復生，空言也不能取信於人。經典的義理必須通過其生長、形成的生活場景才能得到闡明，純粹的概念思辨和分析都不足以揭示經書之意義，而唯有生活實踐才是「性理連環」的「金錐之解」。在章學誠心目中，符合這一「金錐之解」的理想學術形態無疑就是史學。

〔註19〕章學誠：《書孫淵如觀察〈原性〉篇後》，《文史通義新編新注》，570頁。
〔註20〕章學誠：《書孫淵如觀察〈原性〉篇後》，《文史通義新編新注》，570頁。
〔註21〕章學誠：《書孫淵如觀察〈原性〉篇後》，《文史通義新編新注》，570頁。

3、「以班、馬之業明程、朱之道」：章學誠對漢宋之爭的超越

余英時在《清代思想史的一個新解釋》一文中曾提出，清代的經史考證之學來源於宋明理學內部的義理之爭，理學和心學長期就「理氣」、「心性」等問題爭論不休，最後不得不回歸原典，以追詢經典的原始意義，作爲義理裁斷的標準，這就導致了清代經學考據的興起。〔註22〕但是經學考據依然不足以平息思想界的糾紛，這從「漢宋之爭」中就可以明顯地看清這一點。清中期以後，漢學的弊端逐步顯現，思想界的有識之士對漢學發動了新一輪的批判，並提出了各種新的思想建設方案，如常州學派的今文經學、凌廷堪的「以禮代理」說，其中也包括章學誠的「新史學思想」。從章學誠本身的思想來說，他對當時的漢、宋之學皆有所不滿，但總體上來說，他的思想更接近考據學而非宋學，在《朱陸》篇一文中，章學誠對當時的漢宋學者都提出了批評，對漢學家（主要是戴震）的批評是「心術」，對宋學家的批評是學識疏漏，其論調之嚴屬以至於不屑於稱他們爲「程朱學者」而只是稱之爲「僞陸王」，其中就包括清代前期著名的理學家陸隴其。日本學者山口久和在論證章學誠的思想構造時說：

> 實齋自己認爲，如果必須在空疏的思辨（宋學）和缺乏哲學的實學（文獻學）中選擇一個的話，自己將選擇實學。或者說在章學誠眼裏，經學家顧炎武和閻若璩才是朱子的正統弟子，並不把當時的理學家看得如何重要。
>
> 我想這是因爲，在產生出顧炎武、閻若璩、戴震這些優秀考證學者的實證主義的時代精神之下，而像宋儒所做的那樣，不以經書或相當於經書的典籍的文獻理解爲媒介，直接赤裸裸地陳述自己的哲學、思想的獨斷論（dogmatism），在章學誠那裏是不能被容許的。……
>
> 在這一點上，應該説章學誠也仍然還是時代精神的產物。〔註23〕

誠如山口久和所論，章學誠確實是乾嘉「時代精神的產物」，他一生與考據學抗爭，只是因爲考據學已失去了知識方向的引領，而淪爲工具性的「文獻學」，他必須爲重建這一知識方向而努力，在章學誠看來，這一知識方向就是對文辭和考據具有引領性作用的「義理」。

〔註22〕 詳見余英時：《清代思想史的一個新解釋》，見辛華、任菁編：《內在超越之路——余英時新儒學論著輯要》，468～505頁，北京：中國廣播電視出版社，1992年。

〔註23〕 【日】山口久和著、王標譯：《章學誠的知識論》，21頁。

「義理」是一個知識體系的靈魂和眼目，有了「義理」對知識方向的貞定，文辭和考據才有了內在的靈魂而成為「學問」，否則只是零散的材料而已。但是「義理」並不是思想淩虛架空的思辨過程所產生的「純概念」，而是與「事迹」密合為一體，通過「事迹」所展示的事變背後變化運動的「不得不然」，因此，揭示「義理」的最佳途徑就是史學。章學誠曾經構想通過《宋史》的撰述以揭明程朱義理，這就是所謂「以班、馬之業明程、朱之道」：

> 宋儒之學，自是三代以後講求誠正治平正路，第其流弊，則於學問、文章、經濟、事功之外，別見有所謂「道」耳。以「道」名學，而外輕經濟事功，內輕學問文章，則守陋自是，枵腹空談性天，無怪通儒恥言宋學矣。然風氣之盛，則村荒學究，皆可抵掌而升講席；風氣之衰，雖程、朱大賢，猶見議於末學矣。君子學以持世，不宜以風氣為重輕；宋學流弊，誠如前人所譏，今日之患，又坐宋學太不講也。往在京師，與邵先生言及此事，邵深謂然。二十一史中，《宋史》最為蕪爛，邵欲別作《宋史》。吾謂別作《宋史》成一家言，必有命意所在，邵言即以維持宋學為志。吾謂維持宋學，最忌鑿空立說，誠以班、馬之業而明程、朱之道，君家念魯志也，宜善成之！。
> 〔註24〕

章學誠在這裏提出了超越漢宋學者的另一條學術進路，那就是以史學明「義理」，這樣就可以減輕宋學「鑿空立說」的弊病，同時也避免了漢學缺乏「立言宗旨」的文獻學傾向，將「理」和「事」完美地結合在一起，通過二者的「交互循環」以闡明其意義。章學誠認為，清初浙東學者邵廷採在《思復堂集》中就已經體現了這一傾向，「（邵廷採）蓋馬、班之史，韓、歐之文，程、朱之理，陸、王之學，萃合以成一子之書，自有宋歐、曾以還，未有若是之立言者也。」〔註25〕邵廷採在清初陽明學式微的形勢下，以戢山「誠意慎獨」之學為依歸，在《思復堂集》中以大量篇幅保存了王門學者的史迹，並通過這些具體的史迹描述彰顯王學的精神意脈，章學誠稱之為「洪爐鼓鑄，自成一家。」〔註26〕章學誠試圖追尋邵廷採的學術途轍，通過與摯友邵晉涵合作撰寫《宋史》，將程朱義理體現在宋代史迹的撰述之中，並以此作為全書的「命

〔註24〕 章學誠：《家書五》，《文史通義新編新注》，822 頁。
〔註25〕 章學誠：《家書三》，《文史通義新編新注》，819 頁。
〔註26〕 章學誠：《邵與桐別傳》，《章學誠遺書》，178 頁。

意所在」，這實際上道出了章學誠以歷史為思想之體現的慧識，如錢鍾書所說：「不讀儒老名法之書，而徒據相砍之書，不能知七國；不究元祐慶元之學，而徒據繫年之錄，不能知兩宋。」〔註27〕程朱理學作為兩宋時代精神的體現，是這一階段歷史的靈魂；但這一「時代精神」必須體現在具體的史迹描述中，才能避免「鑿空立說」。章學誠意圖以史學為當時的漢宋之學「補偏救弊」，而章學誠心目中的史學並不是單純的事迹描述，而是以「史義」為主，「史義」是對歷史事實的形上思考，或者說，是一種歷史哲學的意識，用章學誠的語言來表述，這種「歷史哲學意識」也就是所謂「以班、馬之業明程、朱之道」。

　　章學誠的「歷史哲學意識」也結合著他對於自身歷史情景的思考。在「漢宋之爭」的情勢下，道德與知識的衝突呈現出尖銳化的趨勢，章學誠傾向於知識，他是一個接近現代意義上的「學者」（Scholar）而非傳統的「儒者」（Confucian），〔註28〕但他並沒有完全脫離傳統，對於道德問題他依然有著深重的憂慮，這從他屢次批評漢學家的「心術」就可以看出。他與邵晉涵商定的《宋史》的「立言宗旨」是「宋人門戶之習，語錄庸陋之風，誠可鄙也。然其立身制行，出於倫常日用，何可廢耶！士大夫博學工文，雄出當世，而於辭受取與，出處進退之間，不能無簞豆萬鍾之擇，本心既失，其他又何議焉？此著《宋史》之宗旨也。」〔註29〕這一「宗旨」無疑顯示了章學誠對乾嘉時代風氣的反思。但是章學誠對這一問題的思考依然是在清代思想的總體框架之內的，那就是作為清代思想基調的「道器合一論」，道德問題作為「形上之道」，不能離開「形下之器」，道德不能空言，將道德問題作為「純概念」思辨的宋學應該遭到鄙棄，而漢學家除戴震等少數人之外，大多數流於瑣碎的「文獻主義」，拘於「器」而不能「明道」。章學誠的「以史明道」論以鮮明的歷史哲學意識試圖超越「漢宋交爭」的思想格局，將史學撰述和義理追求結合為一體，對這一時代問題提出了自己獨特的解答，同時也預示著清中期的思想界從漢學一統的局面下脫離出來，正在發生著某種多元化的轉變。

〔註27〕錢鍾書：《談藝錄》補訂本，266頁。
〔註28〕參見高瑞泉：《〈章學誠的知識論〉序》，見【日】山口久和著、王標譯：《章學誠的知識論》序1～7頁。
〔註29〕章學誠：《邵與桐別傳》，《章學誠遺書》，177頁。此語為邵晉涵所言，但章學誠贊成之，故視為章、邵二人的共同宗旨。

第二節　章學誠與今古文經學之爭

1、今古文經學之爭的歷史背景

　　對章學誠的認識經歷了一個長久的過程，尤其是牽涉到乾嘉以後中國學術思想的變遷發展。乾隆末年，以古文經學爲主要研究對象的乾嘉樸學途窮思變，以公羊學「微言大義」爲研究對象的今文經學漸次興起，常州學派（劉逢祿、莊存與）即爲今文經學的先聲。今古文經學之爭肇端於西漢末年，西漢立爲學官的十四博士所傳皆爲漢代通行文字隸書所書寫的今文經，而古文經則出自屋壁所藏，用漢代之前的「古文」書寫，劉歆在《移讓太常博士書》中說：「魯共王得古文，《逸禮》有三十九篇，《書》十六篇，及《春秋》左氏丘明所修，皆古文舊書。」〔註30〕劉歆向當時的西漢政府建議將古文經立於官學，遭到尊奉今文經學的博士學官的激烈反對，由此今古文經學之爭遂成爲經學史上的一大議題。今古文經學爭論的焦點不僅在於經書版本的差異，更有思想義旨的不同。簡略地說，古文經學更多地包含著一種歷史的觀點，認爲儒家的「六經」是古代政教典籍的遺留，而孔子則是「六經」的守護者和整理者；今文經學則斷言「六經」皆創制於孔子，其中蘊涵著一種「天啓」的觀念和神秘主義思想，也就是今文經學經常宣稱的「微言大義」。在這一爭端中，孔子與周公的地位問題便凸顯出來。爲古文經《左氏春秋》作注的杜預認爲經中的「凡例」皆出於周公，而「變例」才出於孔子，清末今文經學家皮錫瑞就此指責道：「如此，則周公之例多，孔子之例少；周公之功大，孔子之功小。奪尼山之筆削，上獻先君；飾冢宰之文章，下誣後聖。」〔註31〕古文經學認爲經書源自於周代的禮樂制度，故「製禮作樂」的周公應在經學中佔據中心的位置；而今文經學則認爲「六經」皆孔子刪修，並賦予其超越世俗制度的神聖含義，「故必以經爲孔子作，始可以言經學；必知孔子作經以教萬世之旨，始可以言經學。」〔註32〕

2、章學誠與古文經學

　　從章學誠的思想立場來看，他似乎更近於古文經學。他對於儒學歷史的

〔註30〕皮錫瑞：《經學歷史》，83 頁。
〔註31〕皮錫瑞：《經學歷史》，93 頁。
〔註32〕皮錫瑞：《經學歷史》，27 頁。

發展有一個鮮明的觀點，那就是「集大成者」爲周公而非孔子，這與他「道器合一」的思想是一致的。在章學誠看來，作爲人類文化生活發展總趨勢的「道」，必須體現在現實的政教制度中，離開現實制度來討論「道」，則「道」必將淪爲「空言」。周公的禮樂制度源自唐、虞、夏、商悠久傳統的傳承，是「道」在人類歷史上最完美的體現，周公「集大成」的意義在於集上古禮樂之大成；孔子作爲儒家學派的開創者，只是一個民間的學者，沒有製作禮樂的權力，因而也就談不上「集大成」，他的功績只是保存了記載「先王經綸之迹」的「六經」以昭示後代的學者，然而從「道器合一」的觀點來看，這畢竟只是一種「不得已」的行爲。他在《原道》篇中闡述說：

> 自有天地而至唐、虞、夏、商，皆聖人而得天子之位，經綸治化，一出於道體之適然。周公成文、武之德，適當帝全王備，殷因夏監，至於無可復加之際，故得藉爲製作典章，而以周道集古聖之成，斯乃所謂集大成也。孔子有德無位，即無從得製作之權，不得列於一成，安有大成可集乎？〔註33〕

以周公而非孔子爲「集大成」的觀點顯然更近於古文經學，皮錫瑞在《經學歷史》中敘述了東漢以後的「疑經」風氣，將章學誠與杜預、孔穎達並立，顯然認爲他是古文經學陣營中的一員。〔註34〕章學誠的校讎學自稱：「上探班、劉，溯源官禮。」〔註35〕班、劉指《漢書藝文志》的作者班固和《七略》的作者劉歆，《漢書藝文志》以《七略》爲藍本，「劉歆《七略》亡矣，其義例之可見者，班固《藝文志》注而已。」〔註36〕章學誠將劉歆奉爲學術上的先導，這從《校讎通義內篇二》標題爲」宗劉」就可以看出。余英時曾就此評述說：「乾嘉的經學訓詁奉許慎、鄭玄爲宗師，號稱『漢學』，而章氏的文史校讎則立足於劉向、劉歆的業績之上，也恰好是漢人之學。章氏並不標榜『漢學』以與『宋學』爭衡，但他特提倡劉、班校讎，則非出於偶然，恐不免有與許、鄭訓詁暗中爭

〔註33〕章學誠：《原道》，《文史通義新編新注》，96 頁。
〔註34〕皮錫瑞：「經學開闢時代，斷自孔子刪定《六經》爲始。孔子以前，不得有經；……漢初舊說，分明不誤；東漢以後，始疑所不當疑。……孔（穎達）《疏》乃謂文王、周公所作爲經，孔子所作爲傳矣。……杜預乃謂周公所作爲舊例，孔子所修爲新例矣。……章學誠乃謂周公集大成，孔子非集大成矣。」見皮著《經學歷史》，20 頁。
〔註35〕章學誠：《與嚴冬友侍讀》，《文史通義新編新注》，706 頁。
〔註36〕章學誠：《校讎通義》，《章學誠遺書》，96 頁。

勝之意。」〔註37〕章學誠「宗劉」是否有和「許鄭訓詁」爭衡之意在此不論，但劉歆是古文經學的積極倡導者，其《七略》中的歷史主義觀點爲章學誠所汲取並發展爲」六經皆史」的理論，這一點卻是無可否認的。從章學誠與劉歆的學術淵源關係來看，似乎章學誠的思想中包含著古文經學的成分。

3、章學誠與今文經學

但從歷史的觀點來看，清代今文經學的發展似乎也從章學誠的思想中汲取了養分。這恐怕與章學誠的核心理論「六經皆史」的多層涵義有關。日本學者島田虔次曾分析「六經皆史」中「史」的三種意思：一是事件的歷史，也就是史實、史事等；二是事件的記錄、敘述、研究，甚至可以說，作爲史的理；三是史官、記錄者。前兩個意思是中西史學家所共通的，而第三個意思則是中國所獨有的，也是「史」最根本和原始的含義。〔註38〕推原「史」作爲「史官」的原始含義，則「史」與當時的政治生活有著緊密的關係，柳詒徵說：「民之所仰，職有所專，由是官必有史。而吾國之有史官乃特殊於他族。《說文》釋『史』字曰：『史，記事者也。』是爲通義吾國與他族之史，皆記事也。《周官》釋史曰：『史章官書以贊治。』此爲吾史專有之義。由贊治而有官書，由官書而有國史。視他國之史起於詩人，學者得之傳聞，述其軼事者不同。世謂吾民族富於政治性，觀吾史之特詳政治及史之起原，可以知其故矣。」〔註39〕柳詒徵認爲，「史」的原始功能是治理教化，由治理教化這才衍生出「記事」的職能，其所記錄的則是當時的政教典章。柳詒徵並由《周官》的「五史」進一步闡明「史」的職能：「自《隋志》以來，溯吾史原，必本之周之五史。……總五史之職，詳析其性質，蓋有八類。執禮，一也。掌法，二也。授時，三也。典藏，四也。策命，五也。正名，六也。書事，七也。考察，八也。歸納於一則曰禮。」〔註40〕「史」同政治生活的各個方面有著廣泛的聯繫，而不單純是歷史事實的記錄者，從中國史學的源頭來看，「史」不僅是從外部靜觀「歷史世界」，而是實踐地參與於其中，這也是章學誠「六經皆史」的重要涵義。

〔註37〕余英時：《論戴震與章學誠》，178 頁。
〔註38〕詳見島田虔次：《六經皆史說》，劉俊文主編、許洋主等譯：《日本學者研究中國史論著選譯》第七卷思想宗教，北京：中華書局，1993 年。
〔註39〕柳詒徵：《國史要義》，第 2 頁，上海：華東師範大學出版社，2000 年。
〔註40〕柳詒徵：《國史要義》，96 頁。

　　「經世」是中國史學的一大特色。中國史學家歷來相信，孔子據魯史舊文而作《春秋》，將「褒貶」的義例寓於其中而使「亂臣賊子懼」，於王綱解紐、禮崩樂壞的情勢下維持西周禮樂文明於一線而不絕，這體現了《春秋》「微言大義」的特色。《孟子》有這樣的記載：「晉之《乘》，楚之《檮杌》，魯之《春秋》，一也。其事則齊桓、晉文，其文則史；孔子曰：其義則丘竊取之矣！」〔註41〕漢代的司馬遷指出：「春秋之義行，則天下亂臣賊子懼焉。」〔註42〕歷史的價值在於其蘊涵的「意義」而不在單純的事實記錄。章學誠說：「史所貴者義也，而所具者事也，所憑者文也。」〔註43〕在「意義」與「事實」之間，章學誠更重視前者，這是他與清代歷史考據學者（如錢大昕、王鳴盛等人）之間的差距，也是對中國史學「經世」傳統的繼承。〔註44〕

　　相對於傳統的「義法褒貶說」（即依據道德觀念對歷史事實作出價值上的判斷）而言，章學誠的「史義」說或許包含著更爲豐富的含義。（倪德衛認爲章學誠的「史義」包含著一種對於事物總體的直覺）但不管怎麼說，透過事物的表面現象追求其整體意義也是一種與今文經學相吻合的知識趨向，他們共同表現出對於乾嘉考據學追求細節知識「以資考證」這一繁瑣學風的揚棄。比較一下三者對於《春秋》的看法就可以清晰地認識這一點。

　　1，《四庫全書總目提要》：「史之爲道，撰述欲其簡，考證則欲其詳。莫簡於《春秋》，莫詳於《左傳》。魯史所錄，具載一事之始末，聖人觀其始末，得其是非，而後能定以一字之褒貶，此作史之資考證也。丘明錄以爲傳，後人觀其始末，得其是非，而後能知一字之所以褒貶，此讀史之資考證也。苟無事迹，雖聖人不能作《春秋》，苟不知其事迹，雖以聖人讀《春秋》，不知所以褒貶。儒者好爲大言，動曰舍傳以求經，此其說必不通。」〔註45〕

　　2，章學誠：「夫子因魯史而作《春秋》。孟子曰：其事齊桓、晉文，其文

〔註41〕　《孟子·離婁章句下》。
〔註42〕　《史記》卷47《孔子世家》。
〔註43〕　章學誠：《史德》，《文史通義新編新注》，264頁。
〔註44〕　倉修良認爲：「章學誠所強調的「史義」，又非一般人所能掌握的淺顯的「義」，而是具有很高的標準和深刻的內涵，那就是要掌握那些能反映歷史運動發展趨勢的歷史理論和觀點，能「推明大道」、「持世救偏」的歷史理論和觀點。這就把「史義」論與「經世」論有機聯繫起來，使其成爲不可分割的兩個方面和層次。」見倉修良、葉建華著：《章學誠評傳》，203頁。
〔註45〕　《四庫全書總目》卷45「史部總敍」，397頁。

則史，孔子自謂竊取其義焉耳。載筆之士，有志《春秋》之業，固將惟義之求，其事與文所以借爲存義之資也。」〔註46〕

3，莊存與：「《春秋》非記事之史也，所以約文以申義也。」〔註47〕

四庫館臣立足於考據學的觀點，認爲「事」是「義」的基礎，雖然他們狃於傳統的見解，不能公然否認《春秋》中含有孔子的「義法」，但從「資考證」的角度看，「事」無疑有著優先於「義」的價值。在《史部總敘》的下半段，四庫館臣盛讚北宋司馬光在著《資治通鑒》之前，先採取「長編」的辦法對各類史料網羅搜輯，而後加以裁取，對於宋明時期的各種「史論」則嚴加指斥，認爲無助於揭示歷史眞相而只會增長門戶偏見。凡此皆足以說明，四庫館臣的史學思想是立足於考證之上的，將乾嘉時期盛行的「經學考證」方法延伸到了史學領域，重視局部的分析而輕視整體的綜合。與此截然相反的是，章學誠與莊存與（今文經學）都體現出一種整體主義的方法論，他們透過《春秋》所記載的歷史現象看到了其中所蘊涵的「意義」，這「意義」賦予歷史以靈魂，使歷史從「已逝之事實」轉化爲與當代人呼吸相通的「活的事件」。就章學誠與莊存與而言，他們所體會到的「歷史意義」也許是不同的，章學誠的「史義」較少道德涵義，而更多地體現爲歷史發展過程中的「一陰一陽之迹」和「不得不然之勢」；而莊存與則是要借助孔子的「義例」對歷史建立起一套整體的道德評價體系，然而從「意義」對於「事實」的價值優先地位而言，二者在思想方法上無疑有著共通之處。從這一點上說章學誠的思想中蘊含著今文經學的因子，也許並不爲過。

研究者們早就注意到，清末以來信奉「六經皆史」的學者大都出自今文經學的陣營，這似乎是一個頗爲有趣的現象。錢穆最早注意到了「六經皆史」

〔註46〕章學誠：《言公》上，《文史通義新編新注》，202頁。

〔註47〕莊存與：《春秋要旨》，轉引自【美】艾爾曼著、趙剛譯：《經學、政治和宗族——中華帝國晚期常州今文學派研究》，129頁。艾爾曼在書中分析莊存與的「《春秋》學」思想時說：「莊分析《春秋》要旨時解釋道：世人尊崇《春秋》不是因爲它是一部記事的史書，其言外之意超乎其記載內容。據其言外之意，可通其所記之事的意蘊，據其所記之事，可明其言外之意。因此，《春秋》的價值在於它的義法，不是它的記事。……歷史擺脫了『事』的禁錮，重新回歸萬古常新的『義』。……《春秋》記載的事件本身是前途暗淡的，是動亂、死亡、毀滅的寫照。但是，這些事指向更高層次的義旨，也即孔子借《春秋》闡發的聖人思想。」（《經學、政治和宗族——中華帝國晚期常州今文學派研究》，127頁）從艾爾曼的上述分析中可以看出，常州今文學派對歷史之「義」的的重視方面與章學誠實有諸多的共通之處。

說的經世色彩對於今文經學的影響，在早年的《中國近三百年學術史》中他別出心裁地安排了一個從李塨（清初顏李學派）、章學誠到龔自珍的「經世學」譜系：「章氏六經皆史之論，本主通今致用，施之政事。其前有李恕谷，後有包慎伯、周保緒、魏默深，與實齋皆與遊幕而主經世。其大膽爲朝廷改制者，則始於包氏之《說儲》。時文網尚密，故書未刊佈。經生竊其說治經，乃有公羊改制之論。龔定庵言之最可喜，而定庵爲文，固時襲實齋之緒餘者。公羊今文之說，其實與六經皆史之意相通流，則實齋論學，影響於當時者不爲不深宏矣。」〔註48〕在 1966 年致余英時的一封信中更抉發「六經皆史」說影響及於龔自珍的深意：「實齋史學之第二長處，在其指導人轉移目光治現代史，留心當代政制，此乃其六經皆史論之應有涵義，亦是其六經皆史論之主要涵義。此一意見，又落入此下經學家手裏，遂有今文學派之興起。龔定庵思想則顯然承襲自實齋。」〔註49〕如前所述，章學誠「六經皆史」的「史」，其原始意義是以《周官》「五史」爲原型的「史官」，是實際政治的參與者和操作者，「六經」則是「史官」所掌握的「典章制度」、「經綸治化之迹」，從這個意義上講，章學誠更希望人們關注當代的「典章制度」，因爲這正是「道」在歷史世界中不斷變遷、「因革損益」之後的體現，相對於經學家們所關注的體現了古代世界神聖規則和理想的「六經之道」，章學誠對「時王之制度」——「道」在當代世界的展現——更感興趣。錢穆認爲，正是章學誠對當代世界政治制度的興趣，作爲契機之一促成了今文經學在清代的興起。

倪德衛認爲章學誠的哲學思想包涵著兩個相互矛盾的意涵：權威主義（「治教合一」）和現代主義（「貴時王之制度」）。在龔自珍生活的時代，政治和學術都發生著微妙的變化，從龔自珍早年的一篇文章來看，他接受了章學誠「六經皆史」思想中的權威主義傾向。龔氏《乙丙之際箸議第六》云：

> 自周而上，一代之治，即一代之學也；一代之學，皆一代王者開之也。有天下，更正朔，與天下相見，謂之王；佐王者謂之宰，天下不可以口耳喻也，載之文字謂之法，即謂之書，謂之禮，其事謂之史，職以其法載之文字而宣之士民者，謂之太史，謂之卿大夫。〔註50〕

〔註48〕錢穆：《中國近三百年學術史》上，433 頁。
〔註49〕余英時：《錢穆與中國文化》，236 頁。
〔註50〕龔自珍：《乙丙之際箸議第六》，見龔自珍著、夏田藍編：《龔定庵全集類編》，66 頁，北京：中國書店，1991 年。

但是「現代主義」這一傾向也許對龔自珍的影響更大，他明確反對乾嘉樸學的「復古主義」：

> （後之師儒）故書雅記，十窺三四，昭代功德，瞠目未睹，上不與君處，下不與民處，由是士則別有士之淵藪者，儒則別有儒之林囿者，昧王霸之殊統，文質之異尚。其惑也，則且援古以刺今，囂然有聲氣矣。〔註51〕

乾嘉漢學的「名物度數之學」放棄了知識分子的社會責任，章學誠追原「史」的原始含義，指出「史」──中國傳統知識分子的前身──原是政治生活中的重要角色，而經學家所研究的「六經」也富含有政治實踐的意味，推原溯始的意義無非是要乾嘉時期的知識分子糾正自己在國家政治生活中的不恰當定位，重新面向現實生活。龔自珍繼承了章學誠的這一思想，並將其與今文經學相結合提出了一種新的改良主張，從這一意義上說，章學誠的「現代主義」構成了今文經學（至少是龔自珍）「改制」思想的起點。倪德衛就此評述說：

> 在反對傳統主義這一點上，改良派也同樣尊崇他（指章學誠）。一位現代學者錢穆實際上認為章學誠的「六經皆史」在本質上具有改良主義者的意味。在這樣一個意義上，錢穆是正確的：如果一個人與章一樣認為道體現在政府的日常職能和人的最普通的社會行為中，那麼他將傾向於主張不僅六經不是對道的、遠離具體存在的抽象稱述，而且也不應該有作為道的守衛者的孤立的士紳精英，否則他們將缺乏技藝上的能力。……章學誠的理論暗含了一個作為技術型專家的新的知識分子概念，就是這一概念導致了最終廢除科舉系統的要求。〔註52〕

就這樣，在今文經學的譜系中，確立了章學誠作為「改良主義者」的形象。

4、今古文經學之爭背景下的章學誠思想底蘊

章學誠的思想儘管在許多方面與今文經學和古文經學都有接近之處，但就其自身而言，卻並不屬於這兩個學派中的任何一個。按照傳統的理解，乾

〔註51〕 龔自珍：《乙丙之際箸議第六》，見龔自珍著、夏田藍編：《龔定庵全集類編》，67頁。
〔註52〕 【美】倪德衛著、楊立華譯：《章學誠的生平和思想》，380頁。

嘉樸學的所謂「漢學「是「東漢之學」，以許愼和鄭玄爲崇尚的對象，在經學系統上屬於「古文經學」；而「今文經學」則是「西漢之學」，這一學派在清代的興起是在乾嘉後期，以常州學派的莊存與、劉逢祿爲其先聲，講求經文的「微言大義」而不屑於瑣碎的訓詁，在當時被視爲乾嘉樸學的「支子」和「別派」，經過龔（自珍）、魏（源）等人的推波助瀾，在晚清康有爲的「孔子改制說」中達到了高潮。今文經學雖在乾嘉之世已見端倪，但這是順著清代學術自身的內在邏輯而發展出來的，島田虔次指出：「清朝考證學的內在的運動方向，只要是屬於儒教範圍的，自然也就帶有溯本求源的復古傾向。這點是必須指出的。經典越接近於時代越發值得信賴，從後漢鄭玄之學到今文學的推移也是必然的。」〔註53〕因而在乾嘉之世，今文經學與當時的所謂古文經學（戴震等人的經學）並不對立，所謂今、古文經學的壁壘要遲至晚清時期才正式出現，這與當時政治形勢的激蕩有著密切的聯繫。在章學誠的時代，今文經學和古文經學既未形成正式的對立，則將章學誠的思想劃入任何一個陣營都屬於一種「時代的迷亂」。但是不可否認的是，章學誠的思想對於乾嘉之後的今文經學和古文經學都存在著一定的影響。日本學者井上進的論文《六經皆史說的系譜》「主要結合章學誠之後的道光、咸豐、同治、光緒朝有名無名學者的發言，細緻地記述了《文史通義》的評價和受容的痕迹。」〔註54〕該論文列舉的學者有龔自珍、蔣湘南、張宗泰、譚瑩、劉師培、章太炎等人，這些學者分別屬於今文經學和古文經學兩個不同的陣營，但都從章學誠的思想中汲取了適當的營養。近代的歷史學家何炳松曾就章學誠對於今、古文經學的影響評論說：

> 識見較高一點的（學者），用經今古文的眼光來觀察章實齋，硬要把他拖到「門戶」裏面去，把「六經皆史」這句話看做章氏一生學問的唯一貢獻。而所謂今文家中人亦就扭住了這句話來打倒《文史通義》的全部書。古文家誤以爲章實齋的《文史通義》是擁護他們的護符；今文家又誤以爲章實齋的《文史通義》是打倒他們的兇器。結果他們兩家都把章實齋看作「門戶」中人了。〔註55〕

〔註53〕【日】島田虔次：《六經皆史說》，劉俊文主編、許洋主等譯：《日本學者研究中國史論著選譯》第七卷思想宗教，205頁，北京：中華書局，1993年。

〔註54〕陳鵬鳴：《試論章學誠對於近代學者的影響》，《章學誠國際學術討論會論文集》，北京：北京圖書館出版社，2004年。

〔註55〕何炳松：《〈章實齋年譜〉序》，見胡適著：《章實齋年譜》序7頁。

章學誠固然不是「門戶」中人，但清代學者卻大多用「門戶」的眼光來看待章學誠的思想。降至晚清，其實不止今文經學中人如皮錫瑞指責章學誠「不解《春秋》，專信《官禮》」〔註 56〕古文經學的健將章炳麟也在《國故論衡》中對章學誠多有指斥，如云：「凡說古藝文者，不觀會通，不參始末，專以私意揣量，隨情取捨，上者爲章學誠，下者爲姚際恒，疑誤後生多矣。」〔註 57〕當章學誠的某些思想見解不符合他們的口味時，今、古文學者都對章學誠採取了鄙棄的態度，這也從另一方面反映出，章學誠的思想儘管對今、古文經學都存在一定的影響，但他本身卻不屬於這兩大對立陣營中的任何一派。

但從思想史的發展趨勢來看，清代今文經學的興起絕不止是由「東漢之學」向「西漢之學」的倒溯，而是蘊含著思想方法的根本逆轉，即由「事」向「義」的轉換，由考據「名物制度」轉而講求「微言大義」，章學誠的思想不其然地暗合了這一思想變動的趨勢。島田虔次指出：

> 今文學（其中心經典是《春秋公羊傳》）的特性是「經世致用」。它並不是簡單的「事」，而是強烈地指向「義」的。考證學喚起了作爲「微言大義」之學的公羊學。如果從大的歷史潮流來看，這和同時被喚起的宋學復興的機運和對佛教的關心的復興，恐怕不無關係。歸根到底，公羊學超出了簡單的經學範圍，首先在龔自珍那裏作爲「思想」而噴出，隨之在十九世紀末期以後作爲改革主義運動起了激烈的作用。如今這點已屬常識。清朝學術史存在著從「事」向「義」的轉換，章學誠的「六經皆史」應該說是與這種機運並行不悖吧。
> 〔註 58〕

由此可以從今、古文經學變動的思想背景下對章學誠的思想作一個基本判斷，章學誠的思想有著古文經學的外貌，但在思想底蘊上卻與今文經學相通。「六經皆史」說將經書視爲歷史的自然產物，古文經學讚賞這種提法，認爲：「言六經皆史者，賢於《春秋》製作之論，巧曆所不能計也。」〔註 59〕民國以來的學者如胡適等人甚至從「六經皆史」中讀出了「史料」的含義，這是

〔註 56〕皮錫瑞：《章實齋文史通義書後》，《師伏堂駢文》四，《續修四庫全書》集部第 1567 冊，影印清光緒二十一年師伏堂刻本。

〔註 57〕章太炎：《國故論衡》，47 頁。

〔註 58〕【日】島田虔次：《六經皆史說》，劉俊文主編、許洋主等譯：《日本學者研究中國史論著選譯》第七卷思想宗教，205 頁，北京：中華書局，1993 年。

〔註 59〕章太炎：《國故論衡》，53 頁。

徹底將經書歷史化了。但「六經皆史」說在指出經書為古史的同時，也指出了史學的根本目的在於「經世」，這一以「經世」為目標的史學與客觀的歷史研究實有天壤之別，相反卻與崇尚「通經致用」的今文經學有著氣脈相通之處。因此晚清以來的學者多能在今文經學的基礎上會通章學誠的思想，如錢基博在《復堂日記序》中論述清末學者譚獻的學術時說：

> 以吾觀於復堂，就學術論，經義治事，蘄向在西京，揚常州莊氏（莊存與、述祖、綬甲祖孫父子）之學；類族辨物，究心於流別，承會稽章氏（學誠）之緒。〔註60〕

曾為《章氏遺書》作序言的張爾田也屬於此類學者：

> 近人錢唐張爾田孟蘋著為〈史微〉一書，以《公羊》家言而宏宣章義，實與譚氏氣脈相通。〔註61〕

「以《公羊》家言而宏宣章義」在嘉道以來的今文學家中是一個很普遍的現象，相反，古文經學家發現章學誠的意義則要遲至晚清以後的章炳麟和劉師培。這一現象本身就反映出，章學誠的思想與今文經學有著更多的契合之處。這一契合併非是思想結構的類似，而是精神氣脈的相通。清中期思想史的特徵是由「事」向「義」的轉變，一切具有鮮明思想意義的學術都漸次興起，在經學領域，今文經學取代了乾嘉樸學；同時宋學甚至佛學都得到了一定程度的復興。這一思想變動的趨勢由起初的涓涓細流而終於彙成江河大海，在晚清時期的政治變革運動中發出「大海潮」般的聲音，章學誠「獨抒性靈」、「推原道術」的文史思想正是對這一變動趨勢的生動反映。

第三節　章學誠與乾嘉考據學的內在轉向

1、從「經世」到「考據」：經學的自我脫魅

乾嘉考據學作為一種獨特的學術形態，歷來在中國學術史上享有崇高的聲譽，研究者將它與先秦子學、兩漢經學、魏晉玄學以及宋明理學相併立，是研治中國傳統思想文化不可逾越的一座高峰。近代以來的學者如梁啟超更將其視

〔註60〕錢基博：《復堂日記序》，見譚獻《復堂日記》，石家莊：河北教育出版社，2001年。

〔註61〕錢基博：《復堂日記序》，見譚獻《復堂日記》。

為「中國的文藝復興運動」，對乾嘉考據學的理論和成就作出了高度的評價。尤其值得重視的是，乾嘉考據學的思想方法對中國的近代學術產生了深遠的影響，民國以來胡適、傅斯年等人的「科學主義」治學方法即深受乾嘉遺風的影響，梁啓超即認為胡適的治學方法承襲了清儒的「正統派遺風」：「績溪諸胡之後有胡適者，亦用清儒方法治學，有正統派遺風。」〔註62〕傅斯年從清代樸學家阮元的著作《性命古訓》中得到啓發，用語文歷史的方法處理思想問題，更是將這一路講求「客觀實證」的學風發揮得淋漓盡致。傅斯年的治學方法承自阮元，並將其歸納為「以語言學的方法解釋思想史的問題」，而於戴震則有所不取，傅氏自言曰：「然而戴氏之書猶未脫乎一家之言，雖曰疏證《孟子》之字義，固僅發揮自己之哲學耳。至《性命古訓》一書而方法丕變。阮氏聚積《詩》、《書》、《論語》、《孟子》中之論性、命字，以訓詁學的方法定其字義，而後就其字義疏為理論，以張漢學家哲學之立場，以搖程朱之權威。夫阮氏之結論固多不能成立，然其方法則足為後人之思想史者所儀型。其方法唯何？即以語言學的觀點解決思想史中之問題是也。」〔註63〕因此，對於當代的研究者來說，檢討乾嘉考據學在理論上的是非得失，並不僅僅是一個歷史性的問題，而是與當下的學術處境密切相關的一個「時代性」問題。

乾嘉考據學的成因十分複雜，考據學又稱「漢學」，這是因為考據學者以漢唐的經學訓詁作為學術的追求方向，十分反對宋明學者以主觀主義的態度處理經學上的問題。這一傾向在明代中後期就已經在部分學者中出現了，明代學者錢謙益提出治經應當「以漢人為宗主」：

> 學者之治經也，必以漢人為宗主。……漢不足，求之於唐，唐不足，求之於宋，唐宋皆不足，然後求之近代。〔註64〕

治經「以漢人為宗主」的理論基礎是「經道合一」論，道蘊於經書之中，因此求道必須從經學入手：

> 漢儒謂之講經，而今世謂之講道。聖人之經，即聖人之道也。離經而講道，賢者高自標目，務勝前人，而不肖者汪洋自恣，莫可窮詰。
> 〔註65〕

〔註62〕 梁啓超：《清代學術概論》，第6頁。
〔註63〕 傅斯年：《性命古訓辯證・引語》，第1頁，桂林：廣西師範大學出版社，2006年。
〔註64〕 錢謙益：《與卓去病論經學書》，《牧齋初學集》卷79，1706頁。
〔註65〕 錢謙益：《新刻十三經注疏序》，《牧齋初學集》卷28，851頁。

「聖人之經」是「聖人之道」的客觀標準，講經也就是講道，這是針對宋明理學重「四書」而輕「五經」的學風而言的。宋明理學的理論核心是「心性論」，其總體的方法論特徵是以心性的直覺把握道體，《四書》中的《中庸》、《孟子》都出自先秦的「思孟學派」，有著濃厚的「心學」特徵，其「本心」、「良知」等思想都與宋明理學的方法論相配合。這一思想發展到極至，即對經書的客觀價值產生了懷疑，甚至以經書爲「糟粕」，這在明代的陽明學中表現的十分明顯，王陽明宣稱爲學須「求之於心」：

> 夫學貴得之心。求之於心而非也，雖其言之出於孔子，不敢以爲是
> 也，而況其未及孔子者乎？求之於心而是也，雖其言之出於庸常，
> 不敢以爲非也，而況其出於孔子者乎？〔註66〕

在陽明學的思想體系中，「心」的地位甚至超過了孔子的言論。這一理論的積極意義在於重塑了人的主體性地位；而其消極意義則是消解了經書以及知識的客觀地位，造成了明末社會「以良知爲見在」的「狂禪」作風。顧炎武曾痛斥王陽明的「良知」學說：

> 以一人而易天下，其流風至於百有餘年之久者，古有之矣，王夷甫
> 之清談，王介甫之新説，其在於今，則王伯安之良知是也。〔註67〕

陽明學由於強調「現成良知」，客觀上造成了明末社會道德解體的現象，梁啓超曾說：「故晚明『狂禪』一派，至於『滿街皆是聖人』，『酒色財氣不礙菩提路』，道德且墮落極矣。」〔註68〕這導致了知識界對於心學的批判，在「經道合一」論基礎上的經學復興與心學批判是同時進行的，明代的歸有光和錢謙益等人是這一「經學復興」運動的先驅。陳祖武在《乾嘉學派研究》一書中對這一問題論述說：

> 作爲心性空談的對立物，在晚明的學術界，已經出現了「通經學古」
> 的經學倡導。此風由嘉靖、隆慶間學者歸有光開其端。〔註69〕

> 萬曆年間，焦竑、陳第繼之而起，皆以「明經君子」而著稱一時。
> 天啓、崇禎兩朝，錢謙益成爲歸有光學術主張的後先呼應者。錢氏

〔註66〕王陽明：《傳習錄中・答羅整庵少宰書》，《王陽明全集》卷2，76頁。
〔註67〕顧炎武著、黃汝成集釋：《日知錄集釋》卷18「朱子晚年定論」，832頁，上
　　　海：上海古籍出版社，1985年。
〔註68〕梁啓超：《清代學術概論》，第7頁。
〔註69〕陳祖武、朱彤窗：《乾嘉學派研究》，80頁，石家莊：河北人民出版社，2005
　　　年。

> 倡導「古學」，認爲宋明以來的道學，並非儒學正統，而是猶如八股
> 時文般的「俗學」。〔註70〕

這一「通經學古」的學風延續到了明末清初，遂成爲思想界的共識。明清易代的痛苦經驗使當時的學者意識到，「通經學古」必須和「明經致用」結合起來，「經學」同時也就是「經世」，在這一思想前提下，「明心見性」的理學被「明經致用」的經學所取代。顧炎武以「經學即理學」的簡明號召揭示了這一時代特徵：

> 愚獨以爲理學之名，自宋人始有之。古之所謂理學，經學也。非數
> 十年不能通也。故曰：君子之於《春秋》，沒世而已矣。今之所謂理
> 學，禪學也。不取之五經而但資之語錄，校諸貼括之文而尤易也。
> 又曰，《論語》，聖人之語錄也。舍聖人之語錄，而從事於後儒，此
> 之謂不知本也。〔註71〕

顧炎武的經學思想構成了清代考據學的源頭，清代考據學者即奉顧炎武爲「不祧之宗」，在方法和精神上深受顧氏的影響。錢穆曾謂：「亭林爲《音學五書》，大意在據唐以正宋，據古經以正唐，即以復古者爲反宋，以經學之訓詁破宋明之語錄，其風流被三吳，是即吳學之遠源也。」〔註72〕但顧炎武的思想是以「經世」爲核心，「經學」爲形式，在「考文審音」的學術方式背後隱藏著對於現實政治的強烈批判，「經學」不僅是一種單純的知識體系，更寄寓了價值判斷的標準，這就是所謂「三代之治」的理想。而清代考據學自惠棟到戴震的發展歷史顯示，其所繼承的只是顧炎武的「經學」形式，而遺落了其「經世」的思想內核，考據學越來越成爲一種缺乏價值判斷的、中性的客觀知識體系。

　　對工具性的技術之關心超過了對價值和理想的關懷，其造成的結果是「附庸蔚爲大國」。有清一代在音韻、文字等專門領域的成就超越前古，而考據學者的角色也接近於近代社會專業分工體系中的「學者」而非傳統意義上的「儒者」，反映在考據學的學術形式上，即是漠視和淡化價值理想，而殫心竭慮於某一狹小的專門領域，作「窄而深」的研究。如戴震的弟子、清代著名的文字語言學家王引之曾自述：

〔註70〕陳祖武、朱彤窗：《乾嘉學派研究》，80 頁。
〔註71〕顧炎武：《與施愚山書》，見顧炎武著、華忱之點校：《顧亭林詩文集》，58 頁。
　　　　北京：中華書局，1959 年。
〔註72〕錢穆：《中國近三百年學術史》上，353 頁。

> 吾治經，於大道不敢承，獨好小學。夫三代之語言，與今之語言，
> 如燕越之相語也，吾治小學，吾爲之舌人焉。其大歸曰：用小學說
> 經，用小學校經而已。〔註73〕

王引之自承其治經的重點在於「小學」，而對於大道則「不敢承」，這不啻是
清代考據學者的自我面目寫照。這同時也反映在乾嘉考據學界對戴震「義理
學」成就的普遍性冷漠上，對於乾嘉時期的考據學而言，清初考據學所據以
成立的「經道合一論」基礎已經破裂，經學研究不再指向某種超越而普遍性
的價值，而是試圖在語言文字與事實之間建立聯繫的「知識之學」。汪暉在《現
代中國思想的興起》中用「脫魅」一詞形容經學由「價值體系」向「知識體
系」轉變的這一過程：

> 在許多乾嘉學者那裏，經學不再具有顧炎武所謂「理學」（「理學，
> 經學也」）的道德衝動，他們所考的對象雖然還是三代之制（吳派）
> 或名物典章制度（皖派），但考證方法所預設的研究對象──「物」
> ──的性質已經發生了變化。它不是顧炎武、黃宗羲意義上的「物」，
> 而是具體的事實──即使這些事實是禮儀、規則或規範。在樸學和
> 史學的視野中，禮儀、規範以及某些儒學的教條都是特定歷史情景
> 中出現的「事實」，而不是一套普遍的價值。〔註74〕

2、乾嘉考據學的自我反省和內在轉向

這一思想轉變的過程和原因都是錯綜複雜的，其中有社會、政治的原因，
如文字獄、清代的思想文化專制，章太炎最早從這個方面認識乾嘉考據學的
形成原因；錢穆、余英時等人則另闢蹊徑，從思想文化的「內在理路」認識
這一問題，指出乾嘉考據學的形成發展實緣於明清之際知識論的轉向，由「德
性之知」折入「聞見之知」而產生的一股「智識主義」思潮，實爲乾嘉考據
學的底色。但不管怎麼說，乾嘉考據學與清初顧（炎武）、黃（宗羲）、王（船
山）等人倡導的「實學」在思想形態上有著很大的不同，其根本性的差異在
於「實學」是經史考證的學問，但同時也蘊有一套道德評價體系，這從顧、
黃、王等人皆不廢宋學這一點就可以看出；而經過自清初至乾嘉的各種複雜
事變（包括社會、政治、思想等各個層面），乾嘉考據學已喪失了思想上的「道

〔註73〕龔自珍：《工部尚書高郵王文簡公墓表銘》，《龔自珍全集類編》，233 頁。
〔註74〕汪暉：《現代中國思想的興起》上卷，384 頁，北京：三聯書店，2004 年。

德衝動」，而演變爲一種冷靜、客觀、價值中立的「專家之學」。這一學術形態在中國學術史上固然有著不可磨滅的價值和貢獻，但從乾嘉考據學所處的具體歷史情景而言，所謂經學的「脫魅」並不是一個思想自身充分發展的自然過程，而是各種力量激蕩造成的人爲後果。對於當時思想界而言，乾嘉考據學最爲嚴重的問題就是缺乏價值理念的引領，學者沒有「問題意識」，單純追求知識量的擴充而沒有質的深化，考據學成爲學界的「風氣」，對宋學盲目抨擊，而自身又沒有學術的宗旨，這一點不僅引起了宋學家的反對，而且在當時傑出的考據學者中也有所意識。可以說，考據學到了乾嘉時期，已經陷入了發展的「瓶頸」之中，其自身也在醞釀著某種轉向，這從當時一些考據學知識精英的言論中就可以看出端倪。以下用淩廷堪、焦循和段玉裁等人的言論來證明這一點：

> 淩廷堪：「元和惠氏、休寧戴氏繼之，諧聲詁字必求舊音，援傳釋經必尋古義，蓋彬彬乎有兩漢之風焉。浮慕之者，襲其名而忘其實，得其似而遺其眞。讀《易》未終，即謂王韓可廢；誦《詩》未竟，即以毛鄭爲宗；《左氏》之句讀未分，已言服虔勝杜預；《尚書》之篇次未悉，已云梅頤僞古文。甚至挾許愼一編，置《九經》而不習；憶《說文》數字，改六籍而不疑。不明千古學術之源流，而但以譏彈宋儒爲能事，所謂天下不見學術之異，其弊將有不可勝言者。嗟乎！當其將變也，千百人譁然而攻之者，庸人也；及其既變也，千百人靡然而從之者，亦庸人也。矯其弊，毅然而持之者，誰乎？」
> 〔註75〕

> 焦循：「本朝經學盛興，在前如顧亭林、萬充宗、胡朏明、閻潛丘。近世以來，在吳有惠氏之學，在徽有江氏之學、戴氏之學。精之又精，則程易疇名於歙，段若膺名於金壇，王懷祖父子名於高郵，錢竹汀叔侄名於嘉定。其自名一學，著書授受者，不下數十家，均異乎補苴掇拾者之所爲。是直接當以經學名之，烏得以不典之稱之所謂考據者，混目於其間乎！」〔註76〕

> 段玉裁：「愚謂今日大病，在棄洛、閩、關中之學不講，謂之庸腐。

〔註75〕淩廷堪：《與胡敬仲書》《校禮堂文集》，203～206 頁。
〔註76〕焦循：《與孫淵如觀察論考據著作書》，《雕菰集》卷 13，北京：中華書局，1985年。

> 而立身苟簡，氣節敗，政事蕪，天下皆君子，而無眞君子，未必非
> 表率之過。故專言漢學，不治宋學，乃眞人心世道之憂，而況所謂
> 漢學者，如同畫餅乎！」〔註77〕

凌廷堪、焦循、段玉裁都是乾嘉時期傑出的考據學者，段玉裁親承戴震之學，凌廷堪與焦循則都發展了戴震的某些思想主張，可以說他們代表了乾嘉考據學的主流方向。但從他們的言論中可以看出，他們都對考據學的發展有著深重的憂慮。其中凌廷堪認爲考據學已成「風氣」，與章學誠的「風氣論」有著某種不謀而合之處；焦循則認爲應當以「經學」這一名稱取代「考據」，同時焦循主張經學應當以「性靈」爲主，「無性靈不可以言經學」〔註78〕，對經學這一知識形態提出了主體性的要求，這與章學誠提出的爲學「以性情爲主、功力爲輔」的主張也十分相似；段玉裁則直接主張以宋學補漢學之闕漏，驗之章學誠的主張「宋學流弊，誠如前人所譏，今日之患，又坐宋學太不講也」〔註79〕，二者也若合符節。陳祖武對乾嘉時期學壇的這一「內在轉向」評論說：

> 18世紀末、19世紀初，質疑和否定主盟學壇的考證學，已經是中國
> 學術界存在的一個普遍傾向。惟其如此，不惟一時宋學中人詆斥其
> 病痛無異詞，而且漢學中人於自家學派積弊亦多所反省。凌廷堪、
> 焦循、王引之諸儒，不謀而合，此呼彼應，皆有高瞻遠矚之論。……
> （段玉裁）以漢學大師而抨擊漢學弊病，昌言講求宋儒理學，足見
> 嘉慶中葉以後，學風敗壞，已然非變不可。〔註80〕

3、性靈與風氣：章學誠對考據學的批評

　　從凌、焦、段等考據學者自身的檢討和批評來看，章學誠對考據學的批評並沒有越出考據學的自身範圍，考據學在乾嘉時期發展到了如日中天的地步，但也處在了變化的前夜，章學誠的批評則從一個側面印證了這種變化的趨勢。總結章學誠對考據學的批評，大致有如下幾種，首先是肯定考據爲「學中之一事」，有其不可廢的價值，清儒普遍提倡的「箚錄」體裁是學術研究的

〔註77〕段玉裁：《與陳恭甫書》，見陳壽祺：《左海文集》卷4《答段懋堂先生書》附
　　　　錄，《續修四庫全書》集部第1496冊，影印華東師範大學圖書館藏清刻本。
〔註78〕焦循：《與孫淵如觀察論考據著作書》，《雕菰集》，卷13。
〔註79〕章學誠：《家書五》，《文史通義新編新注》，822頁。
〔註80〕陳祖武：《關於乾嘉學派研究的幾個問題》，《文史哲》，2007年，第2期。

必要準備工作，「故爲今學者計，箚錄之功必不可少。」〔註81〕顧炎武和閻若璩在這方面的著作實踐爲學者作出了優秀的示範：

> 顧氏之《日知錄》，則空前絕後矣，其自序乃日逐箚存，晚年刪定而類次者也。閻氏之《潛丘札記》，則例類未清而編次雜亂，蓋其未定之本，然其隨時箚錄，中有定見，故義例雖未清晰，而書足自成一家，不可廢也。〔註82〕

顧、閻之學雖然值得重視，但僅涉及經學方面的考證，章學誠則同時認爲考據也是史學中的應有之義：

> 馬、班諸史，出入經傳百家，非其親指授者，未由得其筆削微意。音訓解詁，附書而行，意在疏通證明，其於本書，猶臣僕也。考訂辯論，別自爲書，兼正書之得失，其於本書，猶諍友也。求史學於音訓解詁之外，考訂在所必資。〔註83〕

考據雖值得重視，但必須辨別的是，考據只是學術研究中的必要步驟和準備工作，用章學誠的話來說，考據是學者「求知之功力」而非「成家之學術」，而要達到具有「一家之言」標準的「成家之學術」，則必須有「性情」的配合。這就引出了章學誠對考據學缺點的第一點批評：考據學徒存「功力」而缺乏「性情」，將「考據」這一特殊步驟作爲學術研究的全部過程，而沒有價值理想對於具體知識的方向引領，因而是一種「俗學」，無法窺見古聖先賢在經書中所寄託的精純義理，「俗儒」對經書中的事迹一一加以考訂，卻對經書作者之所以如此裁斷刪削的用心一無所知：

> 今之俗儒，且憾不見夫子未修之《春秋》，又憾戴公得《商頌》而不存七篇之闕目，以謂高情勝致，互相讚歎。充其僻見，且似夫子刪修，不如王伯厚之善搜遺逸焉。蓋逐於時趨，而誤以裒績補苴謂足盡天地之能事也。〔註84〕

> 近日考訂之學，正患不求其義，而執形迹之末，銖黍較量，小有同異，即囂然紛爭，不知古人之眞，不在是也。〔註85〕

六經是「先王之政典」、「三代之史」，體現了知識與實踐合一的理想社會狀態，

〔註81〕章學誠：《與林秀才》，《文史通義新編新注》，741頁。
〔註82〕章學誠：《與林秀才》，《文史通義新編新注》，740頁。
〔註83〕章學誠：《史考摘錄》，《文史通義新編新注》，460頁。
〔註84〕章學誠：《博約》中，《文史通義新編新注》，118頁。
〔註85〕章學誠：《說文字原課本書後》，《文史通義新編新注》，74頁。

但「官師分而治教出於二途」，理想的狀態已經打破，大道既隱，諸子百家紛紛以私家學術闡釋道要，孔子於是刪修六經，「因事寓理」而「即器明道」，尤其是《春秋》一經，爲後世史學的源頭，其緣由即是因爲孔子在史事的敘述中寄寓了人文理想，因此，在後世六經已成爲史迹的情況下，理解六經就著重在其「義」而非「事」，這也是章學誠「史義」說的來源。而清代考據學者卻以「文獻主義」的態度對待經書，對六經中爲孔子刪削的部分未能存留於世頗感遺憾，章學誠對此譏諷說：「幸而生後世也，如生秦火未毀以前，典籍具存，無事補輯，彼將無所用其學矣。」〔註86〕

　　考據學缺乏「性情」反映了乾嘉時期許多學者的共同看法，並不是章學誠的一家私見，如焦循提出的經學以「性靈」爲主，以及袁枚基於其「性靈」說的文學理論對考據學的批判，都與章學誠有類似之處。日本學者島田虔次認爲，事實上章學誠的理論反映了清代考據學在乾嘉時期由「事」向「義」的轉變。吳震在其書評中概括島田虔次的觀點說：「島田指出，章學誠的『六經皆史』說，是一種『超越了考據學的哲學，同時也是考據學的哲學』（第475頁）。意思是說，『六經皆史』說既是對當時的主流學術思潮——文獻考據學的一種有力的思想批判，同時又預示著考據學的新的學術走向：完成由『事』向『義』的轉換（第501頁）。而章本人所抱有的『事』與『義』的合一理想，往往表現爲偏重於『義理』。究其原因，與章學誠追求『發揮』（義理性之解釋）、注重『撰述』（並非單純的歷史性記述）這一『個人性情』（同上）有關。基於這一考察，島田認爲陽明學派的那種注重『心情』的歷史潛流在章的身上重又得到了展現。」〔註87〕章學誠思想的特殊之處在於將「性情」說與其歷史哲學的意識結合起來，並由此發展出其獨特的文本詮釋理論。也就是說，在「治教合一」的理想無法恢復的前提之下，對經學必須以歷史的方法進行理解，而在這一理解過程中，「功力」必須與「性情」相結合，詮釋者主觀的生存感受對於理解活動有著重大的意義，對於文本的理解不能拘泥於表面的「字義」而必須達到深層的「意義」，而文本的這一深層「意義」往往是超乎語言文字之外的。章學誠的這一文本詮釋思想近於現代德國哲學解釋學的一些見解，是對清代考據學「客觀實證主義」學風的一種抨擊。

〔註86〕章學誠：《博約》中，《文史通義新編新注》，118頁。
〔註87〕吳震：《島田虔次：〈中國思想史的研究〉》，《中國學術》，2003年，第2期。

　　由於考據學者缺乏「性情」，因此除了少數傑出的知識精英猶能意識到這一學派作為「時代思潮」的內在趨向，大多數考據學者已經無法理解考據之意義所在，而只是隨波逐流，為時代風氣所囿，在完全盲目的情況下進行這一知識活動，而清廷以「四庫全書館」作為漢學家的大本營，有意識地扶持這一學術活動，更將考據學變為一種「利祿之途」。章學誠據此對考據學作出了第二點批評：考據學徇於時代風氣而不能卓然自立，已經完全喪失了作為一種學術思想的自覺意識：

> 近日學者多以考訂為功，考訂誠學問之要務，然於義理不甚求精，
> 文辭置而不講，天質有優有劣，所成不能無偏，紛趨風氣，相與貶
> 義理而薄文辭，是知徇一時之名，而不知三者皆分於道，環生疊運，
> 衰盛相傾，未見卓然能自立也。〔註88〕

「考訂」成為「風氣」反映了考據學在乾嘉時期達到極盛的狀況。據美國學者艾爾曼的研究，考據學最初只是江南地區部分學者的一種研究活動，其影響的區域極為有限。〔註89〕清廷提倡的意識形態是程朱理學，但在乾隆時期，清廷開始有意識地打壓理學而扶持漢學，這反映在乾隆帝本人在歷次經筵中對朱子學說的駁斥以及《四庫全書》的徵集編撰，〔註90〕由此考據學遂成為一時的學術「風氣」，正如程朱理學由最初的在野學術而演變成官方學術之後逐漸喪失了其政治批判的鋒芒一樣，考據學在官方的刻意提倡下，也逐漸遺落了其在明清之際發軔之初「明經致用」的學術本懷，而演變成為一種沒有明確思想宗旨的「偏體」，拘泥於字義形迹之間，而於古人之用心無所發明。章學誠認為這種學術最大的弊病即在於「無用」：

> 學資博覽，須兼閱歷，文貴發明，亦期用世，斯可與進於道矣。夫
> 博覽而不兼閱歷，是發策決科之學也；有所發明而於世無用，是雕
> 龍談天之文也；然而不求心得而形迹取之，皆偏體矣。〔註91〕

與這種隨波逐流、面目雷同的「風氣之學」相對應，章學誠理想的學術形態是刊落聲華，而呈現出自身獨特的精神意趣：

〔註88〕章學誠：《與朱少白論文》，《文史通義新編新注》，770 頁。

〔註89〕參見【美】艾爾曼著、趙剛譯：《從理學到樸學——中華帝國晚期思想與社會變化面面觀》，南京：江蘇人民出版社，1995 年。

〔註90〕參見陳祖武、朱彤窗著：《乾嘉學術編年》，石家莊：河北人民出版社，2005年。

〔註91〕章學誠：《答沈楓墀論學》，《文史通義新編新注》，714 頁。

薄俗好名，爭爲無本之學，如彼草木榮華，紛紜莫定，然一旦落其
實而取其材，必其精神所獨結者也。〔註92〕

乾嘉學術「風氣」的弊病，考據學者本身也有所察覺，如淩廷堪在與友人書
中批判漢學的「風氣」說：

所云近之學者，多知崇尚漢學，庶幾古訓復申，空言漸絀。是固然
已。第目前侈談康成、高言叔重者，皆風氣使然，容有緣之以飾陋，
借之以竊名，豈如足下眞知而篤好之乎？〔註93〕

同時淩氏對乾嘉考據學獨重經學而不講求史學的學術趨向也有所不滿：

近日學者風尚，多留心經學，於辭章則卑視之，而於史事，又或畏
其繁密。辭章之學，相識中猶有講求之者。而史學惟錢辛楣先生用
功最深，江君鄭堂亦融洽條貫，相與縱談今古，同時朋好，莫與爲
敵，蓋不僅經學專門也。〔註94〕

淩廷堪爲當時著名的漢學家，曾與章學誠在武昌畢沅的幕府中共同編校《史
籍考》，二人雖然在論學觀點上互有歧異，但對當時學風的見解則不無相合之
處。事實上章學誠雖以考據學的批評者而著名，對當時戴震以下的漢學家如
孫星衍、洪亮吉、汪中都大肆譏評，但據很多學者研究，其思想的底色實與
這些考據學者有著共通之處。如章學誠最爲鄙薄汪中，而清光緒年間「黔刻
本」《文史通義》「跋語」的作者徐樹蘭就曾經指出：

（章學誠）凡所論著，皆胎原《周官》，脈法《春秋》，歸魂太史，
以經旋史，以復官師聯事之規，與汪容甫先生之言，若合符節。
〔註95〕

後來錢穆在《中國近三百年學術史》中也發表過類似的意見：

據此則容甫《述學》之所擬議，大體可見。其說與實齋《文史》、《校
讎》兩通義所論，古者官師流變，政學分合，意見殆相近似。〔註96〕

章學誠對漢學的批評與漢學家的自我批評相互呼應，而章學誠自身的學術見
解也與漢學家有相通之處，這二者在許多方面的「若合符節」並不是偶然的
巧合，而是說明了這樣一個基本事實，即作爲「漢學批評者」的章學誠，其

〔註92〕章學誠：《侯國子司業朱春浦先生書》，《文史通義新編新注》，752 頁。
〔註93〕淩廷堪：《與胡敬仲書》，《校禮堂文集》，203～206 頁。
〔註94〕淩廷堪：《與張生其錦書》，《校禮堂文集》，227 頁。
〔註95〕徐樹蘭：《〈文史通義〉跋六》，《章學誠遺書》，623 頁。
〔註96〕錢穆：《中國近三百年學術史》上，486 頁。

本身也是「廣義的漢學陣營」中的一員。他曾在與孫星衍的書信中論述其「文史校讎」之學與考證學「途轍雖異，作用頗同」：

> 鄙人所業，文史校讎，文史之爭義例，校讎之辨源流，與執事所爲考覈疏證之文，途轍雖異，作用頗同，皆不能不駁正古人，譬如官御史者不能無彈劾，官刑曹者不能不執法，天性於此見優，亦我輩之不幸耳。〔註97〕

章學誠與《漢學商兌》的作者方東樹的不同之處在於，方東樹批判漢學的目的在於以宋學取代漢學，使「程朱之道大明於天下」；而章學誠則志在對漢學「補偏救弊」，使漢學的方法理論更加完善。他指出歷史上凡能夠卓然自立的思想和學術都是對時代風氣的救正：

> 劉歆《七略》，論次諸家流別而推官禮之遺焉，所以解專陋之瘖瘑也。唐世修書置館局，館局則各效所長也。其弊則漫無統紀而失之亂。劉知幾《史通》，揚榷古今利病而立法度之準焉，所以治散亂之瘖瘑也。〔註98〕

章學誠在這裏的言下之意是，《文史通義》事實上是繼承了劉歆和劉知幾的優良傳統、對清代學風的針砭之作。在晚年的《上辛楣宮詹書》他更爲明確地提出了這一層意思：

> 惟世俗風尚，必有所偏。達人顯貴之所主持，聰明才儁之所奔赴，其中流弊必不在小。載筆之士不思救挽，無爲貴著述矣。〔註99〕

章學誠的思想與清代考據學脈絡相通，並且形成了相互補充的關係，對於這一點看得最清楚的是清末民初的學者張爾田，他在《章氏遺書》卷首的序言中這樣說：

> 學之爲術，有統有宗，必倫必脊，或治其分，或攬其總，雖相迕而實相濟，譬則振裘然，先生絜其領，而休寧高郵諸儒則理其㲩。爲先生之學，而不以休寧高郵精密徵實之術佐之，憑臆膚受，其病且與便詞巧說者，相去不能以寸；爲休寧高郵之學者，苟無先生，則經藝大原，學之恒幹，必至盡亡。〔註100〕

〔註97〕章學誠：《與孫淵如觀察論學十規》，《文史通義新編新注》，398 頁。
〔註98〕章學誠：《說林》，《文史通義新編新注》，228 頁。
〔註99〕章學誠：《上辛楣宮詹書》，《文史通義新編新注》，657 頁。
〔註100〕張爾田：《〈章氏遺書〉序》，《章學誠遺書》，序 2 頁。

這段話提綱挈領，要言不煩，實際上早在錢穆和余英時之前，就指出了章學誠在清代思想上的地位。章學誠雖然對考據學進行了激烈的批評，但其批評本身並不是如方東樹那樣站在考據學的對立面，而是試圖提出主體對於經驗知識的統合作用，將考據學浩瀚無涯的知識成就整合成有條不紊的完整體系，並將考據學單純從字義出發的文本詮釋方法改造為以心靈相契合的「理解的藝術」。如張爾田所云，以「休寧（戴震）高郵（王引之）」為代表的清代考據學者是「治其分」，而章學誠則是「攬其總」。在這個意義上，章學誠的思想是對清代考據學思想方法的「會通」和「綜合」，〔註101〕如果沒有章學誠的思想，清儒的考據成就始終只是一堆凌亂的材料，而無法顯示出其思想意義。就這一點而論，章學誠在清代考據學的發展歷史上理應享有和戴震同樣的聲譽。余英時曾做過一個形象的比喻，如果把整個的清代考證學運動比作一條龍的話，那麼戴震和章學誠的思想就是這條龍的眼睛。〔註102〕無論如何，對於章學誠的思想和學術而言，這確是一個恰當的定評。

〔註101〕劉承幹在《〈章氏遺書〉序》中闡發過這層意思：「吳皖淮魯諸儒所用以爲學之術徑，惟先生能會其通，亦惟先生能正其謬。以唐宋以下言之，吳皖淮魯諸儒實爲古學之功臣，而以國朝一代言之，則先生又爲吳皖淮魯諸儒之諍友。」見《章學誠遺書》，序2頁。

〔註102〕余英時：《論戴震與章學誠》，第5頁。

第八章　結語

　　章學誠是清代思想史上的重要人物，一方面他以史學作爲自己的專長，長期從事地方志的修撰工作，在晚年時並幫助畢沅編纂《史籍考》，對中國的傳統史籍進行了系統的整理。在此過程中，章學誠自覺繼承了中國史學的優秀傳統，並將其發展成爲一套系統性的史學理論，尤爲值得注意的是，章學誠的史學理論並不限於史書的整理、編撰等技術性的層次，而是將其上昇到了歷史哲學的層次，對歷史的整體意義、歷史認識的方法以及如何書寫歷史等問題作了系統性的研究，並提出了自己獨到的見解。在另一方面，章學誠對乾嘉時代考據學的思想原則以及方法論提出了自己的批評，乾嘉考據學主張「道在六經」，提倡以訓詁字義、考據典章制度的方法以推明經書中所蘊涵的「聖人之意」，這一方法論在戴震那裏被總結爲「由字以通詞，由詞以通道」，或者更爲扼要地說，「由訓詁以通義理」。而在考據學的實際發展過程中，學者通常只停留在訓詁字義或考據事實的層面上，極少有人將其上昇到思想理論的層面上。章學誠認爲這是由於考據學者過於強調了「訓詁考據」等客觀實證性的方法，而忽視了自身主體性的創造轉化作用。概括地說，所謂「考據」只是「功力」而非「學問」，考據有其客觀的價值，但考據並不能盡學問之全貌。客觀的「考據」必須和主觀的「性情」相結合，才能直探作者之「心志」，並形成研究者自身的「立言宗旨」，否則考據所得的大量材料就如同一盤散珠，沒有一以貫之的線索，也就失去了研究的意義。章學誠對乾嘉考據學作了深入細緻的批評，這種批評在當時的學術界並沒有引起應有的重視，而在當代研究者的視野之中，這一批評切中了乾嘉漢學的弊病，是清代考據學理論反省的一部分。因此章學誠和戴震一起被推崇爲「清代考證學運動理論的代言人」。

綜觀章學誠思想研究一百多年來的發展歷程，一方面可以看出，章學誠的學術成就並不僅限於史學領域，而是對人文學（也就是章學誠所稱的「文史之學」）的各個領域都有廣泛的論述。章學誠的思想有著一種前瞻性的目光，對於當代學術的發展亦具有一定的啓示作用；另一方面，章學誠的思想本身十分豐富，包含著多種的解釋可能，近代以來的學者對其思想意義的抉發遠未做到「題無剩義」，因此本文試圖在前人的基礎之上，全面分析章學誠的思想結構，並重點闡發其歷史哲學和文本詮釋思想，以彰顯章學誠在清中期思想史上的重要意義。

章學誠反對清代考據學「經以明道」的觀念，提倡以史學而「明道」，因此其史學思想就有異於一般性的史學理論，而是自覺地以「究天人之際，通古今之變」作爲自己的責志，表現出鮮明的歷史哲學意識。中國的傳統史籍浩繁豐富，但在歷史哲學的建樹方面向付闕如，唐代的柳宗元、明末的王船山在這方面曾做過有意識的探索，直至章學誠才正式奠定了歷史哲學思想在史學研究領域的重要地位，這也反映了中國傳統史學發展到了成熟階段的一種自覺意識，即試圖對歷史的發展提出一種總括性的看法。同時章學誠的歷史哲學思想也是對乾嘉時期盛行的「考據史學」的一種批評，考據史學重視考證歷史事實，認爲史學的功能僅爲「有資考證」，「明道」則有賴於「通經」。「考據史學」以樸學治經之法治史，缺乏一種綜合與會通的眼光，往往只見局部而不識大體，對「史義」缺乏理解。章學誠舉鄭樵與王應麟、馬端臨爲例，認爲鄭樵的「別識心裁」猶愈於王應麟之「搜羅纂輯」，這一觀點反映了章學誠在史學上的特識。

就章學誠的「文本詮釋思想」而言，本文將其具體分爲「語言觀」、「知識人格論」和「詮釋學思想特徵」三個部分。在「語言觀」部分，章學誠批駁了考據學者對於語言文字的狹隘認識，清代學者訓詁字義重在「本義」，並認爲「本義」就是作者之「原意」。章學誠則認爲語言有其具體的發生語境，單純拘泥於「本義」並不能恰當地理解作者之意圖；同時六經文本作爲「道」之言不同於日常語言，「道」之言並不單純表述事實，而是同《詩》的「比興」一樣，有其豐富的象徵維度，詩無達詁，因此對於六經文本的詮釋也不應該單純依靠訓詁字義，而更應偏重於領會其「言外之旨」。在「知識人格論」部分，章學誠認爲「文史知識」的構成並不是純客觀的，而是有其主觀性的因素，「文史知識」反映的是作者的內面人格，因此在詮釋方法上應當重視探詢

「作者之心志」。在「詮釋學思想特徵」部分，本文將章學誠與清代考據學（主要是戴震）的文本詮釋思想作了比較，認為戴震的文本詮釋思想有「語文詮釋」和「心理詮釋」兩個層面，反對主觀先見，力求探詢文本「原義」，這在一定程度上接近狄爾泰的「認知詮釋學」；而章學誠的文本詮釋思想最重要的特徵是強調詮釋者的「別識心裁」，「別識心裁」類似於哲學解釋學中的「前見」概念，章學誠主張「性情」是學問的基礎，而「性情」中融合著學者的生存感受，因此在一定意義上章學誠的文本詮釋思想接近於海德格爾和伽達默爾的「本體論詮釋學」型態。

章學誠的思想以「文史校讎之學」為基礎，「歷史哲學」和「文本詮釋思想」為主幹，最終歸結為「考據學批判」，這幾個部分之間環環相扣，緊密聯繫，組成了一個嚴密的思想體系。在今天的學術視野下，章學誠思想的價值就在於他能夠超出清代考據學織就的「客觀實證主義」之網，而憑藉思想本身的力量憑虛凌空，神會古今之作者，討論體例，校讎得失，對文史之學的性質提出了自己獨到的見解。著名學者錢鍾書在《談藝錄》中將章學誠的這一思想方法總結為：「以內持外，實寓於虛」。〔註1〕如果說清代考據學的思想特點在於「樸實」的話，那麼章學誠的思想特點就在於「虛靈」。在這一點上，可以說章學誠的思想體現了一種「詩性的思維方式」。詩寓直感，史必徵實，但真正的史學必然在「徵實」的基礎上寓有直感性的洞察能力，這就是所謂的「史蘊詩心」〔註2〕。章學誠的「文史之學」正是在這一意義上呈現出它的真實面相。

〔註1〕錢鍾書：《談藝錄》補訂本，263頁，北京：中華書局，1993年。
〔註2〕何兆武曾就「詩」與「史」的關係指出：「歷史本身並不是鐵板一塊，它包含兩個層次：一是對史實或史料的認識（歷史學Ⅰ），二是對前者（歷史學Ⅰ）的理解或詮釋（歷史學Ⅱ）。……具體到歷史學內部來說，歷史學Ⅰ是『真』，它是科學的，遵循科學理性；歷史學Ⅱ則是『詩』，它是藝術的、人文的，飽含人文情懷，人文以『詩』意為鵠的。……如果我們能夠將『詩』情與『真』意結合起來，或許就能讓史學既『可信』又『可愛』。這應該成為新史學的目標。」一定程度上，章學誠的史學理論就體現了何兆武所說的「歷史學Ⅱ」的層次，即不限於史料的排比分析，而力圖從主體性的「別識心裁」出發對歷史事實進行理解和詮釋，這一理解和詮釋建立在實證性的基礎之上，但又並不純然是實證的，而是在這理解和詮釋之中融進了詮釋者自身的心靈體驗。從這個意義上講，章學誠的史學理論本身就包含了一種詮釋學的觀點。

參考文獻

1. （清）章學誠：《章學誠遺書》，北京：文物出版社，1985 年。

2. （清）章學誠著、葉瑛校注：《文史通義校注》，北京：中華書局，1983 年。

3. （清）章學誠著、倉修良編注：《文史通義新編新注》，杭州：浙江古籍出版社，2005 年。

4. （清）戴震：《戴震全集》（第一冊），北京：清華大學出版社，1991 年。

5. （清）戴震：《戴震文集》，北京：中華書局，1980 年。

6. （清）錢大昕：《潛研堂文集》，上海：上海古籍出版社，1989 年。

7. （清）錢大昕：《十駕齋養新錄》，上海：上海書店，1983 年。

8. （清）王鳴盛：《十七史商榷》，北京：中國書店，1987 年。

9. （清）凌廷堪：《校禮堂文集》，北京：中華書局，1998 年。

10. （清）孫星衍：《問字堂集岱南閣集》，北京：中華書局，1996 年。

11. （清）阮元：《揅經室集》，北京：中華書局，1993 年。

12. （清）盧文弨：《抱經堂文集》，北京：中華書局，1990 年。

13. （清）永瑢等撰：《四庫全書總目》，北京：中華書局，1965 年。

14. （清）張之洞撰、范希增補正：《書目答問補正》，北京：北京燕山出版社，1999。

15. （清）江藩著、漆永祥箋釋：《漢學師承記箋釋》，上海：上海古籍出版社，2006 年。

16. （清）李慈銘撰、由雲龍輯：《越縵堂讀書記》，北京：中華書局，2006 年。

17. （清）皮錫瑞：《經學歷史》，北京：中華書局，1989 年。

18. （清）朱一新：《無邪堂答問》，北京：中華書局，2000 年。

19. （清）錢謙益：《牧齋初學集》，上海：上海古籍出版社，1985 年。

20. （清）邵廷採：《思復堂文集》，杭州：杭州古籍出版社，1987 年。

21. （清）趙翼：《二十二史札記》，北京：中國書店，1990 年。

22. （清）龔自珍著、夏田藍編：《龔定庵全集類編》，北京：中國書店，1991 年。

23. （清）全祖望：《經史問答》，揚州：江蘇廣陵古籍刻印社影印，1990 年。

24. （清）段玉裁、鮑桂星等撰、薛貞芳主編：《清代徽人年譜合刊》，黃山書社，2006 年。

25. （唐）劉知幾：《史通》，瀋陽：遼寧教育出版社，1997 年。

26. （宋）王應麟：《困學紀聞》，瀋陽：遼寧教育出版社，1998 年。

27. （明）王守仁：《王陽明全集》，上海：上海古籍出版社，1992 年。

28. 章太炎：《國故論衡》，上海：上海古籍出版社，2006 年。

29. 章太炎著、傅傑編校：《章太炎學術史論集》，北京：中國社會科學出版社，1997 年。

30. 章太炎、劉師培等撰：《中國近三百年學術史論》，上海：上海古籍出版社，2006 年。

31. 劉師培著：《清儒得失論——劉師培論學雜稿》，北京：中國人民大學出版社，2004 年。

32. 劉師培著、勞舒編：《劉師培學術論著》，杭州：浙江人民出版社，1998 年。

33. 梁啓超：《清代學術概論》，上海：上海古籍出版社，2005 年。

34. 梁啓超：《中國近三百年學術史》，天津：天津古籍出版社，2003 年。

35. 梁啓超：《清代學者整理舊學之總成績》，北京：商務印書館，1999 年。

36. 胡適：《章實齋年譜》，合肥：安徽教育出版社，2006 年。

37. 胡適：《戴東原的哲學》，合肥：安徽教育出版社，2006 年。

38. 傅斯年：《性命古訓辯證》，桂林：廣西師範大學出版社，2006 年。

39. 錢穆：《中國近三百年學術史》，北京：商務印書館，2005 年。

40. 錢穆：《中國史學名著》，北京：三聯書店，2001 年。

41. 馮友蘭：《中國哲學史》，北京：中華書局，1992 年。

42. 張舜徽：《張舜徽集·史學三書平議》，武漢：華中師範大學出版社，2005 年。

43. 張舜徽：《張舜徽集·清人文集別錄》，武漢：華中師範大學出版社，2004 年。

44. 陳寅恪：《陳寅恪史學論文選集》，上海：上海古籍出版社，1992 年。

45. 柳詒徵：《國史要義》，上海：華東師範大學出版社，2000 年。

46. 金毓黻：《中國史學史》，北京：中華書局，1962 年。

47. 顧頡剛：《浪口村隨筆》，瀋陽：遼寧教育出版社，1998 年。

48. 曹聚仁：《中國學術思想史隨筆》，北京：三聯書店，1986 年。

49. 嵇文甫：《王船山學術論叢》，北京：三聯書店，1978 年。

50. 余英時：《論戴震與章學誠》，北京：三聯書店，2000 年。

51. 余英時著、程嫩生、羅群等譯：《人文與理性的中國》，上海：上海古籍出版社，2007 年。

52. 余英時著、辛華、任菁編：《內在超越之路——余英時新儒學論著輯要》，北京：中國廣播電視出版社，1992 年。

53. 余英時：《錢穆與中國文化》，上海：上海遠東出版社，1994 年。

54.〔美〕倪德衛著、楊立華譯：《章學誠的生平與思想》，臺北：唐山出版社，2003 年。

55.〔日〕山口久和著、王標譯：《章學誠的知識論——以考證學批判爲中心》，上海：上海古籍出版社，2006 年。

56. 朱敬武：《章學誠的歷史文化哲學》，臺北：文津出版社，1996 年。

57. 汪榮祖：《史學九章》，北京：三聯書店，2006 年。

58. 汪暉：《現代中國思想的興起》，北京：三聯書店，2004 年。

59. 楊晉龍主編：《清代揚州學術》，臺北：中央研究院中國文哲研究所印行，2005 年。

60. 倉修良、葉建華：《章學誠評傳》，南京：南京大學出版社，2002 年。

61. 錢鍾書：《談藝錄》，北京：中華書局，1993 年。

62. 王力：《龍蟲並雕齋文集》，北京：中華書局，1980 年。

63. 朱維錚：《中國經學史十講》，上海：復旦大學出版社，2002 年。

64. 錢婉約：《內藤湖南研究》，北京：中華書局，2004 年。

65. 張壽安：《十八世紀禮學考證的思想活力》，北京：北京大學出版社，2005 年。

66. 張祥龍：《思想避難：全球化中的中國古代哲理》，北京：北京大學出版社，2007 年。

67. 李澤厚：《中國古代思想史論》，合肥：安徽文藝出版社，1994 年。

68. 王茂、蔣國保、余秉頤、陶清：《清代哲學》，合肥：安徽人民出版社，1992 年。

69. 瞿林東：《中國史學史綱》，北京：北京出版社，2000 年。

70. 王晴佳：《西方的歷史觀念——從古希臘到現代》，上海：華東師範大學出版社，2002 年。

71. 周光慶：《中國古典解釋學導論》，北京：中華書局，2002 年。

72. 何兆武：《歷史理性的重建》，北京：北京大學出版社，2005 年。

73. 杜維明著、錢文忠、盛勤譯：《道、學、政：論儒家知識分子》，上海：上海人民出版社，2006 年。

74. 陳祖武、朱彤窗：《乾嘉學術編年》，石家莊：河北人民出版社，2005 年。

75. 劉墨：《乾嘉學術十論》，北京：三聯書店，2006 年。

76. 郭康松：《清代考據學研究》，武漢：崇文書局，2003 年。

77. 羅炳良：《清代乾嘉歷史考證學研究》，北京：北京圖書館出版社，2007 年。

78. 【美】倪德衛著、【美】萬白安編、周熾成譯：《儒家之道——中國哲學之探討》，南京：江蘇人民出版社，2006 年。

79. 【美】艾爾曼著、趙剛譯：《從理學到樸學——中華帝國晚期思想與社會變化面面觀》，南京：江蘇人民出版社，1995 年。

80. 【美】艾爾曼著、趙剛譯：《經學、政治和宗族——中華帝國晚期常州今文學派研究》，南京：江蘇人民出版社，1998 年。

81. 【德】加達默爾著、洪漢鼎譯：《真理與方法——哲學詮釋學的基本特徵》，上海：上海譯文出版社，1992 年。

82. 【德】加達默爾著、夏鎮平、宋建平譯：《哲學解釋學》，上海：上海譯文出版社，2004 年。

83. 【英】柯林武德著、陳靜譯：《柯林武德自傳》，北京：北京大學出版社，2005 年。

84. 【英】沃爾什著、何兆武、張文傑譯：《歷史哲學導論》，桂林：廣西師範大學出版社，2001 年。

85. .王晴佳：《章學誠與現代詮釋學》，華東師範大學中國現代思想文化研究所編：《思想與文化》（第三輯），2003 年。

86. 潘德榮：《人文科學的方法論問題》，華東師範大學中國現代思想文化研究所編：《思想與文化》（第七輯），2007 年。

87. 潘德榮：《知識論與詮釋學》，洪漢鼎、傅永軍主編：《中國詮釋學》（第三輯），濟南：山東人民出版社，2006 年。

88. 李清良：《黃俊傑論中國經典詮釋傳統：類型、方法與特質》，洪漢鼎、傅永軍主編：《中國詮釋學》（第一輯），濟南：山東人民出版社，2003 年。

89. 鄭宗義：《論朱子對經典解釋的看法》，劉小楓、陳少明主編：《經典與解釋：色諾芬的品味》，北京：華夏出版社，2006 年。

90. 王中江：《『原意』、『先見』及其解釋的客觀性——在『方法論解釋學』與『哲學解釋學』之間》，胡軍、孫尚揚主編：《詮釋與重構：湯一介先生 75 週年華誕暨從教 50 週年紀念文集》，北京：北京大學出版社，2001年。

91. 黃應全：《略論中國傳統解釋學的方法論性質》，胡軍、孫尚揚主編：《詮釋與重構：湯一介先生 75 週年華誕暨從教 50 週年紀念文集》，北京：北京大學出版社，2001年。

92. 何兆武：《詩與真：歷史與歷史學》，王兆成主編：《歷史學家茶座》（第八輯），濟南：山東人民出版社，2007年。

93. 龔鵬程：《語文意義的詮釋》，楊晉龍主編：《清代揚州學術》，臺北：中央研究院中國文哲研究所印行，2005年

94. 【美】倪德衛著、崔雅琴譯：《中國的歷史哲學》，華東師範大學中國現代思想文化研究所編：《思想與文化》（第七輯），2007年。

95. 【日】島田虔次：《六經皆史說》，劉俊文主編、許洋主等譯《日本學者研究中國史論著選譯》第七卷思想宗教，北京：中華書局，1993年。

96. 【美】伍安祖著、吳莉葦譯：《清代思想的張力：17～18 世紀中國思想中的「歷史決定論」》，陳恒、耿相新主編：《新史學》（第七輯），鄭州：大象出版社，2007年。